孙武与粟裕

钮生 编著

上海社会科学院出版社

粟裕是谁?

学习毛泽东军事思想的楷模

粟裕

中国人民解放军总司令朱德说过这样一句话:“粟裕是学习毛泽东军事思想的楷模。”此事发生在苏中战役时期。

那么,这位“楷模”的“学习成绩”到底如何?其实毛泽东等“老师”早就用一种非常神圣的方式将这位“楷模”的“学习成绩”公之于世。

站在天安门城楼,向南望去,但见“人民英雄纪念碑”耸立在天安门广场中间,碑身之上金光闪闪的是无人不知的毛泽东亲笔题词——“人民英雄永垂不朽”,下方的须弥座上,映入眼帘的是三幅专门为纪念“三年以来,在人民解放战争和人民革命中牺牲的人民英雄们”而特制的汉白玉浮雕。

右侧浮雕名为“支援前线”,它取材于军事上打垮蒋介石的淮海战役,而淮海战役是由粟裕“谱曲”并“指挥”的;

中间浮雕名为“胜利渡长江”，它取材于政治上打垮蒋介石的京杭战役，而京杭战役是由粟裕“谱曲”并“指挥”的；

左侧浮雕名为“欢迎解放军”，它取材于经济上打垮蒋介石的上海战役，而上海战役是由粟裕“谱曲”并“指挥”的。

这三幅浮雕，说明粟裕在解放战争中建立的丰功伟绩获得了毛泽东、周恩来、刘少奇、朱德、邓小平等领导人的一致认可，是不可磨灭的。

出人意料的是，粟裕这位“楷模”没有上过一天军校，而他所“编导”的十三场运动战案例，居然要比孙武、孙膑和韩信所“编导”的运动战案例加起来还要多。

孙武是谁？

东周时期文武双全风云榜冠军得主

孙武

2 500 年前，在中国历史的大舞台上，几乎同时出现了三大历史伟人：大教育家孔子、大哲学家老子和大军事家孙子。

孙武仅用了短短数年的时间，就把吴国这个贫穷落后的蛮夷之地发展成为繁荣富强的超级大国。由于孙武辅佐其领袖成为春秋五霸中最伟大的君主，建立了丰功伟绩，所以孙武就成了秦汉时期明君良将眼中首屈一指的东周第一大圣贤，而其所著《孙子兵法》自然而然就成为东周时期知识分子手中货真价实的第一圣贤书。

序

国之誉，民之傲

大约七年前，即二〇〇八年春天的一个上午，一位年轻人突然闯入我的办公室，劈头就说："侗枫老师，您好！我叫钮生，是专门研究《孙子兵法》的，我想请您出山，举大旗成立孙子兵法研究协会。"

我一头雾水。经详细询问，才知他从高中二年级就开始研究《孙子兵法》，现在大学毕业已十九个年头了。我认真地读了读他的研究文章，觉得很有见解。便建议他莫搞抽象枯燥的古文研究，而以生动具体的战例说话，这样通俗易懂，便于推广。

又经过五年多的努力，这本《孙武与粟裕》终于脱稿，钮生要求我为该书写篇序，重点说说粟裕。

粟裕是中共从实战中自己培养出来的军事家。在抗日战争中逐步成名。他在抗日战争时期的首战是韦岗之战。该战击毁军车四辆、卧车一辆，击毙少佐军官土井及大尉梅泽武四郎以下日军共三十八人，自己无一伤亡。其次是奇袭官陡门，共消灭日伪军三百多人，俘虏四十多人，缴获机枪四挺，步枪七十多支，手枪二十支。

从战斗打响到安全撤离共三十八分钟，我军无任何伤亡。由于战前日军无任何知觉，战后也未发现我军任何踪影，故称粟裕“飞天神将”。再者是车桥战役，这是抗战时期规模较大的作战。歼灭三泽大佐以下日军四百六十余人，生俘日军官兵二十四人，歼灭伪军六百余人，摧毁大型碉堡五十余座，攻占日军据点十二处。被俘的日军军官山本一三中尉说：“这是你们新四军在江苏境内最大的胜利，俘虏了我们这么多官兵。”当他得知这次战役是粟裕组织指挥时，不由露出敬畏的神色，竖起大拇指说：“你们的粟裕埃拉伊！埃拉伊！（日语：了不起）”解放战争初期，蒋介石曾请教其军事顾问冈村宁次（日军侵华陆军总司令）如何对付粟裕？冈村宁次说：“此人的特点是作战无规律可循，往往在你想不到的时候，想不到的地方狠狠地咬你一口！”冈村宁次还以车桥战役为例，说粟裕“能在瞬息万变的战场上算计得像钟表一样准确，此人简直就是一部战争机器”。

特别值得一提的是“高（邮）邵（伯）战役”，这是一场我军兵力明显不足的攻坚战。因为粟裕麾下的三支主力纵队中，叶飞纵队、王必成纵队已奉命北上协同山东部队作战去了，手中仅有的主力是陶勇纵队。还有就是一个刚从地方武装升调为主力的纵队。而敌人呢，仅高邮一地就驻有日军一千余众，还有一个炮兵中队。加上伪军有五千多人，此外，还有数以千计的民团武装。邵伯的敌军与高邮基本相当。两地敌军相加，无论数量还是装备均明显优于我军。

粟裕采用一兵多用，反复使用，连续作战的方法攻克敌军。首先，集中兵力扫清高邮外围的全部军事设施，令高邮成为一座孤城。然后，力克邵伯，留下地方武装清理战场。再回过头来，全力以赴拿下高邮，并决定于次日举行正规的受降仪式。

受降仪式在高邮城东一座花园内的豪宅中进行。在受降大厅里，一个日军大佐冷森森地高声说："我是大日本皇军高邮派遣军最高司令官岩奇大佐，我只同你方最高代表谈判。"

站在他对面的是陶勇纵队（八纵）政治部主任韩念龙。韩念龙严肃地说："我就是这里的最高长官，我代表中国共产党领导的新四军命令你立即无条件投降！"

生米已经煮成熟饭，岩奇大佐无可奈何地按照法定程序、法定内容完成了受降仪式的全过程。

岩奇大佐后来才明白：这里的新四军最高长官是粟裕，其次是陶勇，接受自己投降的韩念龙属第三档次，这是极不平等的，也是一种侮辱，他决心剖腹自杀。就在此时，一名中佐送来了粟裕的公函，表示要单独约见岩奇。岩奇大佐认为"单独约见"是平等的，是友好的表示。他立即洗脸更衣，戎装整齐地来到粟裕处，连连念道："不胜荣幸之至！"约见即将结束时，岩奇大佐庄重地肃立在粟裕面前，把一件紫光闪闪的冷兵器高举过头，说道："谨将这柄远祖相传的紫云宝刀，献给仰慕已久的中国战神——粟裕将军。"

不相信粟裕是“战神”的蒋介石，在不久之后撕毁了国共和平协定，随即命令其虎狼之师猛扑首当其冲的苏中根据地，一场力量“很不平等”的实战“考核”就这样开始了。

当时国民党军中，战将如云，较有名气者有：白崇禧、李仙洲、卫立煌、孙立人、胡琏、黄维、陈诚、顾祝同、胡宗南、汤恩伯、李默庵、王耀武、杜聿明、张灵甫、黄百韬、邱清泉等。这其中较为杰出者要数李默庵、王耀武、杜聿明等几人。

当时国民党军中传说：文有贺衷寒，武有胡宗南，文武双全李默庵。然而，李默庵率数十万大军（其中直接参战部队为十二万人）围剿苏中地区的粟裕部队，打了七仗，均败北，损失五万三千余众，而粟裕的部队连医务人员和文工团员全部加在一起仅三万五千余人，更何况打完第二仗的时候，我军伤亡已达五千人，因此即便加上前来支援的第五旅，粟裕在苏中战役中掌握的实际可用兵力始终不足三万。

王耀武在国军中被称为“常胜将军”。其在抗战期间，率部在雪峰山大战日军，歼敌五千余众，何应钦称之为“抗战以来最辉煌的一战！”美军麦克鲁中将代表美国军人送给王耀武一支精制手枪。手枪的银柄上镌刻着一行秀丽的汉字：“王耀武将军阁下，余对将军阁下之才干及卓越之功勋深表敬仰，特以此自用手枪敬赠阁下，以纪念。美军中将麦克鲁敬赠。一九四五年八月二十一日。”后来，王耀武在济南战役与粟裕对垒，他号称至少可坚守一个月，但仅仅八天，便丢城失地，损兵折将，王耀武自己也成了俘虏。

杜聿明是蒋介石的心腹爱将，有“消防队长”之称。就是说，哪里出了问题，蒋介石就派杜聿明去“救火”，往往能转危为安，反败为胜。解放战争中，杜聿明被调往徐州，全权负责徐蚌会战（即淮海战役）的作战指挥。这一回不灵了，被粟裕打得全军覆灭，自己也未能逃脱被俘的命运。

就这样，粟裕这位一天都没有上过军校的将领，以十分优异的成绩通过了蒋介石这位黄埔军校校长最严厉的实战考核。

一九四九年一月三日，华东野战军副参谋长兼后勤部长刘瑞龙向总前委报告，自淮海战役发起迄今五十天内，消耗粮食共约两亿二千万斤，其中：八千万斤来自山东，七千万斤来自华中，六千万斤来自豫皖苏，冀鲁豫及豫西各五百万斤。此外，各区正在调运尚可供给前方的粮食，共约三亿一千五百万斤，其中：冀鲁豫一亿斤，山东一亿斤，华中大米三千万斤（折加工粮四千万斤），豫皖苏五千万斤，豫西二千五百万斤。①

这组由刘瑞龙提供的数据说明，粟裕不仅在战术成绩上十分优异，而且在战略成绩上也十分优异。因为，粟裕显然是有意识地通过顽强作战陆续开辟了华中、山东和豫皖苏这三块根据地，从而顺理成章地解决了淮海战役开始五十天内95％的吃饭问题。

---

① 《刘瑞龙文集》，人民出版社2010年版，第389页。

其实，一直艰苦奋斗的粟裕非常清楚，就算黄河以北粮食堆积如山，也是远水解不了近渴的，何况求人不如求己。因此粟裕早就开始自力更生地做起了决战的准备，也因此在淮海战役中才会出现水到渠成的画面：不仅华野自己的吃饭问题完全能够解决，而且中野的吃饭问题也一手包办了，甚至连支前人员以及俘虏的吃饭问题都考虑进去了，故而当淮海战役的规模一下子扩大的时候，毛泽东最担心的粮食保障问题也就因此游刃有余地解决了，以至于陈赓在其《淮海战役第二阶段作战总结》中由衷地发出了这样一番感慨："在这次对黄维作战中，豫皖苏军已是完满地完成了支前工作。这样庞大的作战部队，无论对于粮食、草料、燃烧、菜蔬、油盐等的供应，对于伤员的处理，服装被服的筹备，经济问题的解决，甚至军用地图的供给等，都做了很大的努力，使作战部队毫不感到供给困难。我们知道这样大规模的会战，后勤工作是非常艰巨的工作，它能做到如此美满的境地，实在是值得钦佩和感谢的。倘若对整个淮海战役论功记绩的话，我们以为豫皖苏全体支前工作的同志，应当是最大的功绩。"①而陈赓所不知道的是，华中和山东的支前工作，肯定比开发时间最短的豫皖苏根据地的支前工作更好，因此才能经受得住这一场考核。淮海战役是人类历史上规模最大的战役，因此，淮海战役对于后勤工作的实战考核无疑也是人类历

---

① 《陈赓军事文选》，解放军出版社 2007 年版，第 453 页。

史上规模最大的实战考核。

当然，共产党军队中也战将如云。一九四七年八月初，陈毅给中共中央发了一份电报："我认为我们党二十多年来创造杰出的军事家并不多，最近粟裕、陈赓等先后脱颖而出，前程远大，将与彭（德怀）、刘（伯承）、林（彪）并肩前进，这是我党与人民的伟大收获。"后来，人们就将此五人称为五虎上将。

关于苏中战役，林彪曾对刘亚楼作过这样的评价：解放战争初期的仗不好打，互不摸底。粟裕同志打得好，他打的都是神仙仗，算错一步就会面临灭顶之灾。不是所有的人都能打好这种互不摸底的遭遇战。我们的西北战场就没打好，首战西华池，损失一千二百余人；[①]晋察冀战区更糟，集宁一战失利后，大同又没打好，最终不得不撤离张家口。[②]

有常胜将军之称的刘伯承在接受新华社采访时，特地隆重推出粟裕："粟裕将军百战百胜，是我军最优秀的将领。"粟裕请求千万不要发表此文。新华社答复：毛主席已经审阅，不能不发。粟裕便再三请求在"优秀将领"后面加上"之一"二字。

陈赓曾与粟裕共事过一段时期，那是解放战争中期，他们共同经纬中原，当时粟裕是司令员，陈赓是副司令员。陈赓后来回忆说："我与粟大将军共事时间不长，但终生难忘。在粟裕领导下工

① 《彭德怀自述》，人民出版社 1981 年版，第 244 页。

② 《聂荣臻回忆录》，解放军出版社 1984 年版，第 630 页。

作，工作顺利，心情格外舒畅；在粟裕指挥下作战，代价小，战果大，指战员们情绪不断高涨。”

世界上的万事万物，都是随着岁月的流逝而逐渐消亡。但也有例外，那就是伟人的智慧。当今世界上，各军事强国的军事高等学府，特别是高级班，有两门必修课：《孙子兵法》和《粟裕战争指导艺术》。其中，粟裕的“把握战役的转折”和“科学撤离战场”据说是如不能掌握便无法驾驭现代战争。

总之，孙武也好，粟裕也好，都是伟大祖国的光荣，都是中华民族的骄傲！

粟刚兵（侗枫）

上海市新四军历史研究会

一师苏中研究分会副会长

目　录

前　言

在这个星球上，有这样一个人，他把六千汉字组成的《孙子兵法》，当作由六千块拼板组成的拼板游戏，最终居然拼凑出了一部层次分明、条理清晰、环环相扣、浑然一体的运动战古籍。这个人，就是长期从事《孙子兵法》研究的工程师钮生。

作为一名工程师，他在上海海事大学机械系学习的时候，机械制图是其唯一获得的满分成绩。及至他在职业习惯的驱使之下，为《孙子兵法》画出“中心线”时，居然在该书正中间那个篇章的正中间那个段落的正中间那个句子里面，也就是“原点”位置发现了运动战的战术手段：“其疾如风，其徐如林，侵掠如火；不动如山，难知如阴，动如雷震。”注意他在中间位置采用了这个与众不同的分号，因为在他加上“时间、地点、人物和事情”之后，就可以“开物成务、冒天下之道”了，之前的“眉毛胡子一把抓”，顷刻间变换成了“一手抓围歼，一手抓阻援；两手都要抓，两手都要硬”的作战手法。

其中，“一手抓围歼”是指，针对锁定的围歼目标：首先，在穿插路线上，我“其疾如风”的穿插部队，无孔不入地迅速穿插到位，切断敌人退路；接着，在围困阵地上，我“其徐如林”的围困部队，盘根错节地层层围困敌人，束缚敌人手脚；最后，在总攻阵地上，我“侵掠如火”的主攻部队，势不可挡地一口吞噬敌人，结束敌人的顽抗。

此外，“一手抓阻援”是指，针对敌人的增援部队：在阻援阵地上，我“不动如山”的阻截部队，顶天立地地坚决阻截敌人，挡住敌人；同时，在迷魂阵地上，我“难知如阴”的疑兵部队，神出鬼没地灵活迟滞敌人，贻误敌人驰援；最终，在转移路线上，我“动如雷震”的后卫部队，惊心动魄地大胆震慑敌人，摆脱敌人追击。

比如说：一九四七年五月的孟良崮战役，粟裕在十二日中午命令王必成率领第六纵队向垛庄穿插，至十四日八点王必成第六纵队提前八小时到达指定位置，至此，被粟裕锁定的围歼目标——张灵甫整编七十四师的退路垛庄实际上已经落入了粟裕的囊中；接着，粟裕命令我围困部队，对张灵甫部开展盘根错节的围困作业；最后，野炮团和主攻纵队的炮火，一举摧毁了敌人的防守阵地，最终帮助步兵完成了全歼敌人的任务。显然，要完成歼灭张灵甫部的任务，之前须要完成包围张灵甫部的任务；而要完成包围张灵甫部的任务，之前须要完成切断张灵甫部退路的任务。因此，在孟良崮战役当中，粟裕起手之招就是派“其疾如风”的王必成第六纵队切断张灵甫部的退路。试想那“风”，起初还在你身后盘旋，转眼之间就能跑到你前面去，所以能够“后人发、先人至”；风是抓不住、逮不着的，是来无影、去无踪的，是隐身的、匿迹的，是从天而降、无法阻拦的；更关键的是，它不仅善于钻缝觅隙，而且能够无孔不入！——这些特性正是穿插作业所需要的。由此可见，用“其疾如风”形容穿插作业堪称惟妙惟肖。再说那盘根错节、无路可走的原始丛林，恰好是那“里三层、外三层、风雨不透、水泄不通”的围困作业所需要的。至于那“碰着死、挨着亡”的熊熊烈焰，纵然是铁石心肠的敌人也将粉身碎骨，因此是歼灭作业所需要的。

又比如：在一九四八年七月的豫东战役第三阶段，由于我军负责阻援之手不硬，导致正在担负围歼区寿年兵团任务的廖政国第一师，在毫无预警因此也就毫无防备的情况之下，背后受到黄百韬部的突然攻击，与此同时，敌人的其他援兵正在源源不断地赶来，粟裕兵团顿时陷入危机之中。粟裕最终如何指挥二十万大军从敌人的眼皮子底下安全转移呢？他猛然使出那招“动如雷震”的绝活，大军恰似不可挽留的“雷”一样，消失得无影无踪。在豫东战役中，粟裕收手之招就是彻底摆脱敌人纠缠而后潜入深渊的“动如雷震”！你想那“雷”的实际“战斗力”有多强？“雷”是够吓人的，它能营造出惊天动地的效果，但因天打雷劈而致人伤亡的现象极其罕见，天打雷劈之后没有人员伤亡的情况反而正常；相比之下，“火”的动静不如雷，但全世界每年被火烧伤烧死的人确实不少。尽管“雷”每年给全人类造成的伤亡微不足道，与“火”的实际“战斗力”相比简直可以忽略不计，但是“雷”的影响巨大，足以令小孩魂不附体，能够让大人关门闭户；它来时不可抵挡，去时无影无踪，因此无法跟踪追击；最关键的是，“雷”是无法挽留的，所以能确保我得胜之师安全转移。这些特性正是我后卫部队掩护我得胜之师实行撤退行动时迫切需要的。

通过对这句话的分析，钮生意识到这可能就是兵圣孙武的“如椽之笔”。

历史上的孙武学派恰恰具有精通运动战的战场表现，这就是他的神奇之处。相应的，解读孙子，必须有两套话语系统：一是句读文辞；二是实践案例。

钮生之所以自称“孙子兵法有缘人”，就是因为他不仅在《孙子兵法》的“栋梁”位置发现了“运动战的战术手段”，而且在《孙子兵法》的“门槛”位置找到了“运动战的战术方针”，从而为《孙子兵法》的作者孙武究竟擅长什么战术提供了较为圆满的答案，同时为孙武率领三万人马在旬日之内通过五战五胜全歼楚国二十万国防军的历史画面提供了圆满的答案。

除了缘分之外，当然还有执着在里面发挥了作用。

比如在《九地十一》当中，钮生不像历代译注者那样，一看到两组“为客之道”，一下子弄不清孙武在这个葫芦里究竟卖的是什么药，就轻易放弃了，然后借口可能是“错简”造成的结果。相反，他会思考，既然曹操找到的是善本，则“错简”之说不可能成立，然后再深入地研究，奇迹出现了。敢问：“敌众整而将来，待之若何？”

曰:“先夺其所爱,则听矣。兵之情主速,乘人之不及,由不虞之道,攻其所不戒也。”显然,当孙武给吴王阖闾献书的时候,阖闾最担心的就是:楚国这个拥有二十万国防军的超级大国,在吴王阖闾上台之后不久,大举入侵只有两万游击队的吴国,此时吴国怎样才能确保自己不被楚国扼杀在摇篮里面呢?因此孙武用“敌众整而来”直接把吴王阖闾担心的事情挑明了,并拿出了一套解决问题的生存之策:通过“先夺其所爱”,迫使敌人因无法割舍“其所爱”,而不得不听从我方提出的退兵和谈要求。具体办法是,趁敌人大举入侵因而国内空虚之时,通过敌人意想不到的路径,攻击敌人无兵把守的地区,也就是说,外线出击。既然孙武的对策是外线出击,也就是把战火烧到敌人的眉毛上去,焉能不妥善处理深入敌后的问题?所以在《九地十一》中出现两组“为客之道”的说明,不仅很正常,而且很必要!因为孙武在之前《军争第七》中说过“无辎重则亡,无粮食则亡,无委积则亡”,并且在《九变第八》中指出必须留好退路以免全军覆没的“覆军杀将”,因此孙武要避免自相矛盾,就必须说明怎样解决深入敌后所要面临的几个问题:

第一,怎样在深入敌后的过程中防止部队过分疲劳?对此,孙武的办法就是“行千里而不劳”以及“攻而必取”的办法:“由不虞之道”进入敌国,然后“攻其所不戒也”。

第二,怎样在无后方作战的情况下解决立足问题、粮食问题、体力问题以及接下来迫使敌人和谈的问题?对此,孙武的办法就是:“深入则专,主人不克;掠于饶野,三军足食;谨养而勿劳,并气积力;运兵计谋,为不可测。”也就是说,从理论上讲,确实是可行的。

第三,理论上可行的深入敌后到了行动时真的可行吗?对此,孙武在提出了一整套由浅入深、即“…无战…无止…无攻…无绝…合交…则掠…则行…则谋…则战”的方针后,更是详细地拿出了一整套足以迫使强敌不得不终止侵略的攻势防御的有效措施:“散地,吾将一其志;轻地,吾将使之属;争地,吾将趋其后;交地,吾将谨其守;衢地,吾将固其结;重地,吾将继其食;圮地,吾将进其涂;围地,吾将塞其阙;死地,吾将示之以不活。”并且在《九地十一》的结尾特别交代了能善始善终的全过程:“第一步,政举之日,夷关折符,无通其使;第二步,厉于廊庙之上,以诛其事;第三步,敌人开阖,必亟入之;第四步,先其所爱,微与之期;第五步,践墨随敌,以决战事。是故始如处女,敌人开户;后如脱兔,敌不及拒。”进攻是最好的防守。在面对强敌大举入侵的时候,就要敢于挑战自我极限,并且通过积极防御,最终成功地迫使强敌因无法割舍其所爱而撤军,当然,在具体的实践中应该把握好分寸,不能有一丝一毫的闪失。

由此可见,被误判为“错简”的《九地十一》不但没有“错简”问题,相反从头到尾层次分明、条理清晰:第一节,阐述外线出击;第二节,阐述深入敌后;第三节,阐述攻势防御。

钮生的这个结论很快得到了有识之士的欣赏。这无疑是一个非常重要的突破。

又比如，《军形第四》指出："见胜不过众人之所知，非善之善者也；战胜而天下曰善，非善之善者也。故举秋毫不为多力，见日月不为明目，闻雷霆不为聪耳。"缘何惜字如金的孙武会在这里有违常情地用上三个排比句呢？因为"千金易得，一将难求"，这三个排比句的出现，是孙武用来阐明战前将领选拔工作中的将领选拔标准，属于重中之重，当然应该加以强调。鉴于将领选拔属于人力资源准备的范畴，因此，《军形第四》的主题应该是人力资源准备，故而，与《作战第二》所述的有形资源准备以及《谋攻第三》所述的无形资源准备一起，正好组成战前准备的完整篇章，即在行动上、思想上、组织上做好充分的战前准备。

假如在战前只完成了行动上的有形资源准备以及思想上的无形资源准备，未完成组织上的人力资源准备，就会出现战前准备不充分的问题。战前准备不充分，部队贸然踏上征程，不仅无法锁定战争的结果，相反很有可能在强敌面前栽跟斗。

所以，在《军形第四》中，不仅有"胜兵先胜而后求战"的要求，而且有"败兵先战而后求胜"的警告。由此可见，孙武提倡之"先胜"要求，从时间角度上讲，属于战前的准备阶段，而非其后的执行阶段，这是毋庸置疑的，这一点透过"先胜…后战"中的先后关系已经十分清楚地阐明出来了。这样就把那种认为《军形第四》已经进入战场的观点推翻了。

总之，通过二十年对《孙子兵法》的研究，钮生独创了如下全新观点：

第一个提出《九地十一》是阐述弱势下的积极防御；

第一个提出《军形第四》是阐述组织上的人力资源准备；

在此基础之上，第一个提出《孙子兵法》的框架为“1＋3＋9”结构；

之后，

第一个提出《孙子兵法》中的“栋梁之言”为运动战的战术手段；

第一个提出《孙子兵法》中的“门槛之语”为运动战的战术方针；

在此基础之上，第一个提出孙武学派是一个擅长运动战的学派。

随后，完成了《不折腾》一书的创作，这是一部关于安邦定国的质量管理体系手册；

接着，完成了《论运动战》一书的创作，这是一部“争取最伟大胜利”的现代事理学书籍，并正式提出：学物理，先学牛顿定律；学事理，先学孙武兵法。

因以上这些创新，2006 年，钮生的《从程序管理的角度看孙子兵法的框架》在中国谋略科学网上发表；2008 年，《钮生点评孙子兵法框架》在“穹窿山杯孙子兵法全球征文大赛”中获奖；之后，《钮生点评孙子兵法框架》出现在南京军事指挥学院副院长柴宇球将军主编的《中华谋略》电子杂志创刊号上。

而今，《孙武与粟裕》一书，就是钮生对《孙子兵法》研究的最新成果。书中推荐给大家的解读《孙子兵法》的句读方式，是由钮生专门设计的。而之所以把粟裕十三场运动战实践作为孙武十三场运动战理论的对照案例，既是为了方便大家全面学习冷兵器时代的运动战祖师，“兵圣”孙武所拥有的那种高瞻远瞩、大刀阔斧、与时俱进、因地制宜、量力而行的本领，也是为了方便大家完整领略热兵器时代的运动战宗师，“战神”粟裕所拥有的那种胜券在握、胜利在望、动而不迷、举而不穷、必成大功的能力，因此以运动战的战术理念为其写作布局。

有人可能要问：在毛泽东军事思想中，粟裕的十三场运动战实践处于什么位置？

在《井冈山的斗争》一文中，毛泽东说：“普通的兵要训练半年一年才能打仗，我们的兵，昨天入伍今天就要打仗，简直无所谓训练。”迫于形势，在我军草创之初，毛泽东只能采用游击战术。打得赢就打，打不赢就跑。其缺点也是非常明显的，那就是成效差，能够“温饱”就谢天谢地了。为什么这么说呢？根据粟裕的描述，在抗日战争结束时，“我军已发展到一百二十七万人，其中野战军、地方军各半”，但是之前盘踞在东北的五十万日本关东军是苏联出兵解决的，为什么拥有百万大军的毛泽东不去消灭日本关东军？因为这一百多万大军都擅长游击战，无法成建制地歼灭敌人，只能零敲碎打。为了提高绩效，成建制地歼灭敌人，我军在游击战的基础之上发展出了伏击战。从游击战转向伏击战，就相当于从“零售商”变成“批发商”了。

伏击战的优点在于，地形优势在我。但是其缺陷在于，时机完全掌握在敌人手中。敌人假如今天进入伏击圈，则今天开打；假如明天进入伏击圈，则埋伏一天一夜之后明天开打；假如后天进入伏击圈，则埋伏两天两夜之后才开打。假如敌人在一周之后进入伏击圈，难不成部队在野外埋伏一周时间？假如敌人在一年之后进入伏击圈，难不成部队在野外埋伏一年时间？这当然不可能，因此为了解决时机问题，发展出了围点打援。从伏击战转向围点打援，就相当于从“批发商”变成“供应商”了。

围点打援的优点在于，地形优势在我，时机也可以在我的掌握之中，因为我攻敌所必救的结果，将迫使敌人不得已派兵援救，于是敌人的援兵将会按照我预设的时间进入我预设的伏击点。但是强敌开始由于轻敌而吃了亏，之后就会采取化解之策，比如说，他们将会根据我方的攻坚能力加固据点的防守能力，这样一来，一时半会据点不会被我攻下，因此就不必立即驰援，于是就有时间在增援道路的两旁进行搜索，以此避免落入我伏击圈。这样一来，打援就打不成了，所以发展出了攻坚战。既然敌人不立即驰援，我们何不抓紧时间集中兵力直接把据点攻下。从围点打援转向攻坚战，就相当于从“供应商”变成“生产商”了。

攻坚战的优点在于，时机完全由我掌握，我想今天打就选择今天开打，我想明天打就可选择明天开打，问题是地形优势在敌人一方，所以必须提高我方的攻坚技术才行，否则伤亡太大就得不偿失了。因此攻坚战的缺点就是，在战前务必做好充分的准备，但是由于先进的技术掌握在强敌手中，兼之防守能力的提高通常要比进攻能力的提高来得容易，因此攻坚战的伤亡势必成倍增加，而对于弱势下的我军来说，攻打据点的伤亡还能承受得起，攻打县城的伤亡就难以承受了，更不用说攻打省城了。因此为了减少伤亡，就发展出了运动战。从攻坚战转向运动战，就相当于从“生产商”转向“开发商”了。

运动战的优点在于，通过一系列的策划，有计划地把坚固工事或城池中的敌人引诱到城外，然后将其歼灭在野外运动途中，由此避免了攻坚所带来的伤亡，同时也避免了攻坚所需要的技术准备，并且由于敌人不可能驮着城池行军，因此可以速战速决。相比城池攻坚战这种“重创”战术，运动战就是一种“微创”战术，但是由于野外运动战的过程十分复杂，因此唯有“神医”才能胜任此项战术。由于难度不同，所以，“江湖郎中”适合游击战，“赤脚医生”适合伏击战，“主治医师”适合围点打援，“专家教授”适合城池攻坚战，“济世神医”适合野外运动战。善于用最少的医护，在最短的时间里，以最小的痛苦，换来最好的康复，医术高超至此者可谓“济世神医”；善于用最少的兵力，在最短的时间里面，以最小的伤亡，换来最好的发展，战术高超至此者堪称“济世神将”。

我军之所以能够以少胜多、以弱克强，是因为我军尤其擅长运动战这一战术，这是解放战争取得胜利的成功法宝，也是令敌对势力所真正忌惮的先进战术。

在对粟裕原文的选择上，为了尊重历史及尊重读者，钮生优先选择《粟裕军事文集》中的战时电文或战后总结，而不是全部从《粟裕战争回忆录》中照搬。这是因为《粟裕战争回忆录》主要是从指挥的角度来阐述的，而且由于种种原因，粟裕没有将其扛鼎之作——淮海战役写入《粟裕战争回忆录》，因此未能全面反映粟裕所说的“解放战争主要是运动战”的论断。也因此让读者难以从中全面学习和深刻领会粟裕出类拔萃的“绝活”。

怎么讲？

假如把战争比作是音乐艺术的话，那么，粟裕出类拔萃的“绝活”，既不在于他是一位指挥经验十分丰富的“优秀指挥员”，也不在于他是一位闻名中外的“优秀指挥家”，而在于他是一位凤毛麟角的“优秀作曲家”！因为粟裕谱写的那些“战争乐曲”在形式上，与孙武谱写的“战争乐曲”极其相似，都是“英雄交响曲”般的多乐章形式。贝多芬式的交响曲作曲家屈指可数，周杰伦式的歌曲作曲家数不胜数。粟裕恰似军事家中的贝多芬，善于谱写“战争交响曲”。故而,结合粟裕和孙武在风格上都擅长运动战的战场表现,钮生最终选择粟裕十三场运动战实践作为孙武十三篇运动战理论的对照案例。

需要说明的是,钮生所摘录的粟裕十三篇运动战案例看似各自独立,实际上围绕着淮海战役这一场《粟裕战争回忆录》中没有编入的总决战而展开。

在钮生看来,淮海战役之所以能够一战定乾坤,是因为其神机妙算之策一直可以追溯到黄桥战役,而后的天目山战役、苏中战役、宿北战役则是完成了总决战的初步准备。由于是初步准备,因此需要通过鲁南战役和莱芜战役做进一步准备,而孟良崮战役的实践证明了粟裕为歼灭张灵甫师做好了充分的准备,但此时还没有为总决战做好充分的准备。

假如没有淮海战役,没有人会相信粟裕能够指挥不到四十万的大军连续歼灭四十余万的强大敌军;但是有了淮海战役这个案例,我们就可以发现粟裕在孟良崮战役期间更加有把握连续歼灭黄百韬、胡琏和邱清泉所部,因为不仅地形更加有利,而且此时的黄百韬、胡琏和邱清泉所部在兵力上只是整编师或军的规模,而非难以分割的兵团,这就像割掉三个未扩散的小肿瘤比清除三个已扩散的大肿瘤要容易。而探讨孟良崮战役期间,黄百韬、胡琏和邱清泉能成为漏网之鱼的原因,并不是行动上的有形资源准备不充分,而是思想上的无形资源准备不充分,也就是那些没有亲身经历过黄桥战役的人在思想上跟不上形势的需要，导致粟裕的想法很难贯彻和落实。所以接下来的沙土集战役、豫东战役和济南战役，都是为了帮助大家在思想上跟上来。为了整齐思想上的步伐，粟裕花了一年多的时间，而后运动战思想才真正得以确立。

第一篇

大智

——最妙的策划

始计第一

君主做好军事斗争的策划工作

用“最少的兵力”，在“最短的时间”里，以“最小的牺牲”，收获“最好的发展”，这就是运动战的战术理念——争取最伟大的胜利！

而要做到这一点，当然离不开“最妙的策划”，这就须要吴王阖闾成为有道之君：务必抛弃侥幸心理，坚决反对机会主义，认真履行君主职责，做好以下三个方面六项工作：

第一，思想上决断到位，即一要战术决策到位，二要战略决策到位。

第二，组织上决断到位，即一要任免决策到位，二要授权决策到位。

第三，行动上决断到位，即一要过程决策到位，二要目标决策到位。

据此，笔者将《始计第一》分为七个小节，并推荐以下句读方式和白话演绎，此外，还建议参考粟裕在黄桥小决战中所做的军事斗争策划工作等相关。

1.0. 兵者，国之大事也！死生之地，存亡之道，不可不察也！

1.1. 故经之以五，校之以计，而索其情：一曰道，二曰天，三曰地，四曰将，五曰法。道者，令民与上同意者也，可与之死，可与之生，民弗畏也。天者，阴阳、寒暑、时制也。地者，远近、险易、广狭、死生也。将者，智、信、仁、勇、严也。法者，曲制、官道、主用也。凡此五者，将莫不闻。知之者胜，不知之者不胜。

1.2. 故校之以计而索其情，曰：主孰有道？将孰有能？天地孰得？法令孰行？兵众孰强？士卒孰练？赏罚孰明？吾以此知胜负矣。

1.3. 将听吾计，用之必胜，留之；将不听吾计，用之必败，去之。

1.4. 计利以听，乃为之势，以佐其外。势者，因利而制权也。

1.5. 兵者，诡道也。故：能而示之不能，用而示之不用，近而示之远，远而示之近；利而诱之，乱而取之，实而备之，强而避之；怒而挠之，卑而骄之，佚而劳之，亲而离之；攻其无备，出其不意。——此兵家之胜，不可先传也。

1.6. 夫未战而庙算胜者，得算多也；未战而庙算不胜者，得算少也。多算胜；少算不胜；而况于无算乎？——吾以此观之，胜负见矣。

（《孙子兵法·始计第一》）

军事斗争乃是国家大事，因此在投入上怎样更好地减少民众的牺牲进而更好地驾驭战局的走向，以及在产出上如何更好地保持社稷的稳定进而更好地锁定战争的结果，是“有道之君”不能不斤斤计较的。

第一步≫ 战术决策到位

能否减少牺牲，取决于战斗力的遏制和反遏制，也就是战术。

所以，为了减少民众的牺牲，君主在御前会议上，一定要从影响战斗力发挥的五个战术环节逐一入手，排查敌方的实际战斗力，最终通过预见敌我双方在战斗力的遏制和反遏制上可能出现的各种战斗前景之后，从中选择能够减少我方民众牺牲的战术对策，进而明确足以驾驭战局走向的战术任务。

这五个影响战斗力发挥的战术环节依次是：第一，战道门（why）；第二，战时门（when）；第三，战场门（where）；第四，战将门（who）；第五，战法门（what）。

所谓“战道门”是指，因受师出之名有无道理的节制之后，在出师兵力（F_0）中，还有百分之几能够与其君主始终保持相同的意志，愿意积极响应号召，坚决服从命令，哪怕如专诸那样必须献出生命，甚至如要离那样必须忍辱负重，个个奋不顾身，人人义无反顾，也就是服从程度（W_1）。据此可以推算出服从人员（F_1）的数量：$F_1=F_0\cdot W_1$。

所谓“战时门”是指，因受阴阳、寒暑、时制等不同时间条件的节制之后，在上述服从人员（F_1）中，还有百分之几能够按时参加，也就是参加程度（W_2）。据此可以推算出参加人员（F_2）的数量：$F_2=F_1 \cdot W_2=F_0 \cdot W_1 \cdot W_2$。

所谓“战场门”是指，因受远近、险易、广狭、死生等不同战场条件的节制之后，在上述参加人员（F_2）中，还有百分之几能够入场参与，也就是参与程度（W_3）。据此可以推算出参与人员（F_3）的数量：$F_3=F_2 \cdot W_3=F_0 \cdot W_1 \cdot W_2 \cdot W_3$。

所谓“战将门”是指，因受智、信、仁、勇、严等不同领导条件的节制之后，在上述参与人员（F_3）中，还有百分之几能够主动参战，也就是参战程度（W_4）。据此可以推算出参战人员（F_4）的数量：$F_4=F_3 \cdot W_4=F_0 \cdot W_1 \cdot W_2 \cdot W_3 \cdot W_4$。

所谓“战法门”是指，因受分工、协同、用具等不同战斗准备条件的节制之后，在上述参战人员（F_4）中，还有百分之几能够发挥实际作用，也就是实用程度（W_5）。据此可以推算出实用人员（F_5）的数量：$F_5=F_4 \cdot W_5=F_0 \cdot W_1 \cdot W_2 \cdot W_3 \cdot W_4 \cdot W_5$。

所以，一要考察哪一方的服从人员更多；二要考察哪一方的参加人员更多；三要考察哪一方的参与人员更多；四要考察哪一方的参战人员更多；五要考察哪一方的实用人员更多。

事在人为，通过对照这五个“战术阀”的开闭程度，计较出哪一方的实际战斗力更强大，由此预知哪一方能够减少民众的牺牲进而驾驭战局的走向。总之在战斗中，敌方的实际战斗力(f)越大，则我方减少民众牺牲进而驾驭战局走向的控制难度也就越大。

鉴于实际战斗力(f)等于潜在战斗力(F)和发挥率(w)的乘积($f=F\cdot w$)；并且鉴于发挥率(w)取决于五个战术阀($w=W_1\cdot W_2\cdot W_3\cdot W_4\cdot W_5$)。

因此，$f=F\cdot w=F\cdot(W_1\cdot W_2\cdot W_3\cdot W_4\cdot W_5)$。

显然，当潜在战斗力(F)等于上述出师兵力(F_0)的数量时(比如没有同盟军的情况之下)，实际战斗力(f)就等于上述实用人员(F_5)的数量。

上述“遏制和反遏制”的五个“战术阀”，要求每一个将领必须全面领会和掌握。但凡弄懂了战斗力的遏制和反遏制技巧的将领，能够减少民众的牺牲进而驾驭战局的走向，反之则不能减少民众的牺牲难以驾驭战局的走向。

第二步≫ 战略决策到位

能否保持稳定，取决于发展力的制裁和反制裁，也就是战略。

所以，为了保持社稷的稳定，君主在御前会议上，一定要从影响发展力发扬的十二个战略环节逐一入手，排查敌方的实际发展力，最终通过预见敌我双方在发展力的制裁和反制裁上可能出现的各种战争前景之后，从中选择能够保持我方社稷稳定的战略对策，进而明确足以锁定战争结果的战略任务。

这十二个影响发展力发扬的战略环节依次是：第一，君主塘(何以主有道)；第二，丞相塘(何以将有能。当时将相合一，所以十三篇中有“将”无“相”。笔者为了说明问题方便起见，如此加以区别：当首辅大臣担负战术任务时，称之为“将帅”；当首辅大臣担负战略任务时，称之为“丞相”。)；第三，天时塘(何以天孰得)；第四，地利塘(何以地孰得)；第五，法律塘(何以法孰行)；第六，政令塘(何以令孰行)；第七，兵器塘(何以兵孰强)；第八，群众塘(何以众孰强)；第九，文士塘(何以士孰练)；第十，武卒塘(何以卒孰练)；第十一，奖赏塘(何以赏孰明)；第十二，处罚塘(何以罚孰明)。

所谓“君主塘”是指，因受“君主愿意分配给国民的生活条件、学习条件、工作条件是否令群众满意”的限制，在所有壮丁人员(D_0)中间，还有百分之几可以得到有效发动，能正常求职，也就是求职程度(H_1)。据此可以估算出求职人员(D_1)的数量：$D_1=D_0\cdot H_1$。

所谓“丞相塘”是指，因受“丞相能够分配给国民的生活条件、学习条件、工作条件是否令群众满意”的限制，在上述求职人员(D_1)中间，还有百分之几可以得到有效组织，能正常就业，也就是就业程度(H_2)。据此可以估算出就业人员(D_2)的数量：$D_2=D_1\cdot H_2=D_0\cdot H_1\cdot H_2$。

所谓“天时塘”是指，因受“不同天时会影响到群众生活条件、学习条件、工作条件”的限制，在上述就业人员（D_2）中间，还有百分之几可以得到上天照顾，能正常上班，也就是上班程度（H_3）。据此可以估算出上班人员（D_3）的数量：$D_3 = D_2 \cdot H_3 = D_0 \cdot H_1 \cdot H_2 \cdot H_3$。

所谓“地利塘”是指，因受“不同地利会影响到群众生活条件、学习条件、工作条件”的限制，在上述上班人员（D_3）中间，还有百分之几可以得到大地供应，能正常上岗，也就是上岗程度（H_4）。据此可以估算出上岗人员（D_4）的数量：$D_4 = D_3 \cdot H_4 = D_0 \cdot H_1 \cdot H_2 \cdot H_3 \cdot H_4$。

所谓“法律塘”是指，因受“法律能否确保群众生活上不会受到虐待、学习上不会受到愚弄、工作上不会受到奴役”的限制，在上述上岗人员（D_4）中间，还有百分之几可以得到法律的保护，能正常出勤，也就是出勤程度（H_5）。据此可以估算出出勤人员（D_5）的数量：$D_5 = D_4 \cdot H_5 = D_0 \cdot H_1 \cdot H_2 \cdot H_3 \cdot H_4 \cdot H_5$。

所谓“政令塘”是指，因受“政令能否促使群众生活上变得更加幸福、学习上变得更加进步、工作上变得更加顺利”的限制，在上述出勤人员（D_5）中间，还有百分之几可以得到政令的协调，能正常出工，也就是出工程度（H_6）。据此可以估算出出工人员（D_6）的数量：$D_6 = D_5 \cdot H_6 = D_0 \cdot H_1 \cdot H_2 \cdot H_3 \cdot H_4 \cdot H_5 \cdot H_6$。

所谓“兵器塘”是指，因受“武器性能不同”的限制，在上述出工人员（D_6）中间，还有百分之几可以分配到先进武器能武装到位，也就是武装程度（H_7）。据此可以估算出武装人员（D_7）的数量：$D_7=D_6\cdot H_7=D_0\cdot H_1\cdot H_2\cdot H_3\cdot H_4\cdot H_5\cdot H_6\cdot H_7$。

所谓"群众塘"是指，因受"群众技能不同"的限制，在上述武装人员（D_7）中间，还有百分之几可以分配到先进骨干能威武到位，也就是威武程度（H_8）。据此可以估算出威武人员（D_8）的数量：$D_8=D_7\cdot H_8=D_0\cdot H_1\cdot H_2\cdot H_3\cdot H_4\cdot H_5\cdot H_6\cdot H_7\cdot H_8$。

所谓"文士塘"是指，因受"训练条件不同"的限制，在上述威武人员（D_8）中间，还有百分之几可以安排有熟练的指挥员能机智到位，也就是机智程度（H_9）。据此可以估算出机智人员（D_9）的数量：$D_9=D_8\cdot H_9=D_0\cdot H_1\cdot H_2\cdot H_3\cdot H_4\cdot H_5\cdot H_6\cdot H_7\cdot H_8\cdot H_9$。

所谓"武卒塘"是指，因受"训练条件不同"的限制，在上述机智人员（D_9）中间，还有百分之几可以安排有熟练的战斗员能勇敢到位，也就是勇敢程度（H_{10}）。据此可以估算出勇敢人员（D_{10}）的数量：$D_{10}=D_9\cdot H_{10}=D_0\cdot H_1\cdot H_2\cdot H_3\cdot H_4\cdot H_5\cdot H_6\cdot H_7\cdot H_8\cdot H_9\cdot H_{10}$。

所谓"奖赏塘"是指，因受"奖赏条件不同"的限制，在上述勇敢人员（D_{10}）中间，还有百分之几势必对奖赏政策心悦而尽心到位，也就是尽心程度（H_{11}）。据此可以估算出尽心人员（D_{11}）的数量：$D_{11}=D_{10}\cdot H_{11}=D_0\cdot H_1\cdot H_2\cdot H_3\cdot H_4\cdot H_5\cdot H_6\cdot H_7\cdot H_8\cdot H_9\cdot H_{10}\cdot H_{11}$。

所谓“处罚塘”是指，因受“处罚条件不同”的限制，在上述尽心人员（D_{11}）中间，还有百分之几的人员势必对处罚政策诚服而尽职到位，也就是尽职程度（H_{12}）。据此可以估算出尽职人员（D_{12}）的数量：$D_{12}=D_{11}\cdot H_{12}=D_0\cdot H_1\cdot H_2\cdot H_3\cdot H_4\cdot H_5\cdot H_6\cdot H_7\cdot H_8\cdot H_9\cdot H_{10}\cdot H_{11}\cdot H_{12}$。

前六条考察内忧，围绕着经济建设状况，所以，一要考察哪一方的求职人员更多；二要考察哪一方的就业人员更多；三要考察哪一方的上班人员更多；四要考察哪一方的上岗人员更多；五要考察哪一方的出勤人员更多；六要考察哪一方的出工人员更多。

后六条考察外患，围绕着国防建设状况，所以，七要考察哪一方的武装人员更多；八要考察哪一方的威武人员更多；九要考察哪一方的机智人员更多；十要考察哪一方的勇敢人员更多；十一要考察哪一方的尽心人员更多；十二要考察哪一方的尽责人员更多。

君者群也，所以笔者就是通过对照这十二个“战略池”的积蓄程度，计较出哪一方的实际发展力更强大，由此预知哪一方能够保持社稷的稳定进而锁定战争的结果。总之在战争中，敌方的实际发展力（d）越大，则我方保持社稷稳定进而锁定战争结果的控制难度也就越大。

鉴于实际发展力（d）等于潜在发展力（D）和发扬率（h）的乘积（$d=D\cdot h$）；又鉴于发扬率（h）取决于十二个战略池（$h=H_1\cdot H_2\cdot H_3\cdot H_4\cdot H_5\cdot H_6\cdot H_7\cdot H_8\cdot H_9\cdot H_{10}\cdot H_{11}\cdot H_{12}$）。

因此，$d=D\cdot h=D\cdot(H_1\cdot H_2\cdot H_3\cdot H_4\cdot H_5\cdot H_6\cdot H_7\cdot H_8\cdot H_9\cdot H_{10}\cdot H_{11}\cdot H_{12})$。

显然，当潜在发展力(D)等于上述壮丁人员(D_0)的数量时(比如没有同盟国的情况之下)，实际发展力(d)就等于上述尽职人员(D_{12})的数量。

上述“制裁和反制裁”的十二个“战略池”，要求每一个干部必须全面领会和掌握。弄懂了发展力的制裁和反制裁技巧的干部，能够保持社稷的稳定进而锁定“战争”的结果，反之则不能保持社稷的稳定进而难以锁定“战争”的结果。

第三步≫ 任免决策到位

君主应该把战术任务派给谁来担当呢?

假如某将帅的候选人能够遵循前面第一步中的战术理论，善于利用五个 W 减少民众的牺牲，进而能够驾驭战局的走向，那么派他去担当上述战术任务的话，就肯定能够成功地减少民众的牺牲，进而能够驾驭战局的走向，对于此类将帅的候选人，君主就应该留任他。

假如某将帅的候选人不能遵循前面第一步中的战术理论，不能利用五个 W 减少民众的牺牲，因而难以驾驭战局的走向，那么派他去担当上述战术任务的话，就肯定不能成功地减少民众的牺牲，因而难以驾驭战局的走向，对于此类将帅的候选人，君主就应该免去他。

君主应该把战略任务派给谁来担当呢？

假如某丞相的候选人能够遵循前面第二步中的战略理论，善于利用十二个 H 保持社稷的稳定，进而能够锁定战争的结果，那么派他去担当上述战略任务的话，就肯定能够成功地保持社稷的稳定，进而能够锁定战争的结果，对于此类丞相的候选人，君主就应该留任他；

假如某丞相的候选人不能遵循前面第二步中的战略理论，不能利用十二个 H 保持社稷的稳定，因而难以锁定战争的结果，那么派他去担当上述战略任务的话，就肯定不能成功地保持社稷的稳定，因而难以锁定战争的结果，对于此类丞相的候选人，君主就应该免去他。

第四步≫ 授权决策到位

君主应该授予将帅多少资源呢？

君主在按照第三步中的“将帅的任免标准”任免好了“将帅”之后，自然意味着“减少民众牺牲的战术对策”必然会得到“将帅”的遵循，至此君主就要为选定的“将帅”提供战术上的“优势条件”，以支持“将帅”完成“驾驭战局走向”的任务。所谓战术上的“优势条件”，是指根据完成“战术任务”的需要，授予“将帅”充分的“战术资源”。

君主应该授予丞相多少资源呢？

君主在按照第三步中的“丞相的任免标准”任免好了“丞相”之后，自然意味着“保持社稷稳定的战略对策”必然会得到“丞相”的遵循，至此君主就要为选定的“丞相”提供战略上的“优势条件”，以支持“丞相”完成“锁定战争结果”的任务。所谓战略上的“优势条件”，是指根据完成“战略任务”的需要，授予“丞相”充分的“战略资源”。

把握好授予资源的分寸，恰似我们使用杆秤称重时的情形：既要根据所称物体的轻重来选择适宜的秤砣，又要根据平衡物体的需要去确定秤砣应该摆放在哪颗秤星位置上。

第五步≫ 过程决策到位

为了防止过程中发生失控现象，就需要君主制定战术路线和战术方针，以此来遥控将帅做好“减少民众牺牲进而驾驭战局走向”的工作。

军事斗争的性质，决定了战术路线应该是将战局的走向纳入克敌制胜的轨道上。

因此，在强大的敌人面前，能够减少民众牺牲进而驾驭战局走向的战术方针如下：

在第一阶段，剥夺敌人的知情权：

第一招，我军队战斗力足够却假装战斗力不足，即所谓的“能而示之不能”；

第二招，我将帅很善于用兵却假装不善于用兵，即所谓的“用而示之不用”；

第三招，我后援团终将先来却假装我后援团必将后到，即所谓的“近而示之远”；

第四招，敌近卫军终将后到却假装敌近卫军必将先来，即所谓的“远而示之近”。

（注：通过前四招由表及里、由内而外的示弱之后，第五招“利而诱之”才能奏效。）

在第二阶段，剥夺敌人的选择权：

第五招，在敌人贪婪逐利时引诱其进入我预设的陷阱，即所谓的“利而诱之”；

第六招，在敌人冒进争功时夺取其逃离我陷阱的退路，即所谓的“乱而取之”；

第七招，在敌人兵力充实时采取聚而围之的守备部署，即所谓的“实而备之”；

第八招，在敌人力量尚强时采取围而不攻的避战部署，即所谓的“强而避之”。

在第三阶段，剥夺敌人的战斗权：

第九招，在敌人强行突围时采用阻挠措施缠住敌人，即所谓的“怒而扰之”；

第十招，在敌人悲哀玩命时采用美梦措施稳住敌人，即所谓的“卑而骄之”；

第十一招，在敌人养精蓄锐时采用疲劳措施玩弄敌人，即所谓的“佚而劳之”；

第十二招，在敌人团结一心时采用离间措施瓦解敌人，即所谓的“亲而离之”。

在第四阶段，剥夺敌人的发展权：

第十三招，选择敌毫无守备能力的地方作为总攻的突破口，即所谓的“攻其无备”；

第十四招，选择敌丧失战斗意志的时候作为总攻的发起时，即所谓的“出其不意”。

（注：缘何第六招是“乱而取之”而非“乱而攻之”呢？因为此时此刻敌人的情况乃是既“实”又“强”，因此时机不成熟。何时成熟？要等到敌人既“劳”又“离”之后，是故在我方第十一招、第十二招奏效之后，在第十三招中才出现了总攻的“攻”字。）

需要强调的是，这就是运动战的战术方针！这是笔者确信《孙子兵法》十三篇是运动战专著的重要证据之一。

至于详细的、具体的作战方案，自然将由前线的将领根据战场上的实际情况，在此战术方针的框架之内进行修改和细化。因此不应该于计划阶段就在庙堂之上，由不可能实时掌握战场实际情况的君主提前明确下来。故曰："此兵家之胜，不可先传也。"

第六步≫ 目标决策到位

为了防止目标上出现落空现象，还需要君主制定战略路线和战略方针，以此来管制丞相做好"保持社稷稳定进而锁定战争结果"的工作。

在战略路线上，存在着这样两个不同的方向：

但凡在战前的计划阶段就能锁定战争结果的一方，其为保持社稷稳定所做的打算就到位得多，照此打算，我之实际发展力强于敌之实际发展力，因此就能保持社稷的稳定进而锁定战争的结果，——这是正确的战略方向；

但凡在战前的计划阶段不能锁定战争结果的一方，其为保持社稷稳定所做的打算就到位得少，照此打算，我之实际发展力弱于敌之实际发展力，因此不能保持社稷的稳定进而不能锁定战争的结果，——这是错误的战略方向。

在战略方针上，存在着如下三个不同的概率：

注重调查研究，为保持社稷稳定打算到位得越多，则准备越恰当，故最终越能够锁定战争结果——这是安全的战略方针；

缺乏调查研究，为保持社稷稳定打算到位得越少，则准备越不当，故最终越不能锁定战争结果——这是冒险的战略方针；

不做调查研究，为保持社稷稳定打算到位为零，则准备全没有，故最终没办法锁定战争结果——这是危急的战略方针。

所以，只要看一看决策层能否为保持社稷稳定注重调查研究、坚持零失策，就能预见到其管理层将来可否锁定战争结果。

黄桥小决战

“灯 塔”之 战

黄桥战役是粟裕“谱曲”的第一场歼敌过万的运动战案例，其“曲制”如下：

第一“乐章”。由于陶勇假戏真做，误导翁达相信叶王陶部全部固守在黄桥，指挥其独立第六旅三千人马，采用一字长蛇阵队形大摇大摆地进入粟裕预设的第一个战场，结果遭到叶飞所部的突然袭击。其间迅速穿插到位的王必成部，通过一系列行动，迷惑住了李守维，于是安全有了保障的叶飞部大胆突击，仅用三个小时基本结束战斗。

本“乐章”八年后被粟裕“改编”成淮海战役中的第一“乐章”——歼灭黄百韬兵团。

在黄桥战役中，陈泰运部给王必成部和叶飞部让路，所以翁达才会措手不及；而在淮海战役中，冯玉祥旧部给我穿插部队让路，导致黄百韬的援兵被隔绝。

第二“乐章”。李守维得知翁达被围，逐判明我黄桥城内兵力空虚，于是用“围魏救赵”之计，命令下属三十三师向黄桥发起总攻，人手不足的陶勇在敌人三十三师的大举进攻之下岌岌可危。关键时刻，陶勇顶住压力，不仅挫败了敌人的攻势，而且趁敌人落败之际，果断命令其部长驱直入，居然奇迹般地将三十三师师长孙启人生擒活捉，三十三师大部随即被王必成捉在瓮中。

本“乐章”八年后被粟裕“改编”成淮海战役中的第二“乐章”——歼灭黄维兵团。

在黄桥战役中，陈泰运、李长江袖手旁观，保安旅避战，结果葬送了三十三师；在淮海战役中，冯玉祥旧部、白崇禧集团袖手旁观，李延年兵团避战，结果葬送了黄维兵团。

第三“乐章”。旁观“鹬蚌相争”的中间势力打算“渔翁得利”，但是在得知翁达已毙命以及三十三师已经被歼之后，惊怵之余继续作壁上观。于是粟裕抓住稍纵即逝的战机，命令“三剑客”腾出手来，全力以赴围攻李守维八十九军军部和一一七师。由于得不到李长江、陈泰运以及保安旅的援救，李守维在突围途中淹死了，一一七师随后被歼。至此，韩德勤闻风丧胆，叶王陶乘胜追击，坚如磐石的苏中抗日根据地由此奠定。

本“乐章”八年后被粟裕“改编”成淮海战役中的第三“乐章”——歼灭杜聿明集团。

在黄桥战役中，随着李守维部全军覆没，赔了老本的韩德勤已经无可奈何，于是根据地转眼成形；在淮海战役中，随着杜聿明集团被全歼，赔了老本的蒋介石已经无力回天，所以京杭沪随后一鼓而定。

由此可见，黄桥战役虽小，但是意义深远。因为日后在淮海战役中，毛泽东之所以能与粟裕一拍即合，是因为这位“舵手”看到有一座“灯塔”，闪耀在正确的前进方向，那就是黄桥战役这场以少胜多的运动战案例。故而称之为“灯塔”之战。

黄桥战役由三个依次衔接起来的作战项目组合而成，这就像贝多芬《英雄交响曲》中的三个乐章，本来就是一个完整的组合，故而就把每一个作战项目比喻成“乐章”，以此来暗示有多个作战项目依次衔接起来的连续作战恰似交响曲一般在谱曲难度、指挥难度、演奏难度上的非凡性。诸如黄桥战役那样，在策划阶段，主谋者已策划好了用多个作战项目依次衔接而后连续作战的战役，都用“乐章”来表示作战项目。

黄桥战役于一九四〇年十月四日打响，至十月六日结束。在敌强我弱、敌众我寡的情况下，粟裕采用运动战，三天之内，以九百人的伤亡，歼敌一万一千人。

前一篇《始计第一》指出了运动战的计划决策步骤，即首先是思想上的战术决策到位和战略决策到位，其次是组织上的任免决策到位和授权决策到位，最后是行动上的过程决策到位和目标决策到位。

为进一步加深对此的理解，特推荐大家参考《粟裕军事文集》当中的《黄桥战役总结》一文。一九四〇年十月，在海安西寺干部会议上，粟裕给叶王陶等人作了这篇总结报告。当时粟裕三十四虚岁,陶勇比王必成大一个月,都是二十九虚岁,叶飞二十七虚岁。这个团队很有趣,年龄最小的叶飞率领第一纵队,年龄最大的陶勇率领第三纵队。在后来的三年解放战争中,陶勇所部歼敌将近二十万人,但是在荣誉面前却像粟裕那样极低调。需要特别指出的是,没有上过一天军事院校的叶飞、王必成、陶勇等人,无不后来居上并且迅速成为智勇双全的良将,无疑与他们都喜欢细细品味粟裕在《黄桥战役总结》中的长篇大论有重要的关系。以下是《黄桥战役总结》全文以及笔者对此作的一些剖析。

同志们!

这次黄桥保卫战,由于党的正确领导和全体同志的努力,获得了伟大胜利,达成了完满的歼灭战,确实完成了保卫黄桥这一区域根据地的任务。我们应该正确认识这次胜利的重大意义,认识这次胜利是由什么条件造成的,并检讨战役中有哪些优缺点。现在我分五个部分来讲这些问题。

一、黄桥战役胜利的意义

对这次黄桥战役的胜利,决不能一般看待,以为只是一次大胜仗,捉了大批俘虏,缴了大批枪炮而已,我们应该认识这次战役胜利的意义是很重大的。

第一,解决了一个最大的问题,就是使中国最进步、抗战最坚决、革命最彻底的八路军、新四军会合了起来,能够互相取得更好的配合和更多的发展；使苏北的抗日民主根据地和华北的抗日民主根据地连成一片，不仅奠定了苏北抗日民主根据地的基础，而且使华中革命势力取得第一步的优势，也就是增加了中国革命胜利的有利条件。这是第一等的重大意义。

第二，造成了我党我军在苏北抗战的领导地位。本来苏北存在好几种力量，最大的是日本帝国主义的侵略军，其次是韩德勤（国民党江苏省政府主席兼鲁苏战区副总司令）所部，再其次就是李明扬所部（国民党鲁苏皖边区游击总指挥部），当时我们挺进纵队在苏北活动，力量是非常小的，只算得第四位。自从今年六月二十八日郭村保卫战胜利以后，我们由第四位升到了第三位。由郭村地区东进黄桥，我们的力量逐渐加强起来。这次黄桥战役的胜利，我们的力量便由第三位升到了第二位。就抗战立场和抗战力量而言，我们在苏北已经取得了实际的抗战领导地位。从今以后，我们可以集中精力，同日本帝国主义侵略势力作斗争，而韩德勤已经不是我们的对手了。这是第二个重要意义。

第三，大大发挥了统一战线的威力，获得了丰硕成果。这次战役，双方兵力对比，我们以一个打顽方三个。如果以韩方的整个兵力来比，我们的力量更小，兵器上我们也是薄弱的。可是，我们为什么反而能够胜利呢？固然有顽军士气不振等许多原因，但极重要的原因是我们开展统一战线，不仅中立了两李（国民党鲁苏皖边区游击总指挥部正副总指挥李明扬、李长江）和薛承宗（国民党江苏保安第一旅旅长)等部,而且中立了已经奉韩命出动的国民党财政部税警团陈泰运部。这样,造成了韩德勤部孤立,使我们能够集中兵力去打击韩德勤的嫡系部队第八十九军,而歼灭其全部。统一战线的胜利,对于今后在苏北团结友党友军共同抗战,有着深远意义。

第四,使韩德勤最终丧失了单独向我们进攻的能力。黄桥战役是随着九月初的营溪战斗和姜堰战斗来的。韩德勤在那两次战斗中虽然先后失败了,但还不能说他已没有进攻能力了,当时他还掌握相当强大的兵力,许多杂色部队也还在他的控制之下,数量约有三四万之众。可是,在这次黄桥战役中,他的基本嫡系部队已全军覆没,团以上主官无一生还。虽然还逃回去几千人,但战斗力已大大削弱。从此以后,韩德勤再也没有单独向我们进攻的能力了。

第五,解决了抗日的后方问题。这次战役是我们能否在苏北立足的关键。假如这次战役我们失败了,那不仅不能在苏北发展,而且根本不能在这里站住脚。由于胜利,我们占领了许多战略要点和广阔地区,便可以在苏北生根开花,建立起比较巩固的后方,能够有依托地放手在华中进行大发展。

正因为这次战役有这些重大意义,所以在新四军历史上是空前的胜利。

二、黄桥战役前的各种情况

(一)国际国内形势

国际上,九月间,德意日法西斯签订了三国军事同盟协定,帝国主义之间的战争正由欧洲、非洲向太平洋扩展。日本帝国主义为了准备南进，向太平洋地区英美势力范围进攻，急于结束对中国的战争，故而加紧对蒋诱降的同时，向其施加军事压力，准备向昆明、重庆进攻，企图达到使中国屈服的目的。英美一向企图压迫中国对日投降，以牺牲中国换取日本放弃其南进政策；现在则改为援助中国抗战，利用中国的抗战拖住日本，迟缓其南进行动，以便他们集中力量于欧、非，对付德意。由于帝国主义之间的矛盾冲突和他们对华政策的影响，我国的抗战局面正在发生剧烈的变化：中国抗战开始进入更加困难、更加严重的阶段。一方面，由于日本对昆明、重庆的威胁，使投降派抬头和更加露骨地提出同日本帝国主义讲和，某些顽固派也更加动摇起来，走向敌人方面去；另一方面，由于英美采取支持中国抗战的政策，又使顽固派中一部分主张走英美路线的抬起头来，想投到英美怀抱里去，梦想一面抗日，一面反苏反共。于是，国民党反动派便从华中开始，紧锣密鼓地掀起新的反共浪潮。我们的黄桥自卫战役，就是在这样的背景下进行的。

（二）苏北的政治情况

自韩德勤执掌江苏以来，盘踞苏北敌后，苟且偷安，与日寇互不侵犯。他实际上统治的地区只有苏北六个县。在他的统治下，贪官污吏腐化成风，苛捐杂税名目繁多，土匪流氓横行乡里，弄得民不聊生，陷于水深火热之中。广大群众以及稍有爱国心和正义感的社会上层人士，无不反对韩德勤而盼望真正抗日军队来改造苏北。我军就是在这样的情况下来到苏北的,这当然是有利的。可是,蒋介石认为苏北我们的力量小,他们韩德勤、李守维的力量大,所以阴谋对我们先从苏北下手,后打皖南。今年六月,按照蒋介石的统一部署,在韩德勤的指使下,我军在江都郭村遭到了李长江部的围攻。我军奋起保卫郭村,取得了完全胜利,并顾全大局,未攻泰州,化干戈为玉帛,与两李恢复旧交,于七月下旬东进黄桥地区抗日。而韩德勤竭力阻止我东进,爆发了武装冲突。七月二十八日我们占领了黄桥。九月三日发生了营溪战斗,我们获得了胜利,九月十三日又占领了姜堰。当时广大群众还希望我们乘胜前进,打垮韩德勤,占领东台、兴化,以彻底改造苏北。但我们毅然停止前进,倡议谈判,以求与韩方团结,共同抗战。结果双方在姜堰举行了有社会贤达、上层人士参加的和平会议。当时有一部分社会上层人士,对我们抱怀疑态度,以为我们不肯停战;认为只要新四军能退出姜堰,韩德勤就不会再以武力进攻了。出乎他们意料之外,我们在谈判会上慷慨允诺退出姜堰,打消了他们的怀疑。可是,当我们部队开始从姜堰撤退,还没撤完的时候,韩德勤即以十几个团的大军南下进攻黄桥。这样,虽然我们在军事上处于仓促应战的被动地位,但在政治上却造成了完全优势的有利条件。不仅广大群众对我们的防卫战竭诚拥护,就是社会上层人士也认为我们的防卫战是被迫的、正义的,认为韩德勤不仅欺骗了新四军,也欺骗了他们参加和平会议的代表,等于打了他们的耳光。正因为这样，当我们退出姜堰时，广大群众十分同情我军，在极短时间里筹集六千多块钱慰劳我军，以表示他们对我军的热忱。而韩德勤背弃姜堰谈判协议，发动了战争，破坏了和平，使自己处于孤立地位。由于我们连续胜利和自动退出姜堰，使统一战线得到更大的开展，争取了李明扬、陈泰运以及非韩德勤嫡系的保安旅团的中立，是黄桥战役我们能够胜利的有利因素。不仅如此，韩德勤方面还存在着许多内在矛盾，也是对我们有利的。他们政治上腐败，除了苛捐杂税，毫无政绩，民众不堪其苦。韩德勤所属部队，派系非常复杂，嫡系与非嫡系之间存在着矛盾，明争暗斗很厉害。韩德勤往往用非嫡系部队在前面当炮灰，结果使非嫡系的各保安旅团及其他杂牌部队，也不完全听他摆布，他们各霸一方，自成系统。比如东边（南）通如（皋）海（门）启（东）这些地方，名义上是隶属韩德勤管辖，可他没有嫡系部队在那里。泰州地区表面上也属韩德勤管辖，实际上两李霸占，而两李的部下同样又各自为政。在他们，根本谈不上什么团结抗战，只是盘算着怎样更多的搜刮民财中饱私囊而已。

（三）群众条件

我们占领黄桥以来，虽然只有两个月时间，可是黄桥地区群众得到的利益很多，譬如免除了苛捐杂税，进行了二五减租，工人增加了工资等，过去那些军队虐待民众的事没有了。正因为这样，不仅黄桥地区的民众热烈拥护我们，就是我们控制地区以外的群众也盼望我们去解除他们的痛苦，为他们谋利益。黄桥的群众支持我们去打姜堰，在打下姜堰后，姜堰的群众又希望我们去打溱潼，海安的群众希望我们去攻海安、去占领兴化。韩德勤统治区域的群众都希望我们去。已经得到实际利益的群众，为保卫实际利益要起来斗争，他们拥护我军的行动，帮助我们的部队。就是顽固派统治区的群众，为摆脱暴政，也起来斗争。群众的这些革命行动，对于我们保卫黄桥，有着很大帮助。特别在营溪战斗时，顽军对当地群众的蹂躏，最实际的教训了黄桥的民众以及其他各地的民众，使他们清楚了解了顽固派的残暴行为，懂得了顽固派不仅反对异党异军，而且把民众也当着异民对待。这样更激起了民众的公愤，推动了他们以实际行动来帮助我军进行保卫黄桥的战斗。总之，群众条件是有利于我不利于韩德勤的。

（四）我军情况

自营溪战斗和姜堰战斗胜利后，我军声威远扬，顽军过去认为新四军只会打游击，不会打大仗；只会打夜战，不会打白昼战斗。这次胜利证明，新四军游击战会打，大仗也会打；夜战会打，白昼战斗也会打。他们还在军官会议上说：营溪战斗为什么失败？因为田里的高粱秆子太高，新四军打埋伏，所以他们失败了。可是这次黄桥决战，高粱秆子没有了，为什么又吃了大败仗呢?！恐怕就是让他们的“军事博士”来作总结，也找不出原因（众笑）。他们又认为新四军没有本事打堡垒，所以把过去对付红军的堡垒，今天又拿出来对付我们，从姜堰向北一直到兴化，普遍构筑了堡垒，密密层层，可是姜堰的堡垒在我们面前首先失去了作用。他们知道了堡垒也挡不住新四军，于是就用大炮来轰。在这次黄桥战役中，他们动员了大部兵力，机关枪几百挺，把山炮都搬来了，大概知道我们打鬼子据点没有大炮，所以这次送大炮来了（众笑）。

姜堰的胜利使我军声威大振，士气高涨。在退出姜堰时，我们部队中有的同志还想不通，说：当初为什么要打，牺牲了好多人，结果又要退出！经过解释，使每个人都懂得为了争取政治上的优势，必须退出姜堰。在退出姜堰后，很快就进行决战，部队没有休息整理，当然这对我们是不利的。可是由于政治上的突击动员，党发出了号召，迅速鼓足了士气。正如第一纵队同志们说的：幸亏在十月四、五日决战，部队刚刚打足了气，假如迟两天，那气又要消下去了。这说明我军政治情绪很高，士气旺盛，保证了这次战役的胜利。

再说我们的军事情况：九月三日打营溪，九月十三日打姜堰，合起来是一个战役，打得不大好。首先讲营溪战斗，虽然是取得了胜利，但只是战术上的胜利，不是战役上的胜利。因为营溪战斗，我们主要企图是从营溪打起，直到把曲塘、海安夺下来。可是，这次营溪战斗最大的缺点是打得太早。顽固派的军队刚刚到营溪、野周庄、运粮河、高家湾一线，我们就出击，结果打着一部分，其余跑掉了！好像乌龟头刚刚伸出了一小节，我们就一刀砍下去，结果没有砍到，给他缩到曲塘、胡家集的乌龟壳里去了（众笑）。

这是一个缺点。我们原来的计划是从营溪打起，打了营溪以后，第一、二纵队会合，由东向西打野周庄、运粮河、顾高庄，把税警团、独立第六旅一扫光。可是气没打足，营溪胜利后没有连续战斗，等到第二天再打，他就跑掉了，以致未能取得全胜。但其间也取得了成就，就是与税警团建立了统一战线。再讲姜堰战斗，虽然我们显一显打碉堡的本领给他看了，可是最大的缺点是只占领了姜堰，从战役上说，任务没有完成。因为没有占领大、小白米，以致使姜堰变为死的，成为整个阵势的突出部分，两翼是暴露的，西边受两李的威胁，东边受税警团的威胁，北边有韩德勤的威胁。尤其在我们左右侧后有许多空隙，有被他们出一支兵去打我黄桥的危险。在进攻姜堰时，我们预计还要把大、小白米拿下，这样才能与黄桥打通联系，否则就要把缴获的汽艇“抬到”黄桥去。幸亏后来和税警团建立统一战线，才能使汽艇从大、小白米通过。由于营溪、姜堰战斗只完成了战斗任务，造成了战役上的不利态势，所以我们决定退出姜堰，以避免大的危险，同时在政治上争取优势。然而在营溪战斗中值得表扬的是，在那种河网地区，敌人沿河固守，我们进行了猛烈的攻击，克服了河网障碍，取得了胜利。我们首先把他们的主力部队第一一七师打垮了，师长打伤了，震动了他们，使其整个部队溃退下去。在姜堰战斗中，我们战术上也有奇特之点，采取了《西游记》故事中孙悟空钻进铁扇公主肚子里去的办法。

姜堰外围的许多堡垒我们不去理它，知道他们守堡垒的只有一排人一班人，指挥机关在街上，所以首先钻进街里去，从街里打出来，把他的师部、旅部打掉，外面的就先后缴了枪，张少华就这样吃了大亏（众笑）。

我们为什么采取这样的战术呢？因为估计到张少华部队战斗力不强，他们不会进行巷战。假如他能打巷战，战斗力很强，我们一个堡垒还没有打开，就钻进去，那是危险的。此外，在姜堰战斗中，韩德勤受了我们的骗，也是我们取得胜利的原因。营溪战斗后，韩德勤在姜堰有六个团，那时我们如果去打姜堰，伤亡一定很大。因此我们就拿一个纵队一方面东进去佯攻海安，乒乒乓乓打得很剧烈，做东进的准备，威胁如皋、海门、启东；一方面向东北佯动。我们的意思是他姜堰的兵力太多了，请他调开一部分。结果他真是像听我们的命令一样，把姜堰的兵调了一部分到海安，只留下了两个团（众笑）。

从营溪、姜堰战斗以后，我们部队非常疲劳，伤亡还未得到补充，在这样的情况下继续进行黄桥战斗是不利的。而且，当我们大部队正在姜堰的时候，韩德勤部队就开始由胡家集南下，占领了孙家庄，由于我们侦察工作太不切实，传递情报又很慢，直到十月二日才知道这一情况，逼得我们仓促应战，没有充分的准备时间。当时，我们部队又拉得很开，第一纵队在孙家庄、花园桥，第二纵队在姜堰，第三纵队在黄桥，相互离得很远，部队调动费时，运输也较困难。韩德勤部队开进可以用汽艇拖运，我们只靠两只脚跑。我们的通信联络很差，占领姜堰半个月，可是黄桥到姜堰的电话没有打通过。我们部队新兵多，训练差。韩德勤部队的训练和军事技术比我们好。这次捉到他们的俘虏兵中，二三年的老兵很多，而我们二三年的老兵已经当排长、连长了。在军事上我们有这些弱点。如果单以军事力量对比来说，那我们是不能进行这次黄桥战役的，是会失败的。我们是把各种条件综合起来考虑的。

（五）韩军情况

韩军部队由于长期没有作战，加之在城市中生活腐化，以致削弱了战斗力。他们的士兵与很多下级军官还是爱国的，要抗日，不愿内战，对韩德勤驱使他们来打我们非常不满。所以，韩德勤在海安对他的士兵不讲去打黄桥，只说是与新四军联合去打如皋、靖江等鬼子据点。一直到部队开到了营溪、加力才宣布打黄桥。他们官兵不平等，矛盾很大。部队之间也存在矛盾。比如十月四日进攻黄桥，他们把一个独立团配属给第八十九军的第三十三师。第三十三师就把这个团配置在最危险的方向，被我第三纵队一部出击打垮了。第三十三师看到他们溃退，便架起机关枪对着他们扫。在他们一个团中，往往一、二、三营三个营长之间都有矛盾，他们各自希望别人被打垮，将来自己可以成为老资格，升团长。正因为他们存在着这些矛盾，战斗中难以协同配合。同时，这一次韩德勤虽然加强了生力军，可是这些生力军都曾经被我们八路军第五纵队打败过的，战斗力大大地削弱了。这些是他们部队政治情绪低落的状况。从军事上说，韩军一般地占着优势。他们兵力的总数要超过我们七八倍，尤其这次进攻的部队差不多完全是生力军，没有同我们作战过。他们部队不疲劳，像独立第六旅，虽然在营溪打了一下，可是退回去已休息整理过了；第一一七师虽然在营溪吃了亏，可是在海安把保安第八旅补充给他了；第三十三师没有同我们打过，还有独立团、特务营、炮兵团都是生力军。我们没有多少生力军增加，仅仅由江南增来一个营（老四团第三营）。当时我们说"江南来了几个团"，使我军士气大振。他们的补充比我们好，武器比我们优良，弹药比我们多。姜堰战斗时，他们从江南运来了二十四万发子弹。他们操纵了通信、交通工具，通信联络和运输很方便，部队行动不致过度疲劳。特别对他们有利的是，他们控制了一些重要的战略基点，如海安、曲塘、东台等城镇，有纵深较大的后方，部队调动回旋比较自如。而我们实际上没有什么后方，作战行动受着不少的限制。他们部队军事技术也比我们好，譬如做工事，我们一个纵队在黄桥做了三天，还有四五千群众帮助，可是还没有做得很好。而类似的工事，他们一个晚上就可做好。这说明他们技术方面比我们强。

三、我们的作战方针和作战方案

根据上述情况，我们采取的作战方针是积极、自主的防卫战。要求在这次防卫战的胜利中，发展自己的力量，奠定苏北抗日根据地的基础。这次作战是完全自卫,政治上我们完全有理。本来,有的同志感到退出姜堰很可惜,认为我们可以在姜堰和韩德勤决战。但是韩德勤也晓得,姜堰有现成的碉堡等工事,不容易攻,所以他就以大部兵力从海安直攻黄桥。当我们发现这一点的时候,就毫不留恋的放弃了姜堰,否则,得了姜堰失了黄桥,不但政治上不利,而且军事上就被动和孤立了,非常划不来。

关于作战方案。根据对方和我们的各种利害关系,各种主客观条件,我们设想了如下三个方案:

一是乘韩德勤进攻黄桥时,我们以一部主力攻占海安;

二是乘韩德勤还未向我们进攻,先以一部兵力向东发展,控制(南)通如(皋)海(门)启(东)几县,并造成北进东台的局面,以主力守卫黄桥地区;

三是以全力依托黄桥这一基点,采取攻势防御,将顽军歼灭在我工事面前。

我们就上述三个方案作了比较,看采取哪个方案更好。

先讲第一个方案。

好处是:

(1) 我们以主力进攻海安、东台,在军事上争取主动,并且是出乎敌人意料之外,容易取得胜利;

(2) 他们第一线兵力是我们的三倍,兵器超过我们十几倍。在这种情况下,如果我们同他们硬拼,一定会遭到很大损失,而以主力攻占海安,是避实击虚的战术,可以减少损失。

坏处是:

(1)假使韩德勤以主力向黄桥进攻,我们以主力向海安进攻,在韩军主力尚未被歼的情况下,断不容易把海安攻下,因为海安虽然堡垒不及姜堰多,但比姜堰配置适当,工事很强;

(2)如果攻海安不下,而把黄桥丢了,不仅会影响我们的士气,增加对方气焰,尤其给群众很不好的影响,可能群众会认为新四军是打游击的,不要根据地,不要后方,蹲不长,会走的,使以后发动群众增加困难;

(3)我们以主力袭击海安是一个大兵团的运动战,如果仍采取打游击的办法,把后方挑起走,那是非常危险的。

利害相比,我们决定不采取第一个方案。

再讲第二个方案。

好处是:

(1)东进有绝对胜利的把握,因为那边他们部队少,战斗力很弱,我们东进去打他们,如探囊取物,可以绝对胜利;

(2)可以把东边那块地区很快创造成为根据地,以便同上海外围和江南连成一片,这是战略上的胜利;

(3)我们东进,韩德勤会分一部兵力对付我们,并且还必须分一部兵力防止我们北进东台,这样,就使他的兵力分散,防御线宽,而利于我们作战;

(4) 无论人力物力，我们都能得到迅速的补充；

(5) 在东边创造一块新区后，可与西边黄桥地区形成掎角之势，互相呼应，更有力的牵制敌人，取得战略优势。

但坏处是：

(1) 在韩德勤南下前我们就东进，将在政治上蒙受不利影响；

(2) 他们在东边的部队是保安一旅和保安五旅，不是韩德勤的嫡系，在营溪战斗以后，保一旅就派代表来和我们接头，愿和我们建立统一战线，如果我们东进，他们必定要依附于韩德勤和我们作对，妨碍我们统一战线的开展；

(3) 我派一部东进，将使黄桥部队减少，那么黄桥未必能保卫得住；

(4) 我们派部队东进，固可牵制、分散韩的兵力，但他如果下决心丢开东边，集中兵力来攻黄桥，攻下以后再回头去搞东边，这样对我就不利了。

因此，同样在利害比较下，我们也不采取第二个方案。

最后讲第三个方案。

好处是：

(1) 以黄桥当轴心进行攻势防御，军事上的主动权仍然操在我们手里，我们可以利用轴心向左向右自由转动，用兵依然很自如；

(2) 我们依托黄桥作战，是完全的自卫，政治上有充分的理由，不仅广大群众拥护我们，上层人士也会同情、赞助，就是顽军的大部分官兵也会对他们的这种进攻不满；

(3) 在黄桥作战，能得到群众有力的支援，事实上，在黄桥战役前两三天，就有几千名群众日夜帮助我们赶修工事，其中不仅有劳苦群众，还有学校师生、商店店员等，战事爆发后，群众又踊跃参加抬伤兵，送烧饼、猪肉进行慰劳，对我军帮助的确很大；

(4) 黄桥地区距离顽固派的据点相当远，约需两天行程才能到达，我可利用他开进的两天时间，进一步查清情况，采取适当部署，使胜利更有把握，尤其是他们军队越前进，离后方越远，交通的维持很困难，如果派部队维持交通，又减弱了第一线兵力，而且离后方越远，其翼侧和后方就更加暴露，更便于我们的袭击；

(5) 因为他们离后方远，我们突击胜利后，追击起来更容易收效，刚才我讲了，营溪战斗的教训是我们打得太早了，所以顽军不到半夜功夫就退回乌龟壳里去了，这次顽军深入黄桥至少要两天才退得回去，部队疲劳了，两天还退不回去，而且在我们有群众工作基础的地区，他们更难退，我们就可以在几天中追击将其消灭；

(6) 我们让出姜堰，继续让出加力、古溪、分界，固然可以使他们提高士气，但他们部队看见我们不打就退，也会骄傲和疏忽起来，这就给了我们突然进攻和突击的机会。

另外，由于我们沿途进行了广泛的政治宣传，也会影响他们的士气，使他们内部逐渐觉悟到不愿打自己人。兵法里说，攻敌之心，以老其师，就是这个意思。

虽有上述这些好处，但也有不利条件：

（1）以我们现有的火器，不利于采取防御战，因为防御战是消耗战，拿我们的弹药数量计算，每支步枪打快放，五分钟，子弹就打光了，机关枪消耗弹药更快，没有补充，所以非万不得已，不能采取这样的防御战方针；

（2）敌人开始进攻时分几个纵队前进，各纵队间隔十几里、二十几里，比如一路在海安，一路在胡家集，一路在曲塘，各路间隔很远，到靠近黄桥时，间隔距离就缩小了，缩小到只隔几里路，敌人的向心集中，使兵力、火力更形成优势，我们必须就地坚持，以寡敌众。这也是对我们不利的。

但是，对这两个弱点，我们可以找到补救办法：我们弹药不够，可以少放枪，多用手榴弹和拼刺刀；虽然他们靠拢了，我们可以用“老虎钳子”把他钳住，使他动弹不得。这里河流多，地形对我们是有利的，我们把船只封锁起来，把桥梁拆了，就增加了他们的困难。经过利害对比，总起来说是利多而害少。

因此，我们决定采取第三个方案。

四、作战部署及经过

（一）作战部署的演变

1. 战前部队的分布：当我们开始退出姜堰时，以第一纵队分布在营溪、孙家庄、花园桥、祖师庙一带，牵制海安敌人，并佯作向东行动，以迷惑东边敌人，使其不敢西进；第三纵队开至黄桥附近，积极整训和待机；第二纵队撤至运粮河、大庄、蒋垛之线，以防韩军南下。

2. 战前部队的集中与部署：九月三十日下午，韩军一部由胡家集南下进至孙家庄与我第一纵队前哨接触。估计韩军有从孙家庄、海安之线进攻黄桥的可能。我为诱敌深入，决定将第一、第二纵队大踏步后撤。第一纵队除派出最少兵力与顽军节节抵抗外，主力经分界附近八字桥、高桥撤至黄桥西北二十里之前袁垛、后袁垛一带；第二纵队撤至黄桥西北三十里之顾高庄、东芦庄一带。第三纵队集中黄桥加紧修筑工事，作为保卫黄桥之守备队，第一、第二纵队为突击兵团。

3. 依据第三作战方案，我们决心依托黄桥阵地，歼灭进攻之敌于黄桥附近。作战部署如下：

(1) 当面敌情：韩军第八十九军主力和独立第六旅，于十月一日攻占营溪及小塔头桥之线；二日推进至加力、芦家桥之线；三日又分别占领搬经、分界、古溪；四日各路进攻之敌向我黄桥外围急进。

(2) 我军总的任务：我们决心依托黄桥阵地，歼灭进攻之顽军于黄桥阵地之前，并乘胜追击，占领海安、东台，与八路军会师，达成开辟苏北抗日根据地的战略任务。

(3) 各兵团的任务：以第三纵队为黄桥守备队，加紧构筑工事，并派出约一营兵力进至分界以西地区，用散兵战积极阻击敌人，迟缓其行动，疲劳其兵力，在不得已时，由黄桥东面撤回黄桥。以第一、第二纵队为突击兵团，如敌人于十月四日进攻黄桥，该两纵队则于五日拂晓前，从敌人右侧后实施猛烈突击，配合第三纵队将进攻之敌消灭于黄桥阵地之前。出击路线：第一纵队由横港桥经高桥以南之何家桥、太平桥向刘家堡之线进行突击。第二纵队由顾高庄推进至申家庄，取道高桥、八字桥向分界突击；在占领分界后，由东向西，沿分界至黄桥大道，尾敌之后攻击前进。特务营为总预备队，集结于严徐庄附近，在突击兵团出击后，该营则进至高桥附近，准备于黄桥战斗胜利后，即由总预备队改为追击兵团，经古溪、营溪直取海安。

(4) 后方机关、野战医院在黄桥以西十里之黄家溪，各兵团自设野战伤兵收容所。

(5) 指挥部及直属队仍在严徐庄。

(二) 战役发展过程中的主要情况和处置

1. 十月四日上午九时，顽第八十九军第三十三师已接近黄桥，我第三纵队前哨部队正与其积极对抗中。在上述情况下，我们决心等待第八十九军主力全部进到黄桥附近，被钳制于工事前，而后以野战兵团实施突击。所以此时第一、第二纵队仍在原地(横港桥和申家庄)待命，仅以第三纵队对付当面之敌。命令第三纵队以全力阻止敌人进攻，至少要支持到第二天拂晓，并且以一部兵力前出于工事外围，阻止敌人接近我之阵地，尤其应防止其初到时的猛攻。经上述处置后，敌人果然以三个团兵力，于四日上午十一时作初次总攻。适巧，我江南增来之一个营于上午十时赶到黄桥，守备部队士气大振，挫败了敌人的第一次总攻。我们守备部队仍和敌人对峙在工事外围一百公尺的地域。至下午一时，敌人将前线攻击部队撤至离黄桥二三里的地域休息，准备第二次总攻。

2. 十月四日下午三时，得悉古溪之敌向黄桥以北进攻，而黄桥以东之敌第二梯队已逐步向黄桥推进。分析这一情况，我们估计敌人可能分由黄桥以北以东两路进攻黄桥，其主力仍在黄桥以东。判断敌人的战斗编组分为三个纵队：第八十九军分两个纵队，独立第六旅为一个纵队。而古溪之敌必为独立第六旅，可能经高桥向黄桥进攻。因此，我们的处置是：

(1) 命令第三纵队应以全力阻止敌人对黄桥的突击，尤其要打破敌人黄昏时的第二次总攻，为求先发制人，以一个团左右的兵力先敌出击，击破其黄昏时的总攻；

(2) 命令第一、第二纵队于下午四时左右开始，各由原地经指定路线出击，务于当晚十二时向黄桥以东之敌实施总攻，如古溪之敌由高桥向黄桥前进，则第一、第二纵队应首先以全力击破之，然后继续南下配合第三纵队夹击黄桥东边之敌而消灭之。

3. 十月四日黄昏前，顽第三十三师集中三个团准备向黄桥作第二次猛攻。我第三纵队以一个团兵力先行出击，果然打破了敌总攻计划，并且俘获了部分人、枪，敌情已更加明瞭了。至此，保卫黄桥的危险期已经过去。预计敌人的第三次总攻，最快要延迟到十月五日早晨才能发动。那时，我突击兵团第一、第二纵队已赶到敌后。因此，我对黄桥当可确保无虞。

4. 十月四日午后四时所得情况是：我第一纵队在高桥、周家庄之线将由古溪经高桥向黄桥前进之敌截成数段，查明该敌确系独立第六旅。该敌遭我第一纵队截击，大部溃散，一部消灭，其第十七团向古溪方向逃窜。根据上述情况，我们决心令第一、第二纵队，以猛烈果敢动作，迅速将独立第六旅全部消灭，务于黄昏以前继续南下，仍于晚上十二时实施总攻黄桥以东之敌。令第三纵队继续以全力固守黄桥，特别注意东西两面，防止敌人乘隙偷袭，并且以少数部队挺进到工事前方向敌人的侧后实行袭扰，阻止其猛扑黄桥。这样处置后，进攻黄桥之敌因独立第六旅被我截击，其第二梯队已无进攻能力。至黄昏时，独立第六旅之大部被我第一纵队歼灭，仅有残余部队退守高桥西南之张家庄、八尺沟一带进行顽抗。我第一纵队急于围歼该敌而未能迅速南下。

5. 十月四日下午六时，我第一纵队全部仍然在高桥附近与独立第六旅残部纠缠中，而第二纵队进至八字桥后行动不明。黄桥东面之敌第三十三师正在集结，准备于五日拂晓总攻，其第二梯队（估计系第一一七师）已进至西官庄、刘家堡之线，有于次日拂晓配合第三十三师作第三次猛攻黄桥之企图。依据上述情况，我们处置如下：

（1）令第三纵队于四日晚十二时，以两个团兵力出击黄桥东面之敌，以打破其拂晓的总攻击，并配合我突击兵团夹击该敌；

（2）令第一纵队将围困于张家庄之顽独立第六旅残部交由指挥部特务营负责解决，该纵主力立即全部南下，经何家桥、太平桥向刘家堡、野屋基之敌侧后攻击。

在此处置后，我第二纵队已于四日午夜十二时进占分界，与敌稍事接触后即继续由分界向黄桥攻击前进。第一纵队即由高桥经八字桥南下。第三纵队则于五日凌晨二时左右，以两个团兵力出击，使黄桥东面之敌第三次总攻又被击破。

但是，由于第一、第二纵队还没有于预定时间到达黄桥东郊，以致不能如期于五日凌晨以前解决黄桥东面之敌。

6. 十月五日早晨三时，黄桥以东之西官庄附近枪声甚密，估计是我第二纵队已经抄袭敌后，但未取得联络。乃急令第三纵队已出击之两个团迅速猛攻，以打破敌人拂晓攻击。在此处置后，敌人拂晓总攻又告失败。顽第八十九军大部集结在黄桥东北大焦庄、小二房庄、罗家庄、何家塘、何家庄、野屋基、胡家堡之线，企图最后猛扑黄桥或固守待援。五日上午我已形成对敌包围状态。在上述情况下，我决心第一、第二、第三纵队于下午实行总攻。

7. 十月五日八时，我第二纵队确已由分界进至刘家堡、西官庄一带，其一部已进至大焦庄与我第三纵队前哨部队取得联络。第一纵队则已进至八字桥以南地区与敌人对峙。此时得到密息，韩军增援部队约八个团已进至黄桥东北不远的地方。我们本拟于十月五日黄昏总攻。接此消息，估计顽军增援部队虽没有八个团，但二三个团或有可能，为在其增援部队到达之前，先解决当面之敌，决心尽量提前实行总攻。设法令第二纵队派兵一部向分界方向阻止敌增援部队，主力迅速向西攻击。但来不及向突击兵团传达命令，便采取了如下办法：令第三纵队首先以小部队向黄桥以东之敌佯攻，引起敌人回击，造成浓密枪声，以此作为我同第一、第二纵队之联络信号。战场上，枪声就是命令，使第一纵队闻枪声而迅速南下，使第二纵队闻枪声迅速西进。待至五日十一时半，再令第三纵队全部出击。我这一动作实施后，敌第三十三师全部动摇溃退，在我第二、第三纵队东西夹击下大部被消灭，一部向东北突围退至野屋基、何家塘之线，与其军部及第一一七师靠拢。我第一纵队已进至野屋基以东、以北与敌激战。至下午五时，残敌军部及第一一七师仍固守野屋基附近各村庄，企图待援或于黄昏后突围。晚上九时，敌人大部主力已被我解决，整个战斗可说已初步结束。因此，我立即下达如下追击命令：

“（一）情况（略）

（二）各部应不顾疲劳，不惜一切牺牲，不重缴获，而在于乘胜追击以占领海安。

（三）追击任务及路线区分如下：

（1）第一纵队由现地（野屋基）经八字桥、古溪，向营溪、孙家庄，经胡家集渡运盐河，由海安以西向海安进击。

(2) 第二纵队由现地(何家塘)经太平桥、古溪以南芦家桥、小塔头桥、花园桥、祖师庙，由海安以南向海安进击。

(3) 第三纵队由现地(大焦庄)经分界、搬经、加力、花园桥以东，由柴湾镇以北渡运盐河，经立发桥绕攻海安东北，截断海安顽军向东台之退路。

(4) 各部自行酌派兵力打扫战场，收容伤兵，应将主力之大部迅速兼程前进，务于十月六日早晨到达海安。

(5) 我随中央纵队前进。”

8. 十月六日早晨缴获顽第三十三师电报，得悉其请求韩部从海安派第一一七师之七〇一团，经由分界迅速增援黄桥。据此电报判断顽第七〇一团尚在营溪附近，有经分界向黄桥增援之可能。但若该敌得知第三十三师已被消灭，亦有退至营溪和海安之可能。因此，我令追击部队注意在海安外围歼灭顽第七〇一团，不使其退守海安，以利于我军进占海安。但五日晚上，我部队疲劳，同时退守野屋基之敌未能完全解决，因此未能达成于六日早晨占领海安的任务。十月六日拂晓，各追击部队才从八字桥、野屋基、黄桥附近分路向海安追击，至六日下午始进至营溪附近，而第二纵队则在营溪附近与敌接触，战斗三四小时尚未解决。这时情况虽不明瞭，但估计该敌必系顽第七〇一团。因此，我们决定以第二纵队全力解决营溪之敌，而以第一纵队迅速出动，其先头部队经孙家庄由胡家集渡运盐河，务于十月七日早晨确实占领海安。第三纵队则仍照原定路线追击前进。至六日黄昏，我第二纵队将营溪之敌（确系顽第七〇一团）全部歼灭（仅少数残部向海安逃窜）。据俘虏供称：海安尚有顽军七八个团。但我们判断此说不确，海安守敌两团左右或有可能。然而海安工事坚固，我们部队经三昼夜战斗，十分疲劳，所以决心改于十月七日早晨，以主力由胡家集与海安之间渡过运盐河，由海安西北绕攻海安。终因部队极度疲劳，行动迟缓，直至七日下午三时才渡过运盐河，黄昏才到达海安，而顽军残部已闻风先逃。

9. 海安被我占领后，顽军第一一七师残部向富安集中，独立第六旅残部向安丰集中，第三十三师残部向梁垛集中，东台尚有保安第八旅防守。我们决心乘胜扩张战果，部队在海安休息一天后，即迅速进占富安、安丰、梁垛。十月十日我们的追击兵团只稍经战斗，即占领了东台。这样就结束了这一战役。

五、这次战役的总结

（一）这次战役的收获

这次战役胜利的重大意义，我在前面已经讲了，就不重复了。此外还有以下收获：

1. 达成了歼灭战的任务。这次顽方用于进攻我们的兵力约一万五千人，我们一个人要打他三个人。顽军以为这次一定可以将我们消灭，可是我们胜利了，将他们全部歼灭了！特别重要的是他们团以上的主官有的被打死，有的被活捉，有的淹死，有的自杀了。连第八十九军军长李守维也到河里“洗澡”去了。这样，就使他们完全丧失了再向我们进攻的能力。

2. 夺取了许多战略基点。我们占领了海安、东台，等于占领了四个县，使南通、如皋、海门、启东也完全在我控制之下，这是极大的收获。

3. 缴获了大批武器弹药和装备。

（二）这次战役的优点

政治上：

1. 经过营溪、姜堰的作战，部队虽然很疲劳，但是经过短促的突击动员，大家都认识到这次战役意义非常重大，抱了必死的决心去争取战斗的胜利，这是政治动员与党的号召的成功。

2. 得到了群众有力的配合。黄桥的广大群众积极参加筑工事、抬伤兵、慰劳部队、打扫战场，给了我们很多的帮助。

3. 得到了上层士绅和地方实力派的同情与拥护。

4. 我们的干部党员都起了最好的模范作用。党员在这次战役中的伤亡比例虽然还没有统计，但是已知党员的伤亡是非常多的，他们冲锋在前、退却在后，处处起带头模范作用，这是很好的。

军事上：

1. 各兵团基本上完成了各自的任务，达成了歼灭战的总任务。

2. 江南部队刚好在关键时刻赶到，使我军士气大大振奋。

3. 防守兵团和突击兵团协同配合，一般说还好。第三纵队虽然武器差、弹药少，但是很好的完成了防守任务，值得表扬。第一、第二纵队也找到了敌人的弱点，达成了突击任务，同样是很好的。

4. 追击动作还好。部队三四天没有睡觉，整天没有吃饭，非常疲劳，跑不动了，四小时只跑了十里路，但无论如何总坚持追到了海安、东台。以猛打、猛冲、猛追三项要求来讲，猛打、猛冲是做到了，猛追呢？追是追了，但还不猛，还要学。

（三）对战役缺点的批评

这次战役中还存在着许多缺点，我不作详细的批评，由各纵队、各团自己去检讨。现在仅扼要的指出一些较大的问题。

首先是共同存在的缺点：

1. 侦察工作不确实、不及时。我们还未退出姜堰，顽军已进到孙家庄，而我们不晓得，到第二天才知道。

2. 通信联络差，特别是下面对上面随时报告情况更差。一个部队出去以后就得不到他的报告了。各纵队都有这样的毛病，纵队部也跟着部队打冲锋，以致有些医生、电台人员也负伤，固然这是攻击精神好的表现，但这样做是不行的。指挥机关应该有适当的位置，或者设通信站保持上下联系，否则非常危险，可能使指挥中断。

3. 射击指挥差，不注意节约子弹。这次敌人死伤四千余人，其中中弹伤亡的并不多，被手榴弹炸伤炸死的比较多，最多的是在河里淹死的。我们弹药补充很困难，这一点值得注意。

4. 行军力差。现在我们部队的行军力比内战时期相差太远。过去一天一夜走一百八十里还打仗，而我们从黄桥到东台近二百里路追了五天。如果行军力强，抢先打到海安去，使他们来不及逃跑，那我们的胜利还要大。

5. 供给工作做得差，有些部队一两天没有吃上饭，特别是第七团饿得厉害。在连续行军作战中，怎样保障部队吃上饭，吃得饱、吃得好，我们的司务长们要好好学学才行。

6. 缴敌人枪时部队特别混乱，有些同志跟敌人混在一起，这样很危险。不过也有些光荣的事例，如两个人缴了一百多条枪，值得表扬。

7. 追击时，有些干部过于顾虑部队疲劳，这是要不得的。特别在战斗没有结束的时候，各部队经常报告伤亡，这是表示他的心已经软了，是削弱战斗力、动摇决心的行为，以后要绝对禁止，战斗未结束，不准报告伤亡数目。

其次是对指挥上的批评：

1. 有的兵团，尤其兵团首长不机动，以致不能取得很好的配合。在野屋基战斗中，第六团未能很好配合第一纵队，以致不能迅速地解决敌人，使一部分敌人得以突围出去。五日下午，第二纵队出击时，第七团首长带了一部分队伍也在那里，没有去帮助第二纵队，以致缴获不大。

2. 第二纵队配合不好，以致在高桥战斗中，第一纵队不能很快解决顽独立第六旅。本来我们是这样规定的，如果北面敌人只有一个旅（师），则我第一、第二纵队与其接战，在两个钟头之内就把敌人解决，解决以后迅速南下，夹击黄桥东面之敌。如果北面敌人有两个旅（师），则第一、第二纵队以全力解决之，不必南下，可直接由古溪到海安。对黄桥东面之敌，则由第三纵队独立解决。可是当时因没有很好的配合，使第一纵队与顽独立第六旅相持很久，到黄昏以后还不能解决。

3. 第二纵队是迂回部队，可是迂回圈太大，以致部队非常疲劳。当我们估计到敌人正面进攻黄桥的部队至多不过七个团，行军长径、战斗正面都有限时，第二次决定第二纵队直接插到西官庄，不要到分界去。因为命令没有传到，以致到分界扑了空。如果直接到西官庄，可以节省行军力，节省时间，也便于通信联络。同时，第二纵队到达高庄以后，应该以迅速、猛烈与果敢的行动，在敌人的后面动作起来，配合正面突击，不应等待正面动作，再来夹击。

4. 第一纵队同样是迂回部队，当进到高桥、八字桥以后，不应该等待黄桥枪打得剧烈时才南下，而应该尽量向黄桥靠拢。大兵团作战，主要靠各兵团首长在上级总的意图下，自己机动果敢猛烈地行动，这样来达成任务。因为在目前条件下，大兵团作战，部队一出去，通信联络就很困难，这是值得以后注意的。同时，第一纵队在高桥与独立第六旅交战，当独立第六旅大部已被解决时，就应该以少数部队监视残敌，而将主力立即南调，以达成夹击黄桥东面之敌的主要任务，而不应把主力集中在张家庄附近，被敌人少数残部钳制住了。

5. 第三纵队五日下午在黄桥出击成功到达何家塘、野屋基之后，不应迅速撤回黄桥。因为这样，使敌人对南面松了一口气，而能集中全部力量对付我第一纵队，增加了第一纵队的困难。在总攻时，敌人未完全解决，是不应该撤兵的。

总之，几年来没有打过这样的大仗，由于大家努力，这次是完全胜利了。希望各纵队、各团进一步认真研究、检讨，总结经验教训，尤其是部队里对一些小的战斗动作和技术上的动作，更应该深入的检讨，作为今后部队的教育训练教材，更加提高部队的战斗力。

我的报告完了。（热烈掌声）①

在黄桥战役中，掌握七千人马的粟裕，实际可以出师的兵力只有五千人，而韩德勤出师足有兵力三万以上。

为什么粟裕敢打这一仗？

难道粟裕凭借的是一股“初生牛犊不怕虎”的精神吗？不

---

① 粟裕：《粟裕军事文集》，解放军出版社 1997 年版，第 56—79 页。

是的。

因为经过一番排查之后，粟裕发现敌方的实用人员不超过两千人，大致情况如下：

首先排查其“服从人员”F_1。李长江与韩不合，陈泰运与韩有隙，因此其右路一万两千人不是服从人员；各保安旅与韩貌合神离，因此其左路七千人形同虚设；剩下中路一万五千人里面，堪称韩德勤“忠诚卫士”的不足三分之一，因此其服从人员最多不超过五千人。

其次排查其“参加人员”F_2。十月四日这一天，敌人中路三支部队是分期参战的：首先三十三师“上早班”来了；然后翁达旅“上中班”来了；最后李守维“上夜班”来了。

再次排查其“参与人员”F_3。敌人中路三支部队是分散参与的：三十三师“分居”在黄桥以东；翁达旅“分居”在黄桥以北；李守维“分居”在黄桥东北。

再其次排查其“参战人员”F_4。敌人中路三支部队是分批参战的：翁达旅受到攻击时的队形是一字长蛇阵，既无进攻能力，又无防守能力；三十三师内部本来就帮派林立，都想保存实力；剩下李守维在失去了翁达旅和三十三师之后，手中“忠诚卫士”已经不足一千人。

最后排查其“实用人员”F_5。敌人中路三支部队有两支没有防守上的战斗准备：翁达旅在受到偷袭的时候，几乎毫无战斗准备，转眼间就把大炮、机枪和辎重给了叶飞；三十三师只做了大量进攻上的战斗准备，却没有做多少防守上的战斗准备；李守维全然不顾翁达旅和三十三师被歼，聚精会神于防守上的战斗准备，但是很快就发现自己已经孤掌难鸣了。

这就是粟裕敢打黄桥战役的原因，因为韩德勤的“忠诚卫士”总计不足五千人，何况还在时间上分期参加、在地点上分散参与、在人员上分批参战，并且缺乏防守上的战斗准备，故粟裕能够减少部队的伤亡进而驾驭战局的走向。

从战略上来看，“韩德勤政治上腐败，除了苛捐杂税，毫无政绩，民众不堪其苦。韩德勤所属部队，派系非常复杂，嫡系与非嫡系之间存在着矛盾，明争暗斗很厉害。韩德勤往往用非嫡系部队在前面当炮灰，结果使非嫡系的各保安旅团及其他杂牌部队，也不完全听他摆布，他们各霸一方，自成系统”，“而在我军占领黄桥以来，虽然只有两个月时间，可是黄桥地区群众得到的利益很多，譬如免除了苛捐杂税，进行了二五减租，工人增加了工资，等等，过去那些军队虐待民众的事没有了。正因为这样，不仅黄桥地区的民众热烈拥护我们，就是我军控制地区以外的群众也盼望我军去解除他们的痛苦，为他们谋利益。黄桥的群众支持我军去打姜堰，在打下姜堰后，姜堰的群众又希望我军去打溱潼，海安的群众希望我军去攻海安、去占领兴化。韩德勤统治区域的群众都希望我军去。已经得到实际利益的群众，为保卫实际利益要起来斗争，他们拥护我军的行动，帮助我们的部队。就是顽固派统治区的群众，为摆脱暴政，也起来斗争”。

至此，粟裕思想上的决断其实就是一个字：打！

然后是组织上的决断，也就是确定派谁去打以及给他多少人马，大致是：派遣叶飞率部负责突击，派遣王必成率部负责掩护，派遣陶勇率部负责黄桥防守，粟裕则在黄桥指挥。

最终是行动上的决断，也就是确定战术过程及战略目标。战术过程就像路线图：王必成和叶飞去把三十三师接来准时“上早班”，然后转移兵力到“上中班”的翁达必经之路西侧，伺机吃掉翁达旅；接着陶勇率部在前，王必成率部在后，夹击上了“一天班”的三十三师；最终敲掉“上夜班”的李守维，继而追击敌人残部。至于战略目标，就是通过三战之后，歼灭敌主力部队，落实我方相对于韩德勤的战略优势，从而锁定建立苏中抗日根据地的目标。粟裕所拿出的三个方案，并且通过三个方案的比较之后，选择第三个方案，就是“多算胜，少算不胜”的结果。

假如粟裕通过这样一番斤斤计较之后，发现战术上的实用人员以及战略上的尽职战士都不及对手的话，他会怎么做呢？很简单：讲和或者撤退；然后是派谁去讲和或者撤退；最后是应该怎样来讲和或者撤退。

总而言之，无论是战是和，都有一个思想上的决策、组织上的决策、行动上的决策。

相对于一九四八年的淮海战役来说，一九四〇年的黄桥战役乃是粟裕勾勒的“底稿”：

第一，黄桥战役中李明扬、李长江的角色，到了淮海战役中由李宗仁、白崇禧扮演；

第二，黄桥战役中陈泰运的角色，到了淮海战役中由冯玉祥旧部扮演；

第三，黄桥战役中保安旅的角色，到了淮海战役中由李延年兵团扮演；

第四，黄桥战役中翁达旅的角色，到了淮海战役中由黄百韬兵团扮演；

第五，黄桥战役中三十三师的角色，到了淮海战役中由黄维兵团扮演；

第六，黄桥战役中李守维军部和一一七师的角色，到了淮海战役中由杜聿明剿总司令部以及邱清泉兵团和李弥兵团扮演。

因此，粟裕把黄桥战役称为黄桥决战，而我要把黄桥战役称为黄桥小决战，因为相对于淮海战役这种大规模决战来讲，黄桥战役显然属于小规模决战。

当然，众人拾柴火焰高，所以在日后的淮海战役前，粟裕也得进行一番实用人员的排查和尽职战士的排查，而后才会向毛泽东提出打淮海战役的建议。就像黄桥战役一样，日后的淮海战役中，粟裕也得“谱写”同样的“曲制”：

第一"乐章",把劣势拉平到均势;

第二"乐章",把均势拉扯成优势;

第三"乐章",把优势转化为成果。

因此,要弄懂淮海战役,首先要弄懂粟裕的"大智";而要弄懂粟裕的"大智",首先要弄懂粟裕是怎样策划黄桥战役的。

通过黄桥战役,我们可以看到,粟裕确实有胜券在握的能力,因此,粟裕在淮海战役中的胜利,并不是突然间灵机一动,而是早有预谋的。

正因为早有预谋,因而才能早作准备,所以到了八年之后才能水到渠成。

也就是说,探讨粟裕在淮海战役中展示出来的"大智",应该追溯到粟裕在黄桥战役中展示出来的"大智"。从这个角度来说,粟裕早在淮海战役还没打响的八年之前,就已经为军事上打垮蒋介石作打算了,换而言之,粟裕在黄桥战役之后到淮海战役之前所"编导"的那些战役,在本质上都是在为淮海战役做准备工作。

后来的孟良崮战役中,两支东线迂回穿插部队,未能"其疾如风"地按时先敌抢占孟良崮高地,这充分说明战前准备工作还是没有完全到位,否则的话,黄百韬部、胡琏部、邱清泉部早在一九四七年夏天就已经被歼灭了。关于这一点,在本书的《蒙阴大反攻》一节中还将有较为详细的说明。

济南战役一开始就发生了严重的违抗军令事件,这充分说明战前准备工作依然没有完全到位，否则的话，黄百韬兵团、邱清泉兵团、胡琏兵团就会在鲁西南就歼，若此，山东人民的小推车就用不着被推到淮海战场上了。关于这一点，在本书的《济徐大决战》一节中也将有较为详细的说明。

所以，接下来就让我们看一看准备工作到底应该怎么做。

第二篇

大信

——最少的兵力

作战第二

丞相做好有形资源的战前准备

孙武想要用“最少的兵力”完成吴楚之战的作战任务，就得在战前做好有形资源的充分准备，这就意味着孙武必须在吴楚之战打响之前完成以下两个方面的工作：

第一，物资准备到位，因此必须做好品种适宜、数量恰当、性能高效这三篇文章。

第二，制度保障到位，因此必须做好渠道合理、资金节约、激励益强这三篇文章。

据此，笔者将《作战第二》分为七个小节，并推荐以下句读方式和白话演绎，此外还建议参考粟裕在天目山战役中所做的有形资源的战前准备工作资料相关。

2.0. 凡用兵之法：驰车千驷；革车千乘；带甲十万；千里馈粮；则内外之费，宾客之用，胶漆之材，车甲之奉，日费千金；然后十万之师举矣。

2.1. 其用，战也。

2.2. 贵胜。

2.3. 久则钝兵挫锐，攻城则力屈，久暴师则国用不足。夫钝兵挫锐、屈力殚货，则诸侯乘其弊而起，虽有智者，不能善其后矣。故兵闻拙速，未睹巧之久也。夫兵久而国利者，未之有也。故不尽知用兵之害者，则不能尽知用兵之利也。

2.4. 善用兵者，役不再籍，粮不三载；取用于国，因粮于敌，故军食可足也。

2.5. 国之贫于师者远输，远输则百姓贫：近于师者贵卖，贵卖则百姓财竭，财竭则急于丘役。力屈、财殚，中原内虚于家，百姓之费十去其七，公家之费破车罢马，甲胄矢弩，戟楯蔽橹，丘牛大车，十去其六。故智将务食于敌。食敌一钟，当吾二十钟；秆一石，当吾二十石。

2.6. 故杀敌者，怒也；取敌之利者，货也。故车战得车十乘已上，赏其先得者，而更其旌旗。车杂而乘之，卒善而养之，是谓胜敌而益强。故兵贵胜，不贵久。故知兵之将，民之司命，国家安危之主也。

（《孙子兵法·作战第二》）

大凡军需物资的筹备标准：驰车一千驷；革车一千乘；十万名战士；转战千里的馈粮；除此之外，相应规模的内外经费、宾客开支、胶漆耗材、车甲保养，等等，每天费用不下千金；然后十万之师才能武装起来。

第一步≫ 品种适宜到位

至于到底需要哪些物资品种，应根据之前确定的过程决策和目标决策之需要，并以确保吴楚之战的军事行动需要为满足。

第二步≫ 数量恰当到位

至于到底需要多少物资，应根据之前确定的过程决策和目标决策之需要，并以确保吴楚之战的军事行动需要为满足。

第三步≫ 性能高效到位

此外还需要认真考虑的是性能优劣，因为战争的时间如被无限期拖延的话，武器装备的损耗将与日俱增，队伍的士气也将不断下降；想尽快攻下城池，却越来越力不从心；若长期暴师在外，则国内供给的物资根本不够用。

一旦出现武器大量损耗、士气严重下降、伤亡加剧攀升、粮草日益不继等情况，其他诸侯势将趁机而起坐收渔翁之利，此时即便请来历史上最擅长摆脱危机的将领，也无法驾驭战局的走向，救不过来了。

正因为如此，向来只听说人们嫌物资的性能还不能满足更高效率的军事作业需要，从来就没有听说过有人把军需物资的作业进度极其缓慢夸奖为性能好的。那种因为战争旷日持久却有利于国家发展的事件，从来就没有发生过。

物资性能上的低效率和高效率，决定了战事的久拖不决和速战速决，正因为存在着这样一种利害关系，所以，不能完全弄懂物资准备工作的要害之处在哪里的人，就不可能完全弄懂物资准备工作的有利之处在哪里。

第四步≫ 渠道合理到位

善于用兵的人会完善其物质供应渠道，比如徭役不征两次，粮饷不缴三回，武器由国内供给，粮秣从敌国解决，这样军粮就可以满足。

第五步≫ 资金节约到位

国家财力承受不了军队的是从大后方长距离运输物资，这样会导致百姓陷于贫穷；而军队就近采购更会导致边境地区物价飞涨，边境地区物价飞涨则会导致军费很快枯竭，军费枯竭就会急于向国内征缴。

国力严重受损，财产日趋枯竭，连最富庶的核心地区也都穷困潦倒：百姓每年的收成，用去部分十分之七；国库每年的收入，用于车马的更换，再加上甲胄矢弩、戟盾蔽橹、丘牛大车等，又损失十分之六。

所以聪明的将领就会采用开源节流的节约措施，比如想方设法从敌国获得粮食，其好处在于：每从敌国获得粮食一钟，相当于从国内供给二十钟；每从敌国获得秸秆一石，相当于从国内供给二十石。

第六步≫ 激励益强到位

所以说，要让军队奋勇杀敌，就需要激发斗志到位；要让士卒夺取敌方物资，就需要激励条款到位。

因此就有了这样的激励条款：在车战中，夺得敌车十乘以上的，就要奖赏最先夺得车辆的人，并且换上自己的旌旗。

对部下缴获的车辆要加以改编，对放下武器的俘虏要加以优待，这样就能战胜敌人并且日益强大。

所以物资保障同样应当着眼于胜利的结果能否锁定，而不应该着眼于物资的供应量可维持多久。所以，只有那些熟悉“有形资源的战前准备”——掌握具体工作要领的将领，才能真正履行好保护民众生命的使命，并切实行使好捍卫国家安全的权力。

天目山战役

“暗 礁”之 战

天目山战役是粟裕“谱曲”的第二场歼敌过万的运动战案例，其“曲制”如下：

第一“曲”：第一次反击战。由于渡江准备工作十分出色，因此我军顺利地渡过了长江，并且很快到达天目山。敌人为了把我军扼杀在摇篮里，迅速调集人马向我扑来。粟裕采取了正面压制和两翼出击的办法，“共歼顽一千七百余人，缴获迫击炮三门，重机枪十二挺，轻机枪三十余挺，步枪六百余支。此役双方作战兵力基本上是一比一”。可能是由于陶勇部出击过早，也可能是由于王必成部未能及时穿插到位切断敌人的退路，更可能是由于敌人在与日伪的纠缠中熟练地掌握了走为上的功夫，所以未能取得大量俘获，因此没有实现胜敌益强的目标。因为这个缘故，所以才有接下来的第二“曲”。

第二“曲”：第二次反击战。没有伤筋动骨的敌人卷土重来，“我军后发制人，在两倍于我之顽军围攻下，各个击破，以少胜多，再歼顽第一五六团团长朱丰以下一千七百余人，缴获迫击炮四门、轻重机枪八十余挺，并完全占领天目山和解放了临安”。由于“食不饱力不足”，我军“才美不外现”，俘获依然太少，还是没有实现胜敌益强的目标。在背水一战的情况下，面对青黄不接的时节，未能夺取战场主动权的粟裕积劳成疾，于是为了解决立足问题，不得不请求江北增援，可见无后方作战是犯了兵家之大忌。因为这个缘故，所以才有接下来的第三“曲”。

第三“曲”：第三次反击战。叶、王、陶第二次携手共进，形势开始好转。“这次作战中共歼顽军突击第一队少将司令胡旭轩、第五十二师副师长韩德考、第七十九师参谋长罗先觉等以下官兵六千八百余人（内俘近三千人），缴获各种炮十七门，轻重机枪一百三十余挺，长短枪千余支”。尽管这一次歼敌甚多，但是由于受到地形条件的限制，并且出现了与民争食的情况，所以难以发动群众，故而在战略方面，远不能与黄桥战役一举收获了苏中抗日根据地相提并论。

尽管粟裕战前自制的“小口径的迫击炮”非常适宜山地运动战的作战要求，而且数量和性能都满足了一定的要求，因此取得了三次反击战的胜利。怎奈天目山战役属于外线作战，兼之战区缺粮，不能“因粮于敌”，因此，粟裕非但无法如四年前的黄桥战役那样“毕其功于一役”，相反却由于后勤没有保障而“触礁”了，故而称之为“暗礁”之战。

天目山战役不是连续作战。尽管其三个作战项目在同一个

“舞台”上先后上演，但是其三个作战项目显然就像三首“歌曲”一样，无疑有别于“交响曲”的格式。诸如天目山战役那样，在策划阶段，主谋者未策划好进行连续作战而后陆陆续续或断断续续出现的多个作战项目，都用“曲”来表示作战项目。

天目山战役于一九四五年二月十二日打响，同年六月二十三日结束。在敌强我弱、敌众我寡的情况下，我军采用山地运动战的打法，以亡五百人和伤一千六百人的代价，歼敌一万三千六百人。

《作战第二》指出了运动战的有形资源准备步骤：物资准备上的品种适宜到位、数量恰当到位、性能高效到位；制度保障上的渠道合理到位、资金节约到位、激励益强到位。

为进一步加深对此的理解，特推荐大家参考《粟裕战争回忆录》第九章《向苏浙敌后发展和天目山战役》。以下是《向苏浙敌后发展和天目山战役》的片段摘录以及笔者对此所作的一些剖析。

……

十二月五日，成立了实际上是南下司令部的练兵司令部，以第一师参谋长刘先胜为司令，具体组织部队行动。在这之前，预定南下的各部队已分别在三仓、曹甸等地集中整训了两个多月，开展军事大练兵，进行形势和政策教育，整顿了组织，补充了兵员和武器弹药，补发了服装和全新的皮子弹袋，做到齐装满员。为了适应南方山地作战，我们早就秘密地从上海采购到一批无缝钢管。并就地将主要零件加工好，送到苏中装配成小口径的迫击炮，因而在南下的每个连队装备了三门自制的52毫米小炮，营成立了装备有自制73毫米迫击炮和重机枪的机炮连，团则组成了有洋造82迫击炮的炮兵连。与此同时，我们翻印了浙江省五万分之一地图，还派人到上海等地采购了医药用品和通信器材，并准备了大量法币和一些金银以便必要时在新区使用。经过练兵和政治动员，战士们个个身强体壮，斗志昂扬，随时准备去执行战斗任务。

……

这时本来已很困难的粮食问题更加突出。当地常年缺粮，这一年灾荒严重，顽军又封锁了皖南粮道，军粮不继，民食不足。一般部队只有十天粮食，个别单位已断炊，有的以野菜竹笋充饥。群众有的开始吃青苗。粮食供应全靠苏南，民工长途运输到目的地时自身食用近半，动员了大量民工不断输送仍供应不及。为了节约粮食，部队改吃稀饭减少餐次。为了减少体力消耗，以至停止操练活动，有的连队让战士卧铺休息听指导员讲故事。有的部队分散四出采购、筹集粮食，既耽误了工事构筑，又可能遇到紧急情况时来不及收拢。少数单位和个人为了争粮影响内外团结和军民关系。为了把有限的粮食合理分配和最有效地使用，军区组织了粮食领导小组，由叶飞副司令亲自主持具体分配。刘先胜参谋长是我们之中年龄最大的，也带领机关干部亲自肩挑背驮接运粮食。军区机关和各部队并开展开荒生产运动，普遍种粮种菜。这些措施有的只能救燃眉之急，有的短时间难起作用。在此情况下，如不解决严重缺粮问题，不但部队不能支持，人民也不能生活。为此，按军部指示精神，决定把解决粮食困难问题和深入敌后工作结合起来。“分兵以发动群众，集中以应付敌人”的原则，具体化为以战备姿态分兵就粮和开展对敌斗争。

为防止顽军乘我分兵之时向我进攻，我们对分兵深入敌后的地区、方向、距离，都一一细心考虑，既要有利于就粮，又要有利于发展，还要便于及时集中。于是，我们调整了部署：以一部担任孝丰、天目山正面防务，扼要完成半永久性工事构筑，使在抗击顽军进攻时能支持到部队的集中；其余各部基本上以支队为单位分赴苏南太湖以西地区、皖南宣芜地区、浙西杭嘉湖地区，一面发动群众开展工作，一面休整训练；另以一部向杭州、余杭、富阳间游击，控制富春江岸之渡口。五月十九日夜，我第四纵队第十一支队在富阳西南汤家埠附近渡富春江至中埠与第二纵队一部会师，打通了同浙东的联系。原在浙东的第二纵队主力则依托四明山逐步向西发展，以期达到控制会稽山，并与金华、肖山地区打成一片。

……①

在天目山战役中，我军粮弹匮乏，敌军粮弹充足，于是部队越

① 粟裕：《粟裕战争回忆录》，解放军出版社 1988 年版，第 308—309、332—334 页。

打越少，所以不得不请求叶飞增兵，即便这样，依然未能很好地锁定战争的结果。

而在淮海战役中，我军粮弹充足，敌军粮弹匮乏，于是我军越打越多，所以就能够做到胜敌益强，这样一来，最终就能很好地锁定战争的结果。

两者的区别是：前者远离根据地，属于无后方作战，因此得不到补充，所以妨碍行动的落实；后者背靠根据地，属于有后方作战，因此能得到补充，所以促进行动的落实。

到一九四八年年初，叶、王、陶之所以支持粟裕的观点，原因就在于他们都亲身经历了天目山战役的实践。因此在一九四八年四月十八日粟裕所发的电文中，我们可以清楚地看到粟裕为何反对“千里跃进天目山”的主要理由之一：“（四）大兵团在新区运动，最严重的事为粮食问题。敌我往返拉锯，双方均须寻求大量粮食，形成与民争食（新区地方工作很难供给大军粮草），如是每个连队每天都向群众要粮（因情况等关系，很难完全做到统筹），侵犯了群众利益，更影响到群众之发动。回忆我军一九四五年在天目山时不足两万人，控制纵横近五百里地区，仅三个月之久，已弄得民穷财尽。在战斗最紧张时（孝丰战斗）连贫雇农之粮食也取之殆尽，至今在该地人民中尚留下极深刻之不良影响。今后以十万之众进入江南山区，渡江固为一极大困难（只要能渡江，军事上其他困难尚易克服），但粮食补给则是长期的严重问题。此番南去，固可调动敌较多部队，打乱敌人之深远后方与推进战局。但双方大军往返拉锯，直接与民争食，也同样将自己弄乱（那些新区不久将是解放区，因与民争食而障碍群众之发动），这对发动新区群众又是极大的障碍，这问题可说是我军南渡后能否完成中央所给任务之关键。”毛泽东读罢，紧急召见粟裕，然后才有了城南庄会议同意粟裕兵团暂停跃进天目山并且留在中原进行大兵团作战的英明决策，于是在随后的半年内，摧枯拉朽的豫东战役、济南战役以及一战定乾坤的淮海战役陆续上演。

显然，假如没有天目山战役的实践，或许粟裕和叶、王、陶不会同时深刻地意识到“深水区的暗礁”意味着什么，或者即使他们有深刻的认识，也拿不出充分的证据说服毛泽东，结果可想而知。

正是由于经历了天目山战役的实践，充分认识到了“深水区的暗礁”意味着什么，粟裕和叶、王、陶才会一致相信，必须说服毛泽东放弃计划，于是才有了毛泽东在城南庄会议上改变航向的决定。

谋攻第三

丞相做好无形资源的战前准备

孙武想要用“最少的兵力”完成吴楚之战的作战任务，除了必须在战前做好有形资源的充分准备之外，还得在战前做好无形资源的充分准备，这就意味着孙武必须在吴楚之战打响之前完成以下两个方面的工作：

第一，信心准备到位，因此须要做好路线得众、方针安全、政策愉快这三篇文章。

第二，舆论保障到位，因此须要做好坚持真理、鼓足勇气、顺应民心这三篇文章。

据此，笔者将《谋攻第三》分为七个小节，并推荐以下句读方式和白话演绎，此外还建议参考粟裕在苏中战役中所做的无形资源的战前准备工作相关。

3.0. 凡用兵之法，全国为上，破国次之；全军为上，破军次之；全旅为上，破旅次之；全卒为上，破卒次之；全伍为上，破伍次之。是故，百战百胜，非善之善者也；不战而屈人之兵，善之善者也。

3.1. 故上兵伐谋，其次伐交，其次伐兵，其下攻城。

3.2. 攻城之法为不得已：修橹轒辒，具器械，三月而后成；距闉，又三月而后已；将不胜其忿而蚁附之，杀士三分之一而城不拔者，此攻之灾也。故善用兵者，屈人之兵而非战也，拔人之城而非攻也，毁人之国而非久也，必以全争于天下，故兵不顿而利可全，此谋攻之法也。

3.3. 故用兵之法，十则围之，五则攻之，倍则分之，敌则能战之，少则能逃之，不若则能避之。故小敌之坚，大敌之擒也。

3.4. 夫将者，国之辅也，辅周则国必强，辅隙则国必弱。故君之所以患于军者三：不知军之不可以进而谓之进，不知军之不可以退而谓之退，是谓縻军；不知三军之事而同三军之政者，则军士惑矣；不知三军之权而同三军之任，则军士疑矣。三军既惑且疑，则诸侯之难至矣，是谓乱军引胜。

3.5. 故知胜有五：知可以战与不可以战者胜；识众寡之用者胜；上下同欲者胜；以虞待不虞者胜；将能而君不御者胜。此五者，知胜之道也。

3.6. 故曰：知彼知己，百战不殆；不知彼而知己，一胜一负；不知彼，不知己，每战必殆。

（《孙子兵法·谋攻第三》）

按照《作战第二》中所讲的后勤保障制度，为了确保“胜敌而益强”的效果，在俘获制度中一定会有明确的激励条款，其中的奖赏分档标准通常会作如下规定：

一等功，适用于征服一个国，如俘获完整的敌国为全额赏赐，若有所破坏则以破坏程度打折赏赐；

二等功，适用于征服一个军，如俘获完整的敌军为全额赏赐，若有所破坏则以破坏程度打折赏赐；

三等功，适用于征服一个旅，如俘获完整的敌旅为全额赏赐，若有所破坏则以破坏程度打折赏赐；

四等功，适用于征服一个卒，如俘获完整的敌卒为全额赏赐，若有所破坏则以破坏程度打折赏赐；

五等功，适用于征服一个伍，若俘获完整的敌伍为全额赏赐，若有所破坏则以破坏程度打折赏赐。

这对于全体将士意味着，即便他们与敌国交战一百次并获胜一百次，也得不到一等功的全额赏赐；唯有他们抢在激烈交战还没有到来之前，就俘获完整的敌国，才能得到一等功的全额赏赐。这就迫使大家考虑：怎样去夺取胜利？于是就能一步步统一认识了。

第一步≫ 路线得众到位

最佳的军事路线主要依靠舆论攻势来解决问题；其次的军

事路线主要依靠外交攻势来解决问题；再次的军事路线主要依靠武力攻势来解决问题，而在所有武力攻势里面，垫底的军事路线主要依靠城池攻坚战来解决问题。

路线问题，就是投入和产出的问题。

第二步≫ 方针安全到位

城池攻坚战不仅投入最高，而且回报最少：一要修造登城装置，二要添置攻城器械，这样三个月之后才能就绪；填平沟沟坎坎，然后将器械推进到城下，又要三个月时间才能到位；接下来，假如指挥员实在按捺不住心头的怒火，下令将士像蚂蚁那样前赴后继地攻城，就很可能会出现伤亡三分之一而城池还是没有夺下来的结果，这就是有勇无谋者自己找来的灭顶之灾！

所以，真正善于使用武力的人，会遵循运动战的战术方针，因此，降服敌人时能够避免短兵相接的过程风险，夺取城池时能够避免强攻硬打的过程风险，毁灭敌国时能够避免长期相持的过程风险，通过务必奉行既保全战斗力又促进发展力的战术方针去抗衡天下，这才是能够充分排除大家的“思想顾虑”进而树立“必胜信心”所需要的军事方针！

方针问题，就是过程风险的问题。

第三步≫ 政策愉快到位

具体的战斗方针体现为：十则围之，五则攻之，倍则分之，敌则能战之，少则能逃之，不若则能避之。

由此可以想象，尤其对于力量悬殊的弱国来说，假如不能采取高效率的政策，争分夺秒加快图强的进度，而是一味依靠军事上的坚守，则必然难逃被征服的命运——

即便逃得了今日，还是避不过明天。

政策问题，就是加快过程进度的问题，前提是，政策的制定若令与之相关的人都能愉快，其进度自然加快。

第四步≫ 坚持真理到位

丞相对国家的安全肩负着责无旁贷的辅佐职责：

若用正确的军事政策去做政治思想工作，像管仲那样，那么其国家必然日益强大；

若用错误的军事政策去做政治思想工作，像秦桧那样，那么其国家必然日益削弱。

故而，国君对军队的危害有三种：

不知道投入太多而不值得使用武力却强行使用武力，不知道回报太少而不应该放弃武力却强行放弃武力，这种情况就是把军队指引到错误的军事路线上去；

不知道三军的过程风险防范而去插手三军的过程管理，于是将士们必然迷惑于错误的军事方针；

不知道三军的过程进度调整而去干预三军的激励任免，于是将士们必将疑虑于错误的军事政策。

三军在错误的军事路线上，迷惑于错误的军事方针，疑虑于错误的军事政策，这些情况就是在思想上扰乱自己的军队，并且指引敌人战胜自己。

第五步≫ 鼓足勇气到位

站在政治思想工作的角度预测舆论攻势是否胜利，可以通过这样五个环节：

不仅知道在怎样的军事路线、军事方针、军事政策基础上可以战，而且知道在怎样的军事路线、军事方针、军事政策基础上不可战的一方胜利；

掌握舆论攻势的诀窍，因此能够为我方争取大多数人的支持，并让敌方失去大多数人的支持的一方能够胜利；

思想上端正目标，上下愿望相同的一方能够胜利；

思想上已经为可能的牺牲做好各种心理准备，以此来应对没有下定决心而害怕牺牲的一方胜；

将领能够驾驭战局的走向，因此其国君大胆放权的一方胜。

这五个方面就是预测舆论攻势是否胜利的环节，关系到是否齐心协力、鼓足干劲。

第六步≫顺应民心到位

既知道敌方人员的心理期待和思想顾虑，又知道我方人员的心理期待和思想顾虑，这样就能有的放矢地做好敌我双方人员的政治思想工作：一方面，由于对敌方人员的心理期待和思想顾虑看得清楚，因而能有的放矢地开展工作，并且能做好针对敌方人员的舆论攻势，也就是说，通过"失落敌方人员的心理期待和激增敌方人员的思想顾虑"的办法，去磨灭敌方人员必胜的信心、打消敌士气、瓦解敌团结；另一方面，由于对我方人员的心理期待和思想顾虑看得清楚，因而能有的放矢地开展工作，并且能做好针对我方人员的舆论攻势，也就是说，通过"满足我方人员的心理期待和排除我方人员的思想顾虑"的办法，来振奋我方人员必胜的信心、激扬我士气、巩固我团结。按照这种模式分别去做双方人员的思想工作，则敌方人员的心理防线就会变得越来越脆弱，而我方人员的心理防线就会变得越来越刚强。显而易见，在这样的舆论攻势下，我方人员的心理防线处于越来越刚强的状态，敌方人员的心理防线处于越来越脆弱的状态，这样一来，即便遭遇一百次战争，也不会磕磕绊绊。

不知道对方人员的心理期待和思想顾虑，而知道了己方人员的心理期待和思想顾虑，这样就只能有的放矢地做好我方人员的政治思想工作，而不能有的放矢地做好敌方人员的政治思想工作。

既不知对方的心理期待和思想顾虑，又不知己方的心理期待和思想顾虑，那么既不足以用政治思想工作振奋我方必胜的信心、激扬我士气、巩固我团结，又不足以用政治思想工作磨灭敌方必胜的信心、打消敌士气、瓦解敌团结，这样一来，每战都会磕磕绊绊。

所以说："与众同好，靡不成；与众同恶，靡不倾。"

苏中战役

“信 心”之 战

苏中战役是粟裕“谱曲”的第三场歼敌过万的运动战案例，其“曲制”如下：

第一“曲”：宣泰之战。“在湖南号称铁军、美械化的十九旅山炮营及五十六团、五十七团（残留不到一个营）于六十小时内即全被歼灭，为我华中战场首次胜利歼灭战。虽仅俘虏三千数百人，但挫折了敌人的锐气，开始增强了我军民自卫战争胜利的信心，尤其增加了我军对美械化顽军作战的经验与信心”。

第二“曲”：如南之战。“此次战斗歼灭四十九师师部的大部，二十六旅全部，一〇五旅一个营，九十九旅一个营，七十九旅一个团，俘虏六千余人，缴获各种口径炮二百门，轻重机枪五百挺，长短枪四千余支”。

第三“曲”：海安之战。“这一保卫战毙伤敌约三千人，我仅伤亡二百余人”。

第四“曲”：李堡之战。“总计歼灭新七旅全部，一〇五旅旅部的一部及其一个团，俘虏三千余，毙伤三千余，我伤亡九百余人”。

第五“曲”：丁林之战。“这一战斗共歼灭交通警察七总队、十一总队共五个大队及二十六旅残部一个营，俘虏总队副以下二千人，毙伤一千五百人，我伤亡九百余人，自卫战以来首次缴获完整之美造十轮卡七辆，攻克了东陈、丁堰、林梓等据点，打开了突入敌后向西作战的大门”。

第六“曲”：如黄之战。“此一战斗为自卫战争开始后，缴获俘虏最多的一次，歼灭九十九旅全部、一八七旅全部、七十九旅一个半团、一六〇旅五个连、六十三旅一个营（缺一个连），总计俘虏一万二千余人，缴各种炮五十余门，轻重机枪六百挺，长短枪三千五百支，我军亦光荣伤亡三千五百余人。从此，敌一个旅不敢单独行动”。

第七“曲”：邵伯之战。“此战共毙伤进犯敌人约二千人以上，我军光荣伤亡一千余人。此次进犯的敌人，是拥有现代装备的正规军。我守军武器很坏，又系新成立的兵团，兵员不足，但以无比的顽强（尤其是四团），保卫了邵伯，创造了守备战的范例”。

战后，延安《解放日报》于九月十二日发表了《蒋军必败》的社论，指出中原突围、苏中战役和定陶战役“这三个胜利，对于整个解放区的南方战线起了扭转局面的重要作用。蒋军必败，我军必胜的局面定下来了”。显然，在“这三个胜利”当中，尤其以苏中战役对我军树立“蒋军必败、我军必胜”的信心贡献最大，故而称之为“信心”之战。

苏中战役于一九四六年七月十三日打响，八月三十一日结束。在敌强我弱、敌众我寡的情况下，粟裕用三万人马迎战十二万敌人，最后以伤亡一万人的代价，完成歼敌五万三千人的胜利。

《谋攻第三》指出了运动战的无形资源准备步骤：信心准备上的路线得众到位、方针安全到位、政策愉快到位；舆论保障上的坚持真理到位、鼓足勇气到位、顺应民心到位。

为进一步加深对此的理解，特推荐大家参考《粟裕军事文集》当中的《苏中战役总结》一文。当时不惑之年的粟裕，在一九四六年九月二十五日，向华中野战军将士做了此报告。以下是《苏中战役》的片段摘录以及笔者对此所作的一些剖析。

我们的自卫战争，从七月十三日到八月三十一日，一个半月总共打了七仗，都得到了胜利。这是由于党的正确领导，地方党政军的帮助，广大人民的支援和前线指战员的英勇善战，以及后方机关人员的艰苦工作，才取得这些伟大胜利的。大家在战争中尽了应有的责任，对战争的胜利有很大的贡献，建立了很大的功劳。

首先来讲七次战斗的经过：

……

以上是苏中自卫战七战七捷的大概经过。在这一个半月中，共消灭了反动派六个正规旅，两个交通警察总队，敌人伤亡损失五万余人，占反动派在苏中总兵力十余万人的百分之四十。我们缴获了大量的枪炮弹药、物质资财，这是一个较大的胜利。

为什么会有这样大的胜利呢？

检讨一个半月的作战，先要讲一讲海安撤退的问题。

当海安撤退时，许多同志认为可惜，我也认为海安很重要，但为什么又要撤出呢？按旧的战略指导思想及一般的军事原则来讲，是想不通这个道理的。表面上，我们撤出海安是违背了“在所必争”的原则，其实不然。如果机械地教条主义地看待这一原则，当然是违反了；如果用辩证的眼光，客观地针对当时当面的具体情况来看，就会了解到，在当时海安是需要撤出的。革命的战略指导原则，要求我们不轻易放弃要地，但更要求保存有生力量，掌握战争的主动权。大家知道，如果我们死守海安，敌人以七个旅的优势兵力，集中在狭小的正面向海安进攻，即或我们能守住海安，但不能歼灭敌人，而在海安一点拼消耗，把有生力量消耗了，最后海安仍旧要放弃，那就正中敌人的毒计了。海安撤出后，不仅我们的有生力量保存了，而且转入了主动，待机作战，而使敌人背上包袱，分散了兵力，便于我们各个歼灭，这对我们是有利的。

在撤出海安时，我向许多同志解释，说我们是胜利的，而且完全胜利了，但有些同志不大相信。现在来看，当时的撤退完全是对的。因为海安撤退之后，敌人被迫将兵力分散，同时，他错误地认为我们溃退了，误信他们下面虚报，说我们伤亡损失达两三万人，因而骄傲得很，就实行其“纸上谈兵”的部署，暴露出许多弱点来。

他第一个计划是要建立从海安向东经立发桥、李堡、角斜一线,到栟茶海边的封锁,以图分割我一、九分区沿江地带,扩大占领区,巩固他从扬州、泰州到海安、李堡、角斜以南的整个地区。可是这样的部署,给我造成各个击破的有利机会。他吃亏了。如果说退出海安时,我们开始转入主动,那末,李堡一战胜利以后,便是我们开始掌握了主动权。敌人对九分区“清剿”、“清乡”的计划就被打破了,他截断苏中南部的计划也被迫修改,不得不缩短防线,暂置通、如、海、启地区不管,而用全力来巩固海安、如皋、丁堰、林梓、白蒲到南通一线,企图先巩固泰兴、泰州、靖江、如西地区再说。这是他的第二个计划。这个计划正在准备兵力、正在布置时,我们进行了丁堰、林梓之战,虽只消灭他五千多人,但比之消灭他两个旅还重要。因为这两个交通警察总队,是蒋介石法西斯的党卫军,美械化的特务武装,是中国人民最凶恶的敌人。缴获他们制造的房子的脚镣手铐,是用来对付解放区人民的。这就把反动派第二个计划又打破了。此时,敌人为了巩固如皋城防起见,不得不将九十九旅从黄桥调到如皋来,又给我们一个好机会。当时我们决定西进有两个计划:第一个就是消灭九十九旅,第二个如九十九旅不好打或打不着,就舍之而采用攻魏救赵办法,向泰州攻击,以应援二分区(在我们打丁堰、林梓时,二分区方面已电告,敌二十五师进攻邵伯、丁沟,企图打到高邮、兴化)。当时我军如走东台、兴化西援,时间是来不及的,所以就决定走直路,经两泰进入江都运粮河南地区，这个行动好比孙行者打牛魔大王的办法，钻到敌人肚子里去打，这是带着危险性的。为了保持精力进入敌后作战，所以原先决定打丁堰、东陈、林梓、白蒲四点的计划，改为只打两点（只打丁堰、林梓），以便保持雄厚力量。只要打开一个缺口，用地方兵团守住这两点，主力便可进入敌后。这些敌人也笨得很，当我们没有到齐时他不出来，我们部队到了如黄线上（如皋至黄桥线上），九十九旅也到了分界，首先就与我六师打响了；如皋敌人也派出一个半旅到加力来接，九十九旅已被我六师包围了。当时我们采取“雷公打豆腐”的办法，先集中力量打分界的较弱的九十九旅。因为先打加力的一个半旅，时间要延长，同时如皋还有两个团可能出援，这样可能成为僵局。恰好我一旅拉近分界，六师也就更奋勇更迅速地拿下了分界。敌人一部向薄弱的一个口子突围，却被一旅堵住，于是九十九旅全部消灭了。我们回头再打加力的敌人，而这一个半旅的敌人却不敢走路，直等到如皋再派部队出来接，恰好六师及特务团赶回头，给如皋出来的一个团迎头痛击，于是加力敌人逃回如皋的计划，也就破灭了。这一个半旅，除二三百人逃散回到如城外，其余近一万人全部被歼灭，连如城出来增援的一个团也被消灭了一半。在两天两晚的战斗中，连分界歼灭的敌人在内，一共消灭了两个半旅。这一胜利，决定了苏中战局的完全改观，战争的主动权完全落入我们手里。当时敌人如果不继续增兵，不仅无法再进攻，而且维持其交通线也很困难。敌人恐慌动摇到这样的程度：一旅人不敢走路，两个旅走路也还有些害怕，一个团不敢守一个据点，一个旅守一点也信心不高。为什么过去长驱直进，而现在却这样胆小呢？因为敌人在一个半月中，在苏中南线上兵力的百分之四十损失了，而且被歼灭的都是比较有战斗力的。到今天大家才了解海安的撤退是对的，是争取胜利必要的步骤。

除了海安撤退一个问题外，还有如皋战斗中宋家桥、杨花桥没有彻底解决敌人，以致要撤出如皋、海安，是否战略上的失败呢？当时有一般干部甚至个别高级干部也说我们在战术上是胜利了，在战略上是失败了。但认真研究革命的战略原则，是没有失败的。因为我们在战略上是持久战，不是速决战，战略上是以少胜多，整个如南战斗到如皋、海安的撤退，是没有违反这些原则的。但如南战斗在战术上，军事具体部署上，战斗指挥上，是有缺点的，对当时的战局确有影响，但并不是决定的影响。当时即或能消灭七十九师，但由于部队过度疲劳，第三仗打如黄线上六个团的敌人，是否能胜利还无确定把握。即或又胜利了，但当时的敌人还有五个旅以上的力量北进，在第三次战斗之后，部队更加疲劳，如敌人再增加上来，也会要被迫退出如皋、海安的。这样比之我们主动撤退就大不同了。

整个五十天作战的过程，简单地说就是以上这些。

为什么能够取得这样大的胜利呢？

从政治上来讲，我们是自卫，是为消除内战，保卫和平民主，保卫解放区而战，是正义的战争，得到解放区人民全力的支持，得到全国乃至全世界爱好和平的民主人士及广大人民的同情和拥护，特别重要的是有党中央与上级的正确领导。国民党军恰与我军相反，其军队内部存在厌战情绪，官兵矛盾，派系矛盾等，这些过去已经讲过，不再重提。

现在，主要从军事上来讲。

其一，是由于我们没有机械地教条主义地运用战略指导原则。

我们不轻易放弃一个战略支点，但我们也不死守一地。因为我们不比苏联，我们没有国防重工业，死守一点，同敌人拼消耗，是不合算的。但也不是一枪不打，望风而逃，而是给进犯的敌人以阻击和重大的杀伤后才弃守。海安撤出前就是这样打的。一、六两师摆在旁边休息，七纵只以三千人抵住敌人七个旅、六万人的兵力，打了五天，敌人伤亡了三千多人，而我们只伤亡了二百多人。虽然弹药消耗多了一些，但一分区在通如公路上一个伏击，缴到了一百多箱子弹，又补起来了。总的说来，是换得了敌人相当大的代价的。

其二，就是战略上采取了持久战，坚决的执行了中央的指示。

我们每打一个仗，中央总是来电说，你们好好休整部队，准备再战。因此，不断积蓄与充实了战斗力，便于连续战斗。我们执行了战略上以少胜多的原则，但在战术上，则恰好相反，采取了以多胜少的打法。如李堡之战，敌人三个团，我们使用了十四个团，差不多五个打他一个，而且是运动中打他，所以能迅速、干脆的消灭敌人。分界之战敌人两个团，我们用了十个团打他；加力之战敌人三个半团，我们第一线即使用了十三个团，连第二线的兵力共有十五、十六个团，加上还有众多的民兵与地方武装，敌人当然就很难跑掉了。

然而对于战术上以多胜少的原则，有些同志还认识不够，以为这样多人打少数的敌人，难道我们战斗力这样不行？认为这样太没有面子。而不知道，我们要迅速转劣势为优势，变被动为主动，必须迅速消灭敌人一路或两路，迅速解决战斗，尤其在敌人占优势的战役中，必须采取各个击破的战法，连续进行几个战斗，如第一个战斗胜利了，使敌我力量平衡，第二个战斗胜利了，使敌人屈居劣势，我占优势，第三仗第四仗才能更彻底地歼灭敌人。因此必须在战斗中采取三个至五个打敌人一个的办法。

这些道理许多干部还想不通，或者想通了而不能这样做。这除了爱面子一个原因外，还有一个原因就是本位主义作怪，怕缴获的武器弹药被兄弟兵团分去了。结果不能解决敌人，影响战役的胜利，大家的面子固然不能保持，自己也碰得头破血流，打一个消耗仗，这又有什么好处呢？

其三，就是采取了战役战斗的速决战。

许多同志对于上面要求限时限刻完成任务，认为是不体谅下级，是主观主义，太扮蛮。其实要求战役战斗的速决是应该的，是必须的，而且是可能的。因为我们五个打敌人一个，武器弹药也不比敌人差，运动中敌人又不能带着碉堡跑，当然是可以速决的，也只有速决才能减少伤亡和消耗，才能争取时间打第二仗。

有些同志说，现在敌人比苏维埃内战时强了。这当然有对的一面，但是，我们也比苏维埃内战时的红军加强了。过去我们每个团只有几挺重机枪，没有轻机枪和自动步枪，一直到反四次“围剿”后才有这些。当时敌人有重机枪、冲锋枪、自动步枪等，我们还是能够在战役战斗中迅速消灭了敌人。比如反三次“围剿”，在兴国的白石岭打韩德勤一个师一万余人，只四十分钟就把他干脆消灭，韩德勤本人也做了俘虏。反四次“围剿”，在东韶黄陂打敌人四个师，只八个钟头解决战斗，捉到两个师长。

战役战斗中不采取速决战，就会变成僵局，就不能连续作战，也就不能歼灭敌人，更会变成劣势与被动，甚至于失败。

所以，要取得更大更多的胜利，必须在战役战斗中采取速决战。要速决，就要不怕疲劳，作战时不要顾虑部队疲劳，要用一切办法，鼓励部队克服一切疲劳去争取胜利。但在战斗结束后，就要照顾部队疲劳，让部队很好的休息。

现在我们有些部队恰恰相反，接受战斗任务时，就提出部队疲劳，要求休息，延迟了时间；战斗结束后，又不很好的管理部队，让部队东跑西跑、胡扯乱谈、吹牛皮，妨碍了部队体力的恢复。

其四，各兵团协同动作，是取得战斗胜利的决定条件之一。

一个半月的各个战斗中，总的方面讲，各个兵团还是能够协同一致的，但在个别战斗中，仍旧不能很好地协同动作，如宋家桥、杨花桥战斗就是一例。

这次打分界，第一天夜里攻击时，也是这个团打，那个团未打，所以未能解决战斗。第二天集中五个团一齐总攻，只两个小时就把敌人解决了。

各兵种的协同也是一个重要条件。我在以前几次干部会上，屡次提出要组织炮火集中使用，大家还不大相信，直到这几次战斗中，受了敌人的教训，才改进了。如李堡之战，集中炮火使用，便很快地解决了战斗。打丁堰、林梓也是如此，所以都很快的取得了胜利。

但其他兵种的配合还差，尤以辎重兵最差，淮安送出的炮弹子弹，已经半个多月了，但直到昨天才到达此地。骑兵、工兵，我们暂时还无此兵种。

上面所讲的这些长处，是我们取得胜利的原因。但是否因为胜利，就没有缺点了呢？不是，还是有缺点的。这些缺点表现在：

一是协同动作上，还没有做得很好。特别是攻击部队与钳制部队，不能很好的呼应与配合，第一线部队与第二线部队配合也差，各兵团还不能按照时间完成自己的任务。这次分界的敌人，要是一旅迟到几分钟，就会跑掉很多。又如加力的敌人，如果十八旅再迟到十分钟，也就要跑掉很多了。因为拖了时间，所以五十四团及旅部几乎遭了危险。如果到得早一些，还可能全部解决如皋增援的敌人一个半团，甚至还可能乘胜攻进如皋城。一旅在分界得了便宜，心满意足，慢慢转移，赶到加力，还不知敌人已突围了，所以，在加力战斗中就没有捉到敌人。特务团如果迟到几分钟，也就捉不到什么敌人了。所以，时间对于战斗是很重要的，战斗的胜败，每每决定于最先与最后的几分钟，哪个能占先机之利与坚持到最后关头，哪个就会胜利。时间对于整个战役也有决定意义，各兵团如执行任务过迟了，当然不好，但有时行动过早了也不行，因为过早了，会暴露整个企图而影响全盘战事。所以要遵守时间，同时又要照顾到部队疲劳。有些团队遵守时间是较好的，但有些部队因为遵守时间而没有吃饭，饿着肚子打仗，那也是不好的。甚至有些团队在战时，伙房不弄饭，分开吃东西，弄得时间参差不齐，更是不好的。

二是通信联络一直到现在还没有做得很好。物质技术上固然给我们限制，但各级指挥员注意不够，通信部门本身工作还不够健全。如电台有时叫不应，有报发不出去，徒步通信也不够。如我在芦港写一封令五旅出击的信，叫两个通信员送到司令部，计算只要一小时即可送到，但四五个小时才送到，这是因为他们把这么重要的信，送到离敌很近的如皋附近去了，还是通信班副挡回来的。这两个通信员应当处分，因为他们是当天随我由司令部出发到芦港的，沿途又摆有路标，不应该走错路的。通信连不执行上级处分这两个通信员的命令，是不对的。另外在通信联络方面，还有一个相当普遍的缺点，就是枪一打响，上级和下级就断了联络，电话也无人守了，报告也不送了。这是由于干部还缺乏兵团作战的观念，以为只要自己打得好就够了，而不知道单只你一部分打得好还不行，整个战役还不一定胜利，而需要很好的互相配合，才能有更大的胜利。为了加强通信联络，必须尽量使用现有通信工具，如电台、电话、骑兵、脚踏车、徒步通信。今后只要部队一宿营下来，就要架好电话。战场使用号兵已不适用了，如皋战斗中伤亡号兵六十多个，就是一个明证。旗语也值得研究。关于这方面，还要研究许多办法来改进。

三是侦察警戒问题。主要是下面对敌情不注意收集，总是问上面“情况如何”。不知情况是从下面来的，上面只做综合归纳的工作而已。侦察敌情最好是捉俘虏来审讯，这个工作在某些兵团司令部虽做了些，但还不够，更没有看到哪个下属部队做过。侦察连也没有建立，这是需要很快恢复的。过去侦察部门主要只做了些汇集、整理材料的工作，而想各种方法去收集情况还很少。侦察员主要还只是做了找向导或送信的工作，本身职责还搞不清，业务很差，这是必须改进的。警戒方面：地面警戒不注意，对空警戒更差，防空被大家忽视了。这不仅会招致局部的损失，而且会暴露我军意图，泄露秘密，影响整个作战。今后要把防空纪律严格地建立起来。此外还要注意防毒。最近，蒋介石从美帝国主义那里买了许多毒气弹来。中央社造谣说我们打大同使用毒气,就是为他施放毒气作借口。

最后,主要是消灭了敌人有生力量。

我们对进攻苏中的敌人作战,所以能取得巨大胜利,完全改变了过去的形势,除了上述政治军事原因之外,主要是消灭了敌人有生力量。因此,大家应记住:谁保存了有生力量,谁就会胜利;谁消耗或丧失了有生力量,谁就会失败。大家要很好地注意掌握部队,组织火力,利用地形地物,讲究战术,正确地指挥作战,减少伤亡。后方机关要很好地组织准备后备力量,补充前线部队,如协助动员民兵、地方武装参军,组训补充兵团,爱惜民力。在战斗中缴获品分配上,应尽量照顾其他友邻部队及未参战之部队,特别是牵制部队,也要发一些给地方武装民兵,这都是对自己对整个战争的胜利有利的。各部有些打埋伏的枪支,已经锈坏了,还不愿交出来,以致完全不能使用。一个半月来,歼敌五万多人,缴获武器不少,但上级要各部抽出一批去武装其他兵团,则多说调不出,遵命缴送上级的,零件都不全,其中有些确是被打坏的,但有些是本位主义作怪,故意将零件扣留,自己多留些。这样使交上来的武器完全失去作用。这等于是破坏革命武器,是对革命的犯罪行为,应该立即制止。①

---

① 粟裕:《粟裕军事文集》,解放军出版社 1991 年版,第 257—275 页。

孙武说：“夫将者，国之辅也。辅周则国必强，辅隙则国必弱。”粟裕就是毛泽东手下一位考虑周全、办事认真的主将，因此能屡战屡胜：上来第一个战役，在苏中成建制地歼灭对手六个旅；随后第二个战役，在宿北成建制地歼灭对手一个师；接着第三个战役，在鲁南成建制地歼灭对手两个师。……照此趋势，毛泽东能不笑得合不拢嘴吗？与之相比，蒋介石的主将当中，确实没有如同粟裕那样考虑周到、办事认真的。

在宣泰之战已经结束、如南之战正在进行的时候，一九四七年七月二十日这一天，毛泽东在其《以自卫战争粉碎蒋介石的进攻》一文中，向党内同志发出重要指示：“战胜蒋介石的作战方法，一般的是运动战。因此，若干地方若干城市的暂时放弃，不但是不可避免的，而且是必要的。暂时放弃若干地方若干城市，是为了取得最后胜利，否则就不能取得最后胜利。此点，应使全党和全解放区人民都能明白，都有精神准备。”这里所说的“精神准备”，就是《谋攻第三》中所说的无形资源准备。毫无疑问，从解放战争一开始，毛泽东就依靠苏中七战七捷这“第一把火”，为我党我军照亮了前进的方向，树立了必胜的信心。

其实，成汤推翻夏桀的鸣条之战就是运动战，武王推翻商纣的牧野之战也是运动战。

因此，当毛泽东为推翻蒋介石而选择运动战的时候，就意味着毛泽东与成汤和周武王等开国之君一样，选择了正确的战术！

为什么开国之君会选择运动战呢？因为兵力少是开国之君所普遍遇到的难题，而运动战正好解决这个难题，因为运动战的优点就是能够以少胜多。

与野外运动战完全相反的是城池攻坚战，孙武是坚决反对城池攻坚战的。

公元前五〇六年冬天，孙武用三万野战军完整地拿下了楚国的都城，为什么？因为楚国的二十万国防军，已经被孙武用五场运动战，分期分批，歼灭在运动的途中了。

那么淮海战役是怎么回事呢？首先我们可以看到，黄百韬兵团被歼灭在其撤往徐州的野外运动途中碾庄；接着我们可以看到，黄维兵团被歼灭在其驰援徐州的野外运动途中双堆集；最后我们可以看到，杜聿明集团被歼灭在其撤离徐州的野外运动途中陈官庄。故而粟裕明确指出："解放战争的主要作战形式是运动战。"

因此，解放战争与历史上的楚汉相争一样都用运动战。在楚汉相争中，韩信"编导"的安邑之战、井陉之战和潍水之战就是三场经典的野外运动战案例，那么陈仓之战和垓下之战是运动战吗？当然也是。

总之，运动战已被历史证明是一种非常适合开国之君的战术，因此，运动战无疑也是"王者之师"应该掌握的战术。

军形第四

丞相做好人力资源的战前准备

孙武想要用“最少的兵力”完成吴楚之战的作战任务，不仅要求在战前做好有形资源的充分准备，而且要求在战前做好无形资源的充分准备，更重要的是，要在战前做好人力资源的充分准备，这就意味着孙武必须在吴楚之战打响之前完成以下两个方面的工作：

第一，将领准备到位，因此需要做好主将选拔、班子建设、教材编辑这三篇文章。

第二，兵源保障到位，因此需要做好兵源储备、兵力开发、结果锁定这三篇文章。

据此，笔者将《军形第四》分为七个小节，并推荐以下句读方式和白话演绎，此外，还建议参考粟裕在宿北战役中所做的人力资源的战前准备工作相关。

4.0. 昔之善战者，先为不可胜，以待敌之可胜。不可胜在己，可胜在敌。故善战者，能为不可胜，不能使敌之可胜。故曰：胜可知而不可为。不可胜者，守也；可胜者，攻也。守则不足，攻则有余。善守者，藏于九地之下；善攻者，动于九天之上，故能自保而全胜也。

4.1. 见胜不过众人之所知，非善之善者也；战胜而天下曰善，非善之善者也。故举秋毫不为多力，见日月不为明目，闻雷霆不为聪耳。古之所谓善战者，胜易胜者也。故善战者之胜也，无智名，无勇功。故其战胜不忒，不忒者，其所措必胜，胜已败者也。善战者，立于不败之地，而不失敌之败也。

4.2. 是故胜兵先胜而后求战，败兵先战而后求胜。

4.3. 善用兵者，修道而保法，故能为胜败之政。

4.4. 兵法：一曰度，二曰量，三曰数，四曰称，五曰胜。地生度，度生量，量生数，数生称，称生胜。

4.5. 故胜兵若以镒称铢，败兵若以铢称镒。

4.6. 胜者之战民也，若决积水于千仞之溪者，形也。

（《孙子兵法·军形第四》）

以往那些公认的善战者，总是能够在第一时间夯实自身基础，以免于被敌人战胜，并以此来等待第二时间敌人可以被我方战胜的时机。令我方不能被敌方战胜须要在自己身上下功夫；令敌方可以被我方战胜须要在敌人身上做文章。这些围绕着时间管理的具体内容和工作要领，将在《兵势第五》《虚实第六》《军争第七》中阐述。

所以说，善战者，能够做到令我方不能被敌方战胜，不能做到令敌方必然被我方战胜。所以说，胜利在最终的结果上是可以预知的，而在具体的时间上是难以掌控的。当敌方处于不能被我方战胜的情况下，我方在战场上应当采取防守的部署；当敌方处于能够被我方战胜的情况下，我方在战场上应当采取进攻的部署。这些围绕着地形管理的具体内容和工作要领，将在《九变第八》《行军第九》《地形第十》中阐述。

在战场上采取防守，是因为进攻的时机还未成熟；在战场上采取进攻，是因为进攻的时机已经成熟。善于防守的人，能够深藏其防守能力于九地之下；善于进攻的人，能够发动其进攻能力于九天之上。唯有达到这样境界的将领，才能在劣势条件下也足以自保（求生存），进而在强势条件下能取得胜利（保和平）。这些围绕着人员管理的具体内容和工作要领，将在《九地十一》《火攻十二》《用间十三》中阐述。

第一步≫ 主将选拔到位

像赵括那样，预见到胜利但是不超过寻常人的认知极限，这样的将领并非我们所要选拔的优秀者中的优秀者；

像廉颇那样，战争中获胜因此天下人认为他表现优秀的，这样的将领也非我们所要选拔的优秀者中的优秀者。

这就好比说，可以举起毫毛不能作为选拔力气大的标准；可以看见日月不能作为选拔视力好的标准；可以听见响雷不能作为选拔听觉好的标准。

我研究了那些古时候所说的善战者，发现他们总是战胜那些很容易战胜的对手，所以从这些善战者的胜利案例中，是根本听不到大智的名声，也是完全看不出大勇的功绩，因为这些人物在战争中取胜没有任何悬念。之所以没有任何悬念的原因，是不管他们采取什么样的打法都肯定获得胜利，即战胜了早就败局已定的对手。

所以说，真正的"善战者"——

不仅善于通过抓好己方的将领选拔工作来确保己方立于不败之地；

而且善于通过破坏敌方的将领选拔工作来促使敌方只能走向失败。

第二步≫班子建设到位

胜利之师务必在战前为各级领导班子的队伍建设做好干部培养工作，先奠定胜局，而后再求战；

失败之军没有在战前为各级领导班子的队伍建设做好干部培养工作,先开启战局,而后再求胜。

第三步≫ 教材编辑到位

真正善于用兵的人物,必定严格按照战斗力的遏制和反遏制的5W模式,也就是《始计第一》中所说的道、天、地、将、法五个战术阀,作为培养军事干部的教材大纲,因此能够在战前就做好减少牺牲进而驾驭战局走向的将领的教学工作。

第四步≫ 兵源储备到位

根据军事法则,兵源储备包括以下:一是耕地面积,二是粮食产量,三是人口数量,四是兵力资源,五是胜负结局。

国土资源的利用决定了耕地面积;耕地面积的利用决定了粮食产量;粮食产量的利用决定了人口数量;人口数量的利用决定了兵力资源;兵力资源的利用决定了胜负结果。

第五步≫ 兵力开发到位

胜利的兵力资源开发目标,如同以西瓜抗衡芝麻那样,趋于压倒性的明显优势；

失败的兵力资源开发目标，如同以芝麻抗衡西瓜那样，陷于被压倒的明显劣势。

第六步≫ 结果锁定到位

胜利者发挥出来的兵力资源，如同释放出所有千仞小溪顶部的积水资源那样，能够激发出翻江倒海的力量。

宿北战役

“先 胜”之 战

宿北战役是粟裕“谱曲”的第四场歼敌过万的运动战案例，其“曲制”如下：

第一“乐章”：在华中野战军的配合之下，集中山东野战军所属叶飞第一纵队、韦国清第二纵队、张震第九纵队、何以祥第八师等部，围歼敌整编六十九师。

第二“乐章”：集中山东野战军的兵力，与陶勇所部，续歼敌整编十一师。由于胡琏很狡猾，兼之涟水城丢失，所以最终放弃了续歼整编十一师的预定计划。

一九四六年十月一日陈毅向军委提出：“在军事上多由粟下决心。”十月十五日毛泽东来电：“战役指挥交粟负责。”十二月六日陈毅先后提出四个改变战局的作战方案，十二月九日毛泽东复电陈毅并告粟裕等人：“应待盐城作战结束，粟率一师北返，并待敌情完全明了后再考虑部署。届时请粟提出计划电告”。由此可见，毛泽东早就在华中野战军与山东野战军会合之初，就已经确定了由粟裕负责两军的战役指挥，及至两个月后两军合并成华东野战军时也是如此，故而从宿北战役开始一直到上海战役结束为止，粟裕始终是毛泽东“钦定”的主将。这样就在主将选拔上奠定了“先胜”的基础，故而称之为“先胜”之战。

宿北战役于一九四六年十二月十五日打响，十二月十九日结束。在敌强我弱、敌众我寡的情况，以伤亡一万人的代价，歼灭敌人一个整编师、三个半旅以及整编第十一师一部，共计三万三千余人。

《军形第四》指出了运动战的人力资源准备步骤：将领准备上的主将选拔到位、班子建设到位、教材编辑到位；兵源保障上的兵源储备到位、兵力开发到位、结果锁定到位。

为进一步加深对此的理解，特推荐大家参考《粟裕战争回忆录》第十一章《苏中战役后的华中战局和宿北战役》。以下是其中的片段摘录以及笔者对此所作的一些剖析。

我军撤出两淮后，华中战局发生了重大变化。一方面是南北两线敌军，对我形成了半包围的态势，苏中已成为敌后；另方面则是我华中、山东两野战军靠拢，兵力更加集中。于是九月二十日我们华中分局的几个同志，联名向军委和新四军军部报告：“华中形势起了基本变化，沿运河线之淮安、宝应、高邮一线，因地形关系很难求得歼灭，只能取得在战术上的胜利，整个运河线以东地区成长蛇形，不利主力作战。为了改变华中局势，我们建议，以集中华中、山东两个野战军攻下宿迁，得手后再向西扩张战果……"与此同时，我们对坚持苏中敌后斗争作了具体部署，使留在敌后坚持原地斗争的干部在思想上、组织上、军事上、工作上有所准备。

次日，陈毅同志复电："我同意华中分局二十日建议，山野、华野集中由淮海区向西行动"的办法，并主张两个野指合成一个。

一九四六年九月二十二日，中央电示"同意集中两个野战军统一指挥，向淮海行动打开战局，望即按此方针坚决执行"。次日又来电指示："山野、华野两军集中行动，两个指挥部亦应合一。提议陈毅为司令兼政委，粟裕为副司令，谭震林为副政委，如同意请即公布（对内）执行。"

对于两个野战军会合后的作战方针和任务，毛泽东同志九月二十八日亲拟一份电文指示："两军会合第一仗必须打胜。我们意见：1. 不要打桂系，先打中央系；2. 不要分兵打两个敌人，必须集中打一个敌人。"

陈毅同志亲自来到华中分局，在他领导下，共同商定了以下各点：第一，集中山野、华野主力于宿迁与沭阳之间、六塘河以北地区。十月五日前后集中完毕，如敌此时东进即歼敌于运河东岸，敌如不进，即西渡运河，恢复淮北。第二，在涟水、两淮、宝应地区设指挥所，作为钳制方向并掩护做冬衣。第三，部署盐阜、淮海、两淮、高（邮）、兴（化）、宝（应）各地之坚持斗争。重点是集中主力出击以及确保和坚持华中地区。十月一日，陈毅同志将上述部署报告了中央。中央随即复电:“部署甚好,望坚决执行。”

但是,敌情又起变化,鲁南之敌进占峄县、枣庄,威胁临沂。陈毅同志提出山野回鲁南,华野留淮海区作战;或者全军入鲁作战的主张。十月十四日,军委来电询问我们:“你们觉得全军去鲁南歼敌把握如何?如确有歼敌把握,自以去鲁南打较在淮海打为有利。因鲁南敌歼灭后,即可出陇海、淮泗对华中局面并非不利,问题是歼敌究以在何地为宜。”

我对陈毅同志的建议和军委的来示进行了认真的考虑。在毛泽东、朱德同志的长期培育下,我对于积极防御,诱敌深入的战略方针是熟悉的。但是,诱敌深入到何地域,是战略性的问题。我作为战区指挥员,守土有责,首先考虑的还是在华中地区作战。十月十一日,我曾建议集中山野、华野主力,沿陇海路西进,在邵(县)睢(宁)铜(山)地区寻歼蒋军主力。这时,我对比了淮海与鲁南的战场条件。淮海地区地势平坦,交通发达,通道多,有利于敌人的调动和集中。战争初期敌人兵力、火力、机动能力都比我们强得多,而且淮南、淮北已失,西部已暴露于敌,我军要在这一地域达成战役优势相当困难。鲁南的地形条件很好,群众条件、供应条件也是很好的。从战略防御阶段来看,把鲁南作为诱敌深入的底线自然比淮海好。但是,我又考虑到:第一,当前蒋介石的进攻重点在华中,如我即刻全军入鲁,敌之进攻重点也将立即由华中进至山东,而华中将过早地丧失,对于长期作战不利。第二,两淮失守后,敌已对我形成半包围的态势，如果我不能在淮海打一个规模较大的歼灭战，则下一步转移作战将陷于腹背受敌的困境。第三，我军撤出两淮，群众中已引起了一定程度的思想波动，如不能再打一个胜仗就全军入鲁，对民心、军心不利。第四，为开展苏北地区的敌后游击战争，也需要再打一仗。几个月的战争经验表明，主力仗打得好，土地改革进行得彻底，干部下决心坚持是坚持敌后原地游击战争的三个必要条件。前一段的仗是在苏中地区打的，苏北地区还没有打过胜仗。所以我认为全军入鲁作战的设想是很好的。但似宜在入鲁之前争取在淮海打一个好仗。经过各方面的郑重商讨，十月十五日子时再次决定暂缓去鲁南，先在淮海打一个较大规模的歼灭战，并将此意见立即报告军委。

同日十二时，毛泽东同志来电：“十五日子时电悉，决心在淮北打仗甚慰”，“陈（毅）张（鼎丞）邓（子恢）曾（山）粟（裕）谭（震林）团结协和极为必要。在陈（毅）领导下，大政方针共同决定（你们六人经常在一起，以免往复电商贻误戎机），战役指挥交粟（裕）负责”。在山东、华中两路野战军靠拢后，十月一日陈毅同志在向军委报告作战部署时即提出：“华野、山野统一指挥”，“在军事上多由粟下决心。”我长期在陈毅同志领导下工作，对他十分尊敬和钦佩，在他领导下心情很舒畅。现在中央、陈毅同志要我担负这个重责，我决心竭尽全力地挑起这副担子，当好陈毅同志的助手，使陈毅同志用更多的力量抓全局。

从十月底到十一月初，我们在涟水西北陈师庵等地先后召开了多次干部会议。陈毅同志针对当前战局和两个野战军统一作战的新情况，在会上讲解形势，总结初期作战的经验，号召全军进一步学习军委和毛泽东同志所制定的“集中优势兵力，各个歼灭敌人”的作战原则。树立高度集中统一的思想，同心协力克服暂时的困难，积极完成作战和建军等任务。这些会议，对于提高华东全军干部特别是高级干部对当时形势的认识，正确理解保存地方与歼敌有生力量的关系，以及增强军内外的团结等，都起了极为重要的作用。与此同时，广大群众继续进行土地改革，开展节约运动和大生产运动，检查和总结了前一段的支前工作，成立了华中北线支前司令部，统一调度苏北地区的人力、物力支援前线，并将华中后方机关和物资逐渐向山东转移。

……

十九日上午，困守苗庄之敌第四十一旅分两股向南北突围，除三百余人逃跑外，全被我歼灭。至此，敌整编第六十九师全军覆灭，我歼敌两万一千余人，战役遂告结束。军委、毛泽东同志十八日就来电，“庆祝宿沭前线大胜利，望对一切有功将士传令嘉奖”，二十日又来电指出：“歼敌二万以上，于大局有利，甚好甚慰。”

在此期间，在鲁南、涟水、盐城方向作战之我军，均积极地打击了敌人，有力地牵制、策应和保障了宿沭地区的作战。其中涟水之战打得很艰苦。涟水城距宿迁为一百三十公里，距沭阳为八十公里，处于淮阴至沭阳公路的东侧，如淮阴之敌向沭阳北上，涟水我军随时可攻击敌人的侧后，这就使敌非首先攻下涟水城才能北进。这一路进攻的敌人是蒋介石王牌军整编第七十四师。敌于十二月三日开始向我进攻，我军浴血奋战，坚守了十三天。因我方战场指挥判断一时失误，被敌人钻了我防御部署上的空子。十六日敌攻入了涟水城，我军随即撤出。这一仗我毙伤敌四千余人，我军亦伤亡四千人，而且失去了涟水城。因此有人说，这是一个败仗。这不对，它是一个消耗仗。涟水作战并没有死守的任务，而是运动防御。迟滞敌人前进，消耗敌人的有生力量。结果是整编第七十四师被我军阻止在六塘河以南，无法救出整编第六十九师，从南线保障了宿北战役的进行。军委、毛泽东同志曾有电指出：“关系全局的宿沭前线……取得大胜，涟水暂失，不足为患。”由于战前用“第二次涟水保卫战”来激励部队，人们就以涟水城的得失来衡量这一仗的胜负，这是动员口号的失误。对这一仗的估价应同宿北战役的胜利联系起来看。当然，涟水战场指挥上的教训也是应当记取的。

也有的同志认为，宿北战役中打援部队太多，影响战役结束后的扩大战果。这些同志不了解当时敌人对我已形成半包围的态势，如让任何一路敌人的计划实现，战场局势必趋险恶。何况宿北战役十二月十九日结束，一月二日即开始鲁南战役，中间仅相隔十二天，部队由苏中北移鲁南，实际上是连续行军作战，谈不上什么打援部队过多，影响扩大战果问题。

三个月的战局表明，正确的战略意图，必须通过战役的胜利来实现。自我军放弃两淮之后，敌我双方都在重新布局，酝酿着新的更大的较量，当时敌人分四路向我压来，在战场上我处于被动地位。宿北战役的胜利，打垮了敌人四路中对我威胁最大的一路，从而使敌人不仅未能实现其切断我山东、华中两野战军的联系，实行各个击破“迅速结束苏北战事”的企图，反而被我军切断了南北联系，分割成山东、苏北两蛇，暴露了翼侧，处于受我军攻击的威胁之中。当时国民党的伪国大尚未闭幕，宿北战役给了吹嘘所谓“胜利”的蒋介石一记响亮的耳光。①

根据《陈士榘解放战争的回忆录》中提供的数据，宿北战役歼敌人数是三万三千人：一开始歼灭了敌人预备三旅、六十旅及十一师一部计两万一千人，后来又歼灭敌人四十一旅、六十九师师部及二七六团等部一万两千人。由于粟裕只身出现在山东野战军的司令部里，因此宿北战役的战绩应该由山东野战军参谋长陈士榘来汇总，所以这组数据的真实性是值得信赖的。

除此之外，按照陈士榘的回忆，何以祥所率的第八师在泗水战役中损失较大，而在宿北战役中歼敌一个旅，俘获的士兵和下级军

① 粟裕：《粟裕战争回忆录》，解放军出版社 1988 年版，第 404—424 页。

官及缴获的枪支、弹药、大炮等物资都编入和补充了部队，原来受的损失补足了还有余；后来第八师在一九四七年一月的鲁南战役后扩编了第九师，成为华野第三纵队；再后来在一九四七年四月的泰安战役后又扩编了第七师。仅仅半年时间，何以祥部从不足一个师的编制，经过这三次战役以后，就发展壮大到了三个师。

因此，宿北战役与接下来的鲁南战役和莱芜战役一样，不仅在有形资源和无形资源方面有助于粟裕做好数月后歼灭张灵甫部的战前准备，而且在人力资源方面也是有助于粟裕做好歼灭张灵甫部的战前准备。

在人力资源的准备上，华中野战军与山东野战军合并，战役指挥权交由粟裕负责，也就是说，主将粟裕接下来将指挥两个野战军，这是进步。相比之下，敌军在经历了宿北战役和随后的鲁南战役之后，不仅在兵力上损失了十万人，而且在接下来的莱芜战役中，其主将还由名将薛岳换成了蒋介石的干女婿陈诚，甚至在后来的孟良崮战役中，其主将更是由陈诚换成了粟裕的手下败将顾祝同，这是倒退。这种人力资源上的一进一退，为粟裕接下来在孟良崮战役中的胜利提供了组织上的保障。

站在大局的角度，粟裕通过苏中战役的七战七捷，不但鼓舞了山东解放区人民的士气，同时也为山东根据地进行分田分地工作赢得了宝贵时间；随后华东野战军通过宿北战役、鲁南战役、莱芜战役、孟良崮战役，不但鼓舞了华北解放区以及东北解放区人民的士气，同时也为华北根据地以及东北根据地进行分田分地工作赢得了十分充足的时间。东北野战军和华北野战军之所以能够从战争初期的失败中获得喘息的机会并且能在随后的时间里积蓄出完成辽沈战役和平津战役的力量，毫无疑问与粟裕团队在正面牵制住了大量的敌人以及大量歼灭了敌人主力部队有重大关系。

雄心勃勃的蒋介石发现，华东野战军把他的主力军牢牢地压制在黄河以南，并且最终与中原野战军一起把他的主力军歼灭在黄河以南、淮河以北，其间，他只能眼睁睁地看着东北野战军和华北野战军分别在日益扩大的东北解放区和华北解放区做大做强，并且也只能眼睁睁地看着此前他投放在东北和华北的兵力就像一片片桑叶一般被一大群蚕蛹啃噬精光。

第三篇

大仁

——最短的时间

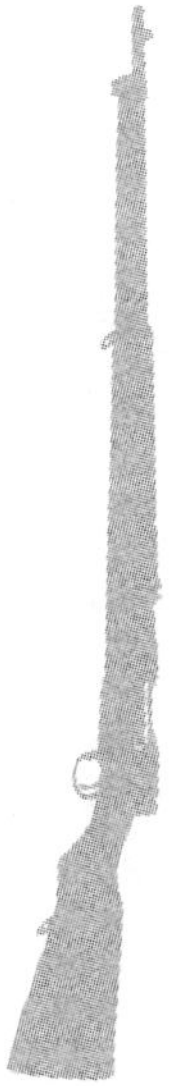

兵势第五

将帅在第一时间做好进入状态的工作

孙武想要在“最短的时间”里完成吴楚之战的作战任务，首先就得在第一时间进入状态，这就意味着公元前五〇六年吴楚之战进入到执行阶段时，在时间管理上，孙武首先必须在第一时间做好以下三个方面的工作：

第一，防守能力到位，因此须要做好正面防守和侧翼进攻这两篇文章。

第二，进攻能力到位，因此须要做好打击力度和打击精度这两篇文章。

第三，发挥能力到位，因此须要做好心理素质和超常发挥这两篇文章。

据此，笔者将《兵势第五》分为四个小节，并推荐以下句读方式和白话演绎，此外，还建议参考粟裕在鲁南战役中所做的第一时间进入状态的工作相关。

5.0. 凡治众如治寡，分数是也；斗众如斗寡，形名是也；三军之众，可使必受敌而无败者，奇正是也；兵之所加，如以碫投卵者，虚实是也。

5.1. 凡战者，以正合，以奇胜。故善出奇者，无穷如天地，不竭如江河。终而复始，日月是也；死而复生，四时是也。声不过五，五声之变，不可胜听也；色不过五，五色之变，不可胜观也；味不过五，五味之变，不可胜尝也；战势不过奇正，奇正之变，不可胜穷也。奇正相生，如循环之无端，孰能穷之？

5.2. 激水之疾，至于漂石者，势也；鸷鸟之疾，至于毁折者，节也。是故善战者，其势险，其节短。势如扩弩，节如发机。

5.3. 纷纷纭纭，斗乱而不可乱也；浑浑沌沌，形圆而不可败也。乱生于治，怯生于勇，弱生于强。治乱，数也；勇怯，势也；强弱，形也。故善动敌者，形之，敌必从之；予之，敌必取之。以利动之，以卒待之。故善战者，求之于势，不责于人，故能择人而任势。任势者，其战人也，如转木石。木石之性：安则静，危则动；方则止，圆则行。故善战人之势，如转圆石于千仞之山者，势也。

（《孙子兵法·兵势第五》）

但凡管理大部队如同管理小分队，在第一时间之内必须完成的任务就是划分好组织机构并确定好班子人数；抗击大部队如同抗击小分队，在第一时间之内必须完成的任务就是弄清敌方将领、人数以及识别敌方旗号。

同样道理，一旦三军将士进入战场之后，可以确保在敌人的进攻面前永不败落，在第一时间之内必须完成的任务就是安排好侧翼的进攻和正面的防守；而在总攻时我军矛头所向，如同用石头打击鸡蛋那样必然攻破，在第一时间之内必须完成的任务就是空虚敌人的防守和集中我方的兵力。

第一步≫ 防守能力到位

但凡在战斗中，通常用正面的部队来压制敌人，用两翼的部队来战胜敌人。

所以善于运用两翼进攻的将领，可以变化无穷如同天地，能够更换不竭如同江河。

结束了又重新开始，那是日月的积极态度；

死去了又重新生长，那是四时的主动作风。

声律不过五等，但是五等声律所变换出来的音乐，多到了永远也听不完的程度；

颜色不过五类，但是五类颜色所变换出来的图画，多到了永远也看不完的程度；

味道不过五种，但是五种味道所变换出来的美味，多到了永远也尝不完的程度；

战势无非是侧翼进攻和正面防守，但是侧翼进攻和正面防守所变换出来的战局，多到了永远也数不完的程度。

以攻代守的侧翼进攻，与正面防守相配合，所形成的防守能力，如同循环过程中的没有开端那样，谁可以穷尽它而能够遏制得了呢？

第二步≫ 进攻能力到位

柔顺的水一旦汇成激流而高速奔腾，以至于漂移磐石的现象，就是对打击力度的充分利用；

轻浮的鸟一旦抖擞精神而高速攻击，以至于搏杀猎物的现象，就是对打击精度的精确控制。

由此可见，善于打仗的将领，其对打击力度的利用极为充分，其对打击精度的控制极为精确。

打击力度的充分利用就好比拉足弩之弓弦；

打击精度的精确控制就好比扣动弩之机关。

第三步≫ 发挥能力到位

纷纷纭纭，斗争再复杂，上下依然齐心；

混混沌沌，攻防再转换，各方依然协力。

敌方不齐心源自我方齐心!

敌方不进取源自我方进取!

敌方不协力源自我方协力!

齐心不齐心实际上是立场坚定不坚定的问题,说到底,就是站在大多数人的这一边,还是去站在极少数人的那一边;

进取不进取实际上是态度积极不积极的问题,说到底,就是对打击力度的利用充分,还是对打击力度的利用不充分;

协力不协力实际上是作风主动不主动的问题,说到底,就是对打击精度的控制精确,还是对打击精度的控制不精确。

所以善于调动敌人的指挥员,

当他在打击精度上表现出老鹰的高明时,则敌人必然屈从于他;

当他在打击力度上表现出群羊的胆怯时,则敌人必然攻取于他。

于是就可以采用有利于敌的兵力部署来调动对手,

然后再可以采取不利于敌的攻防转换来招待对手。

所以"善战者"追求的是如何在第一时间进入状态,而不是对下属求全责备,因此能够发掘下属的不同特长,发挥团队集体主义的力量。

能做到这一点的人,其指挥下属作战,如同转动木头和石块那样。

木头和石块的特点是：放在低洼处就平静，摆在高耸处就晃动；外形方正就停止，外形圆润就运行。

所以善于指挥军队的人所追求的状态模式，恰如转动圆润的石头在千仞之山那样，蕴涵着压倒性的战斗力。

鲁南战役

“添 翼”之 战

鲁南战役是粟裕“谱曲”的第五场歼敌过万的运动战案例，其“曲制”如下：

第一“乐章”：先歼敌整编第二十六师和快速纵队。可能蒋介石预感到粟裕将来在孟良崮战役中需要重炮，否则奈何不了张灵甫，因此在鲁南战役中提前送上了一个榴弹炮团的装备。

第二“乐章”：全歼五十一师并夺取枣庄。在掌握了爆破技术之后，枣庄这样的城防工事就像窗户纸一样，根本抵挡不住陶勇的步兵。

鲁南战役中蒋介石送上的厚礼令粟裕军团“如虎添翼”，此战之后，粟裕就拥有了一支我军最现代化的炮兵部队，因而在防守能力、攻击能力和发挥能力上进入到最佳状态，故而称之为“添翼”之战。

鲁南战役于一九四七年一月二日打响，一月二十日结束。在敌强我弱、敌众我寡的情况下，山东野战军和华东野战军以伤亡八千余人的代价，歼灭国民党军五万三千余人。

《兵势第五》指出了第一时间进入状态的三个环节：首先是防守能力进入状态到位；其次是攻击能力进入状态到位；最后是发挥能力进入状态到位。

为进一步加深对此的理解，特推荐大家参考《粟裕战争回忆录》第十二章《鲁南大捷》。以下是《鲁南大捷》的片段摘录以及笔者对此所作的一些剖析。

……

为便于指挥，我们决定将参战部队编成左右两个纵队。右纵队以第八师、第九师、第十师、第四师之第十团、滨海警备旅及鲁南军区特务团组成，由鲁中军区司令员王建安、政委向明、鲁南军区政委傅秋涛、副司令员郭化若统一指挥，其任务是攻占敌防御地区左翼诸山地要点，切断敌向峄县、枣庄的退路，并阻击峄县、枣庄之敌的增援。得手后再攻向城，割裂敌第一六九旅与第四十四旅的联系，歼灭傅山口、太子堂地区之第四十四旅。上述任务达成后，再配合左纵队围歼敌整编第二十六师师部及第一快速纵队。左纵队由陶勇同志所部第一师和叶飞同志所部第一纵队组成，归野战军直接指挥，担负歼灭第一六九旅及第一快速纵队的任务，首先围歼卞庄之敌，同时切断整编第二十六师与整编第三十三军的联系，在右纵队配合下攻歼敌第一六九旅和第一快速纵队。鲁南第三军分区武装，在马头、新村段沿沂河东岸进行防御，保证野战军翼侧安全，维护华中与山东的交通，并以一部兵力和精干民兵，挺进至兰陵、邳县间及兰陵、峄县、台儿庄间，开展游击活动，破坏交通，监视当面敌人的活动。野战军的作战命令规定，各部均应于一九四七年一月一日拂晓前进入指定集结地域，战役发起时间为一月二日二十四时。

参战部队迅速隐蔽北上。各部队一律夜行晓宿，行军途中，地方武装、民兵和人民群众主动协助我军侦察敌情，封锁消息，为我军当向导、运粮弹…… 充分发挥了内线作战的优越性，有力地保障了部队的行动。所有参战部队，都利用行军的间隙进行临战训练，着重研究打坦克的方法。一九四七年一月一日拂晓前，各部队都按时到达了指定的地域隐蔽集结，在紧张的战前准备中度过了元旦节日。

中央军委和毛泽东同志对两个野战军统一作战非常关心，在战役发起前几个小时，还来电询问我和第一师是否已到鲁南和陈毅等同志率领的山东野战军在一起(因我和第一师走在北上部队的最后)，勉励我们要以宿北战役为例，力争打大歼灭战，即每战全部彻底歼灭敌三至四个旅。中央的电报使我们倍觉亲切和深受鼓舞。陈毅同志和我立即联名向中央军委和毛泽东同志报告，说明我们已于十二月二十九日会合在一起，共同指挥这次作战，第一师已经参战。

歼敌第二十六师和快速纵队

鲁南战役第一阶段的任务，是围歼敌整编第二十六师及配属于它的第一快速纵队。这次作战，敌人便于相互策应，我军则被几路敌人逼得很紧。因此我们在作战方法上特别强调了要突然发起进攻，迅速包围分割和各个歼灭敌人。作战计划规定，战役发起前，战役合围同战术分割要同时进行，在实施战役合围、构成对外正面的同时，要向敌纵深猛烈突击，迅速将敌各旅、团分割包围，各个歼灭，务使敌人无法组织协同和互相支援作战。

一月二日二十二时，我军提前两小时突然对敌发起全线攻击。敌人在我解放区军民的严密封锁监视下，犹如瞎子，对我军的这一重大作战行动毫无觉察。敌师长马励武在元旦那天离开指挥位置去峄县过年未归。战斗一打响，敌军就失去了统一指挥。我军动作迅猛，以排山倒海之势冲向敌人各守备要点，打得敌人晕头转向，仓皇应战。右纵队激战至一月三日拂晓，除石龙山守敌一个营逃向杨桥外，四马寨、平山、石城崮、青山、凤凰山、尚岩、石龙山均为我攻克，歼敌第四十四旅大部，切断了敌整编第二十六师的退路，控制了阻止峄县、枣庄敌人东援的阵地，并使马家庄敌师部直接处于我军攻击矛头之下。我左纵队于当夜包围了下庄守敌一个团，占领了大官庄、南北小庄及洪山、横山、兰陵及其以北地区，歼敌一部，切断了整编第二十六师与整编第三十三军的联系，并与由四马寨地区向南攻击的右纵队的部队会合。至此，我已完成了对敌的战役合围与部分的战术分割，并歼敌一部。敌军在我多路攻击下，虽匆忙组织兵力反击，炮火拦阻，坦克增援，但均未能阻遏我军的勇猛攻势。三日晚，我右纵队向傅山口、太子堂、马家庄、杨桥等地之敌猛攻，左纵队向马家渔沟、张桥、小锅里、秋湖等地之敌猛攻。经彻夜激战，至四日晨，以上各地均为我攻占。到此时为止，我军已歼灭整编第二十六师师部及其两个旅大部。敌残部及第一快速纵队被我紧紧包围于陈家桥、贯头、作字沟狭小地区。

第一快速纵队号称“国军精华”，现在说起来也不过就是几十辆坦克，几百辆汽车，但在当时它是不可一世的。敌人是靠着它吓人的。我参战部队多数基本上还是用的抗日战争结束时的杂式武器，敌我技术装备水平相差悬殊。我军绝大部分干部战士不但没有打过坦克，而且没有见过坦克，虽然部队在集结行动途中抓了一下打坦克的训练，但时间很短，又没有实物可供演练。在实战中我军靠的是战士们的勇敢和智慧，靠的是人民战争的强大威力，至于火器，除少量战防炮外，主要还是靠手榴弹、手雷和炸药包。

说起来也是凑巧，四日上午，正当我们要发起对敌快速纵队的进攻时，天气由阴转雨，雨中夹雪，寒风刺骨。参谋人员来问我：计划有无改变？我说：不变！这是天老爷在帮我们的忙。雨雪交加，道路难行，会把重型装备陷在那里，敌人就更难逃脱了。这时，虽然云层很低，但敌人还是设法派飞机来支援它的地面部队。当时我军前线指挥所掌握有缴获到的报话机，侦听到了敌军规定的空投联络标志，我立即告诉部队选定地点，布置起假的地空联络标志，敌人的一部分援救物资果然投送到了我们的手上。

四日上午十时左右，敌见空中和地面增援无望，开始脱离阵地落荒突围。我左右纵队各部队立即发起攻击,将快速纵队之第八十旅大部歼灭于陈家桥以西地区。此时,敌坦克、汽车、炮兵与步兵混杂一起,溃乱地向西涌去,沿下湖、漏汁湖之线朝峄县方向夺路窜逃。现代化的装备是要有现代化的战场为其服务的,敌人西逃的主要道路和桥梁已被我解放区军民破坏,并布设了地雷,挖掘了反坦克沟,加上洼地泥泞,许多汽车和火炮陷下去动弹不得。我军对敌实施猛烈追击、侧击、堵击。突围之敌虽陷入混乱,仍以坦克和大炮向我射击。我指战员冒着寒风雨雪,穿着湿透的棉衣,不顾敌人火力拦阻,奋勇地冲入敌阵,与敌短兵相接,近战格斗,用炸药包、手雷、集束手榴弹炸坦克,用燃烧手榴弹和秫秸烧坦克,有些战士则干脆爬上坦克用铁锹、洋镐砸电台天线,仅几个小时,就把美蒋合建、由美军装备训练、蒋纬国苦心经营的这个坦克部队打成了瞎子、聋子、瘫子。到下午三时,敌军除七辆坦克钻隙逃往峄县外,整编第二十六师和第一快速纵队,共三万余人全部覆灭。在我围歼这批敌军的过程中,枣庄和峄县之敌曾各出动部分兵力东援,均被我击退,并歼其一部。敌整编第三十三军也以一部兵力至横山一带略作骚扰即南撤。第一阶段作战胜利结束。

我军指战员的英勇无畏,把敌军头目吓得目瞪口呆。敌整编第二十六师师长马励武后来在被俘时说:“当本师配属快速纵队东进时,可谓声势浩大,未料四日一战,即四面楚歌。”一些被俘的敌坦克兵也说:“我们在印缅战场作战三年,一直是向前冲,美国人对我们也很看得起，想不到今天会败得这样惨。”是的，我人民子弟兵在高度革命英雄主义精神鼓舞下所发挥出来的巨大物质力量，是我们的敌人永远也无法估量的。

围歼整编第二十六师和快速纵队的战斗刚结束，我同司令部的几位同志就赶赴现场察看。只见坦克、大炮和汽车漫坡遍野横七竖八地停在那里，各种枪支、弹药以及通信、工兵器材累积成堆，美国造的生活用具、食品、药物、被服遍地皆是。一批批全身沾满泥污的俘虏被我英勇战士、民兵押下战场。我军指战员忘记了连续几昼夜与敌人冲杀的极度疲劳，在凛冽的寒风中打扫战场，有的在指挥俘虏兵把坦克和汽车开出战场，有的在推拉大炮，有的在搜集武器弹药。不少干部战士站在泥泞中用冻僵了的双手比画着向我讲述打坦克、缴大炮、捉俘虏的经过和体会。他们那双眼红肿、布满汗垢的脸庞上，露出自豪和胜利的笑容，这些忠诚无畏的勇士们，是多么可敬可爱啊！

歼敌第五十一师

……

为了及时、准确地掌握战场情况和指挥部队作战，经与陈毅同志商量，我率部分人员组成的轻便指挥所，于一月九日拂晓到达峄县、枣庄前线指挥作战。

攻打峄县的战斗进展顺利。一月九日晚发起攻击，经彻夜战斗，即攻占了南关、邵家楼、檀山及东关大部，由南面和东面直逼城垣。十日白天进行攻城准备，当日下午黄昏前开始总攻。经炮火急袭后，第八师以连续爆破首先突破南门，打退了敌人数次反击，缴获了前一阶段逃到峄县的七辆坦克，巩固了突破口，后续部队紧跟突击部队入城，投入巷战。当夜我第九师及第四师第十团，在城内部队策应下，也由东门及东北角突入城内。至十一日凌晨一时，全歼守敌。整编第二十六师师长马励武，也在这里被俘了。第二天他被送到野战军指挥部，陈毅同志接见了他。

鲁南地区有较多的工矿企业，部队中工矿工人较多，他们擅长爆破。所以峄县战斗一结束，我就进城，主要是去学习研究攻城爆破技术。在城南门遇到第八师的同志正把俘虏和缴获的坦克押送出城，我要求他们在现地介绍突破南门的战斗情况。他们详细讲述了突破南门时火力、爆破、突击的结合运用，以及在城内进行巷战的经过。我们马上把他们的经验通报了正在攻击枣庄的第一师。宿北战役把第一纵队英勇顽强的野战作风传开了，鲁南战役则向第八师学习了攻坚、爆破技术。在战争中我们的部队就是这样不断地进行经验交流，提高战术技术水平和培养优良战斗作风的。

在围攻峄县的同时，我第一师主力对枣庄之敌发起攻击，并以一部兵力监视齐村、郭里集之敌，保障攻枣主力两翼的安全。十一日和十二日两天，消灭了从郭里集向枣庄收缩之敌两个营，肃清了枣庄、齐村外围之敌。十三日，为使第一师集中全力攻克枣庄，我们调第一纵队第一旅替换第一师的部队围攻齐村。十六日攻克齐村，全歼守敌第一一三旅旅部及一个团。

攻打枣庄之第一师，素以擅长野战、灵活机智、作风顽强著称，对于城市攻坚尚缺乏经验。枣庄系工矿市镇，建筑物较坚固，工事较强，部队虽打得英勇顽强，但因不会爆破，到十四日仅攻占敌大部分前沿据点，进展迟缓。这时，敌整编第十一师及整编第六十四师已全部进至台儿庄、韩庄一线，整编第七十四师正向新安镇前进中。为争取时间，在敌援兵到达之前迅速攻下枣庄，我分别与陶勇、叶飞、何以祥同志商量，由第一纵队派两个团，第八师派一个团协助第一师攻打枣庄。叶飞、何以祥同志立即选派了减员较少、战斗力较强的部队前往参战。他们冒着大雪行军，按时到达攻击位置。各部经充分准备后，于十九日下午对枣庄守敌发起总攻。在我炮兵火力支援下，各部进行连续爆破，共打开五个突破口，突入市区，与敌展开逐屋逐堡争夺。战斗到二十日十三时，守敌整编第五十一师师部及两个团被我全歼，俘敌师长周毓英。在我军围攻枣庄时，各路援敌慑于我军威势，均迟迟不敢前进，仅临城东援之敌与我第十师稍有接触。战斗结束不久，第一师把周毓英送到了野战军指挥部，在受到我们的宽待后，周很感动，他谴责了国民党打内战的罪行和歧视、消灭原东北军的行径。

……①

① 粟裕：《粟裕战争回忆录》，解放军出版社1988年版，第439—448页。

孙武说："治众如治寡，分数是也。"所以在开战之前，华中野战军和山东野战军参战部队被分成左右两个纵队，但是由于序列、番号和编成不统一，所以还是很乱，因此在鲁南战役之后，抓紧时间进行了整编，大致如下：

根据形势的发展，将山东、华中的各野战兵团和地方主力部队统一整编为十一个步兵纵队和一个特种兵纵队，统一了部队的序列、番号和编成；各纵队调整充实基层组织，以提高战斗力特别是提高连续作战的能力。通过整编，使华东我军进一步实现了组织指挥上的集中统一。

（注：一九四七年第一季度，山东与华中我军进行统一整编，撤销山东军区、山东野战军和华中军区、华中野战军，组成华东军区和华东野战军。）

华东军区以陈毅为司令员，饶漱石为政治委员，张云逸为副司令员，黎玉为副政治委员，陈士榘为参谋长，舒同为政治部主任，辖鲁南、鲁中、胶东、渤海、苏北、苏中等六个军区及滨海分区和东江纵队，共约三十六万六千余人。

华东野战军以陈毅为司令员兼政治委员，粟裕为副司令员，谭震林为副政治委员，陈士榘为参谋长，刘先胜为副参谋长，唐亮为政治部主任，钟期光为政治部副主任。辖：

第一纵队，辖第一、第二、第三师和独立师，叶飞任司令员兼政治委员；

第二纵队，辖第四、第五、第六师，韦国清任司令员兼政治委员；

第三纵队，辖第七、第八、第九师，何以祥任司令员，丁秋生任政治委员；

第四纵队，辖第十、第十一、第十二师，陶勇任司令员，王集成任政治委员；

第六纵队，辖第十六、第十七、第十八师，王必成任司令员，江渭清任政治委员；

第七纵队，辖第十九、第二十、第二十一师，成钧任司令员，赵启民任政治委员；

第八纵队，辖第二十二、第二十三、第二十四师，王建安任司令员，向明任政治委员；

第九纵队，辖第二十五、第二十六、第二十七师，许世友任司令员，林浩任政治委员；

第十纵队，辖第二十八、第二十九师，宋时轮任司令员，景晓村任政治委员；

特种兵纵队，陈锐霆任司令员，张潘任政治委员。

整编后，华东野战军约有二十七万五千余人（不包括第十一、第十二纵队）。

另外，原华中野战军第七纵队改为第十一纵队，兼苏中军区（辖第三十一、第三十二旅和三个军分区），管文蔚任司令员，吉洛任政治委员；原华中野战军第十纵队与苏北军区一部合编成第十二纵队，兼苏北军区（辖第三十四、第三十五旅和三个军分区），陈庆先任司令员，曹获秋任政治委员。

粟裕说："一九四七年一月的鲁南战役，是继宿北战役之后，山东野战军与华中野战军会合进行的第二个大歼灭战。这次战役，经过两个阶段连续作战，全歼国民党军美械装备的整编第二十六师、整编第五十一师和第一快速纵队，共五万三千余人，俘虏故整编第二十六师中将师长马励武、整编第五十一师中将师长周毓英，缴获了一大批武器装备，其中有坦克二十四辆，榴弹炮、野炮、山炮及其他火炮二百一十七门，汽车四百七十四辆。随后，以缴获的这批装备为主，华东野战军组建了自己的特种兵纵队。"

在孟良崮战役中，华野第七纵队和第二纵队能够完成阻击桂顽的任务，并没有出现阻击不得力的情况，主要原因是粟裕给他们配备了榴炮团，因此防守能力大大增强了；而在最终打乱张灵甫防守部署的过程中，我军的野炮团发挥了决定作用，因此进攻能力大大增强了。由此可见，正是由于在鲁南战役中缴获了这么多火炮，组建起了华野特纵一个榴炮团和一个野炮团之后，我军才能在孟良崮战役时，在防守能力和进攻能力上都进入了最佳的状态。

更重要的是，粟裕为接下来的孟良崮战役所做的无形资源方面的准备更加出色："鲁南战役和宿北战役的胜利，对华东我军的建设，亦有其特殊意义。一方面那时随着战局的发展，华中部队由苏北转到鲁南，再由鲁南转到鲁中，指战员思想问题较多。宿北、鲁南两战役全胜，使部队顺利地实现了思想转弯，进一步坚定了战胜国民党军队的信心；另一方面，我军由分散作战到集中作战，由打小仗到打大仗，既打敌人步兵又打敌机械化部队，既擅长野战又能城市攻坚，从战争中学习战争，全面提高了部队的战斗力。特别是使山东和华中两野战军在作战思想、指挥关系和组织编制等方面实现了统一，为尔后扩大胜利、进行更大规模的运动战和歼灭战奠定了基础。"及至接下来又经历了莱芜战役以后，我军在面对张灵甫这支蒋介石头号主力时毫不怯场，因为在心理素质上我军已经进入了最佳状态。

接下来就要看粟裕如何创造战机，在此之前，先看一看孙武是如何创造战机的。

虚实第六

将帅在第二时间做好创造战机的工作

孙武想要在"最短的时间"里完成吴楚之战的作战任务，在完成了第一时间进入状态的工作之后，接着就得在第二时间做好创造战机的工作，这就意味着公元前五〇六年吴楚之战进入执行阶段时，在时间管理上，孙武接着必须在第二时间做好以下三个方面的工作：

第一，创造条件到位，因此须要做好调动敌人和疲惫敌人这两篇文章。

第二，制造机会到位，因此须要做好分散敌人和孤立敌人这两篇文章。

第三，锁定目标到位，因此须要做好隐藏意图和蓄势待发这两篇文章。

据此，笔者将《虚实第六》分为四个小节，并推荐以下句读方式和白话演绎，此外，还建议参考粟裕在莱芜战役中所做的第二时间创造战机的工作相关。

6.0. 凡先处战地而待敌者佚，后处战地而趋战者劳。故善战者，致人而不致于人。能使敌人自至者，利之也；能使敌人不得至者，害之也。故敌佚能劳之，饱能饥之，安能动之。

6.1. 出其所不趋，趋其所不意。行千里而不劳者，行于无人之地也；攻而必取者，攻其所不守也；守而必固者，守其所不攻也。故善攻者，敌不知其所守；善守者，敌不知其所攻。微乎微乎，至于无形；神乎神乎，至于无声，故能为敌之司命。进而不可御者，冲其虚也；退而不可追者，速而不可及也。故我欲战，敌虽高垒深沟，不得不与我战者，攻其所必救也；我不欲战，画地而守之，敌不得与我战者，乖其所之也。

6.2. 故形人而我无形，则我专而敌分。我专为一，敌分为十，是以十共其一也，则我众而敌寡。能以众击寡者，则吾之所与战者，约矣。吾所与战之地不可知，不可知，则敌所备者多；敌所备者多，则吾所与战者寡矣。故备前则后寡，备后则前寡，备左则右寡，备右则左寡，无所不备，则无所不寡。寡者，备人者也；众者，使人备己者也。故知战之地，知战之日，则可千里而会战；不知战地，不知战日，则左不能救右、右不能救左、前不能救后、后不能救前，而况远者数十里，近者数里乎？以吾度之，越人之兵虽多，亦奚益于胜败哉？故曰：胜可为也。敌虽众，可使无斗。

6.3. 故策之而知得失之计，作之而知动静之理，形之而知死生之地，角之而知有余不足之处。故形兵之极，至于无形。无形，则深间不能窥，智者不能谋；因形而错胜于众，众不能知。人皆知我所以胜之形，而莫知吾所以制胜之形，故其战胜不复，而应形于无穷。夫兵形象水！水之形，避高而趋下；兵之形，避实而击虚。水因地而制流，兵因敌而制胜。故兵无常势，水无常形，能因敌变化而取胜者，谓之神。故五行无常胜，四时无常位，日有短长，月有死生。

（《孙子兵法·虚实第六》）

先到达攻防阵地等待对手的一方安逸，后到达攻防阵地赴敌作战的一方疲劳。所以善战者，能够致敌人于疲劳状态，而不会被敌人致于疲劳状态。

能够令敌人自动上门的办法是利诱，能够令敌人不敢前来的办法是威逼。因此，敌人安逸，是可以将其转变为辛劳的；进而，敌人饱食，是可以将其转变为饥饿的；最终，敌人安定团结，是可以将其转变为动摇分裂的。

也就是说，要相信自己，不要被困难吓倒，“一切反动派都是纸老虎”。

第一步≫ 创造条件到位

神出于敌人无法趋及的地方，鬼没在敌人无法预料的区域。

千里行军而不劳顿的诀窍是行进在无人之地，进攻必然得手的诀窍是攻击敌人没有守备的区域，防守必然牢固的诀窍是守备敌人不想进攻的地方。所以，善攻者，敌人不知道自己应该守备何处，不确定防守方向；善守者，敌人不知道自己应该进攻何处，找不到进攻目标。微乎其微以至于找不到半点影子，神乎其神以至于听不到一点动静，出神入化到如此境界就能成为敌人命运的主宰，牵着敌人的鼻子走。——这样就可以调动敌人了。

进攻而不可阻挡的诀窍是冲击敌人的薄弱点，退守而不被追及的诀窍是快得敌人追赶不上。所以，我想打的时候，敌人虽有高垒深沟，也不得不与我开战的诀窍是，我们攻击了敌人必救的地方；我不想打的时候，即使画地而守，敌人也不能向我开战的诀窍是，偏离了敌人有效的攻击范围。——这样就可以疲惫敌人了。

第二步≫ 制造机会到位

让敌人原形毕露，令我方无影无踪，这样我方就可以专一，而敌人就会分散。在敌我双方总兵力相当的情况下，若我方兵力集中在一起，而敌方兵力均分在十处，则以十打一的机会就制造出来了，这是歼灭战的必胜局面。能够以众击寡，则意味着我方所要攻击的敌人将是非常有限的。试想：假如我方所要攻击的地区不可预知，那么不能预知我方所要进攻的地区，敌人所要守备的地区势必太多；敌人守备的地区过多必然分散兵力，这样我方将要打击的敌人就少了。显然，将守备重点放在前面，就会造成后面的防守兵力少；将守备重点放在后面，就会造成前面的防守兵力少；将守备重点放在左面，就会造成右面的防守兵力少；将守备重点放在右面，就会造成左面的防守兵力少；将守备重点放在四面，就会造成四面的防守兵力少。所以，兵力少的局面，源自防备对手而形成；兵力多的局面，源自迫使对手防备自己而形成。　　这样就可以分散敌人了。

所以，只要知道什么地方和什么时候开战，就可以千里而会战；假如不知道什么地方和什么时候开战，不但左不能救右、右不能救左、前不能救后、后不能救前，更何况远者数十里，近者数里乎？因此让我来分析，越人的兵力虽然多，但是对胜败有多大的帮助呢？所以说：胜利是可以争取到的。因为，敌人虽然众多，但是可以让他们投入不了战斗。——这样就可以孤立敌人了。

第三步≫锁定目标到位

分析之后才能知道得失之计，运作之后才能知道动静之理，部署之后才能知道死生之地，对抗之后才能知道有余不足之处。所以，部署的最高境界是，接近于不露端倪。不露端倪，那么埋藏再深的间谍也不能窥探，再智慧的对手也无法图谋；进而抓住敌人部署上的缺陷,有针对性地选择战胜强敌的军事行动,令强大的敌人事先毫无察觉。这样,别人都知道我方取胜的最终部署,而不知道我方为什么能够克敌制胜的全盘部署,所以这样的取胜模式各有特点,因而可以对应不同对手的不同情况,采取不同的对应部署。——这样就可以隐藏意图了。

寻找突破口的军事部署就像水寻找流淌的方向那样!水的流转,避开高端,流向低洼;兵的运转,避开坚实,袭击空虚。水对应地形的高低而确定流向,兵对应敌情的虚实而确定胜利。因此说:"兵无常势,水无常形。"能够对应对手的不同而夺取胜利,这才叫"神"。所以说,五行无常胜,四时无常位,日有短长,月有死生。——这样就可以蓄势待发了。

莱芜战役

“圆 满”之 战

莱芜战役是粟裕“谱曲”的第六场歼敌过万的运动战案例，其“曲制”如下：

第一“乐段”：养精蓄锐，这是为了第一时间进入状态。

第二“乐段”：示形鲁南，这是为了第二时间创造战机。

第三“乐段”：挥师北上，这是锁定目标之后开始行动。

第四“乐段”：速战速决，这是为了第三时间结束战斗。

莱芜战役像桂陵之战和马陵之战一样，有一个十分明显的创造战机的过程，从中我们可以清楚地看出粟裕是如何创造条件、制造机会、锁定目标的。需要特别指出的是，莱芜战役有三次创造战机的动作：在粟裕第一次创造战机之后，由于被敌人识破了迂直之计而失去了战机；然后粟裕加以挽救，第二次创造了战机，再次把敌人调动出来，并且将其围在莱芜城内；为了避免城池攻坚战，粟裕第三次创造战机，迫使城内的对手选择突围，最终将敌人歼灭在野外运动的途中。由于第二时间创造战机的工作做得十分出色，因此能够第三时间速战速决，而且我军伤亡极少，所以被陈毅誉为“最为圆满”，故而称之为“圆满”之战。

莱芜战役总共就是一个作战项目，它由四段作战程序组成，就像一支进行曲由四个乐段组成那样。诸如莱芜战役那样，本身只有一个作战项目，并且这一作战项目又有数个作战程序组成时，都用“乐段”来表示作战程序。

莱芜战役于一九四七年二月二十日打响，二月二十三日结束。在敌强我弱、敌众我寡的情况下，我军以六千人的伤亡，歼灭敌人五万六千人。

《虚实第六》指出了第二时间创造战机的三个环节：创造条件到位；制造机会到位；锁定目标到位。

为进一步加深对此的理解，特推荐大家参考《粟裕战争回忆录》第十三章《示形于鲁南，决胜于鲁中》。以下是《示形于鲁南，决胜于鲁中》的片段摘录以及笔者对此所作的一些剖析。

莱芜战役，是我华东野战军在解放战争战略防御阶段胜利进行的一次规模较大的运动战、歼灭战。

一九四七年一月下旬，我华东部队在鲁南大捷歼敌五万余人之后，主力集结在山东临沂周围地区休整待机。这时，全国战局正继续以华东战场为中心展开着。国民党反动派自恃兵力雄厚，准备向山东解放区发动新的进攻。蒋介石、陈诚制定了一个“鲁南会战计划”，调集重兵集团，企图逼我主力决战于临沂地区。我军在南线之敌密集稳进、难以分割歼灭的情况下，果断决定放弃山东解放区首府临沂，以少量部队伪装主力在南线与敌周旋，主力迅速隐蔽地大踏步北上一百五十多公里，出敌不意，于二月二十日至二十三日，在北线莱芜地区打了一场大规模的歼灭战，一举全歼深入我鲁中解放区腹地之敌李仙洲集团，消灭了敌军一个“绥靖区”前方指挥所、两个军部、七个师共五万六千余人，活捉了敌“第二绥靖区”中将副司令李仙洲。此役，连同南线和胶济线东段的配合作战，共计歼敌七万余人。我军奏捷之速，歼敌之众，付出伤亡代价之小，都创造了解放战争以来华东战场上的空前纪录。

莱芜战役是华东战场上一次比较典型的运动战、歼灭战。当时，刚刚经过统一整编的我华东野战军，在以陈毅同志为书记的华野前委统率和指挥下，坚决贯彻执行党中央、中央军委的战略决策，从战役的实际情况出发，运用灵活机动的战略战术；充分利用内线作战的有利条件，依靠老解放区人民和党政机关的全力支援，发挥人民战争的巨大优势；在战役过程中，坚持以歼灭敌人有生力量为主要目标的作战指导方针和集中优势兵力、各个歼灭敌人并力求歼敌于运动中的作战原则和作战方法，从而取得了空前的胜利，特别是积累了大兵团打运动战的经验。战役结束后，陈毅同志在谈到此次作战经验时，曾经指出：“华东自卫作战，以这次最为圆满，各方面更熟练、更提高了。”

在这篇回忆中，我侧重从战役指挥的角度，提供一些情况，谈一些个人的体会。

战前的敌我态势

……

抓住战役间隙进行休整

……

果断改变战役决心

……

打北线之敌的最大顾虑是，在它发现我主力北上时可能回缩，使我军扑空。但即使如此，我还可乘势进击胶济路，打通鲁中、胶东、渤海三区的联系，然后休整部队，以逸待劳，从容迎击南线之敌，仍属有利。而且，我军在行动中还可以采取种种佯动措施，示形于南，击敌于北，迷惑敌人，特别是如临沂不守，就可能造成敌严重错觉。只要能争取到几天时间，北线之敌就难逃被歼的命运。

我也考虑了南线之敌在我军主力北上后的可能动作。在北线解决李仙洲集团前，进占临沂之敌，很大可能会认为我军无力再战，即沿临（沂）蒙（阴）公路北上，加速南北对进，妄图夹击我军，另一可能为，由临沂西开往向城地区，经枣庄、临城，向北打通津浦路，以图与济南南下之敌会师；也有可能由临沂东进，打通临沂与海州的联系。但敌南线与北线相距一百五十余公里，敌西线王敬久集团一时也难以逼近，我军仍有较大的回旋余地，而且敌军无论是北进、西进或东进，都会改变其密集态势，造成兵力分散，有利我尔后南下作战。

从我方考虑，将作战重心突然北移，可能遇到的最大问题是：第一、部队指战员对于大踏步远程北上作战没有思想准备。本来，大踏步进退是运动战的特点之一。一切的走都是为了打，都是为了歼灭敌人，夺取战场主动权；大踏步后退，实际上也是大踏步前进，是进到另一个方向去歼灭敌人。但是，这一作战指导思想当时还没有为广大指战员所完全理解。大家对于大踏步前进是乐于接受的，对于大踏步后退，特别是打了胜仗以后还要大踏步后退，不容易想通。过去，部队从苏中退到苏北，从苏北退到鲁南，都遇到过这个问题。当时，华中部队中就流传着一个发牢骚的顺口溜："反攻反攻，反到山东，手拿煎饼，口咬大葱，大好形势，思想不通，有啥意见，要回华中。"宿北、鲁南两个战役的胜利实践，提高了大家对大踏步进退的作战方针的认识，但是刚刚取得了鲁南大捷，又要远距离北退，估计思想问题又会回升。而为了隐蔽我军作战意图，对广大基层干部和战士，一开始又不能讲清北上歼敌的计划。这是需要重视的一个问题。但是，经验已经告诉我们，只要打个好仗，指战员们的思想问题是能迅速解决的。第二、为供应和保障我二十多万部队作战需要，粮草、弹药等大批物资已经从多方运集南线，一下子又要掉头随军远程北运，在山区道路不好，又只有挑担、小车的落后交通工具的条件下，会给后勤、支前带来巨大困难，任务是极其艰巨的。但是，在华东局的直接领导下，依靠老解放区人民的热情支援和严密而有力的组织工作是可以办到的。

我将上述具体分析向陈毅同志作了汇报，他听了很高兴。陈毅同志也征询了谭震林同志的意见，谭震林同志也立即赞同这个设想。前委其他同志也一致同意。

……

迅速挥师北上

北线之敌李仙洲集团深入我鲁中山区，继进占莱芜、颜庄之后，于二月八日进占新泰。在当地党政机关的领导和组织下，我地方武装和民兵对敌进行抗击和袭扰，人民群众实行空舍清野，并且广泛破毁公路，断敌运输补给，使敌粮弹供应陷入很大困难，不得不作一线式的分散配置，把三个军沿博山、口镇（吐丝口）、莱芜、新泰一线分散摆开，抽出大量兵力来抢修边修边被破坏的交通线，以求接济。这就给了我军歼灭该敌的大好时机。

二月十日，我们下达了全军主力北上歼灭李仙洲集团的行军命令，决定留第二、第三纵队伪装华野全军，在临沂以南地区实施宽正面防御，节节阻击，以迷惑敌人。第一、第六纵队和第四、第七纵队在妥善交防后，立即隐蔽北上，在十六日前分别进至羊流店（莱芜西南）南北地区和蒙阴及其东北地区集结；原在北线的第八纵队、第九和第十纵队主力于十六日前分别西进或东进至大张庄（新泰东北）、南麻（今沂源）和莱芜以西的鲁西集地区集结。北线战役发起时间预计在十八日以后，各部队的具体任务，待进一步查明敌情后再定。在此之前，我留守南线部队应力求不使敌占领临沂而过早察觉我军意图。为进一步迷惑敌人，我还令一部地方武装积极进逼兖州，并在运河上架设浮桥，在黄河边筹集渡船，使敌即使发觉我军主力已不在临沂附近，也会错误判断我军准备西进，渡运河、黄河与刘伯承、邓小平同志率领的晋冀鲁豫野战军会合，难以立即判明我军北上作战的真实意图。

……

从南线转到北线，中心是为了创造战机。在战役指挥中，有利战机能否出现，是由多方面因素决定的。从指挥员角度来要求，一切调度都要着眼于歼灭敌人有生力量这个基本的作战指导思想，善于多方位观察判断情况，尽可能地灵活用兵，充分发挥主观能动作用，而又不一厢情愿，这样才能创造和捕捉到有利战机。

敌变我变

我主力北上后，南线敌军继续密集向临沂进逼，在我钳制部队节节抗击下，于二月十五日占领临沂。我军弃守临沂后，由于蒋介石、陈诚与济南第二绥区司令官王耀武对我军情况和行动意图判断不同，在作战决心和作战指导上产生矛盾，并由此引起了北线敌情的多次变化，敌李仙洲集团忽而北缩，忽而南伸，调动频繁。从二月十五日我放弃临沂至二十三日我对李集团发起总攻，敌军较大的部署变动就有四次。在战役过程中，敌情变化是常有的，这往往成为指挥员能否很好地发挥主观能动性的考验。在此期间，我严密地监视着敌情变化，全面地分析敌军动向，鉴于敌军态势始终没有发生根本性的变化，所以我们原定的围歼李集团的作战决心也一直坚持未变，并且加速了战役合围部署。同时，又依据敌军的频繁调整，适时地相应变更和调整了我各纵队的具体部署和作战任务。

敌情的第一次变化也是最大的一次变化，是在南线之敌占领临沂后，北线敌军突然北缩。二月十五日，我弃守临沂。当晚，王耀武发觉有我部队经费县向西北运动，同时，又得知南线敌军未经过激烈战斗迅速进入临沂，他即判断我军主力有改变作战方向的可能。次日晨，他即自行决定令李集团全线后撤：原驻新泰、颜庄之敌第四十六、第七十三军分别撤至颜庄莱芜，新三十六师自蒙阴寨撤至口镇及其以北地区，十二军军部率另两个师自莱芜、口镇撤至胶济路，担任张店、明水一线守备。

北线敌军突然后撤，曾使有的同志担心抓不住敌人，因而要求提前出击，截敌退路，并向莱芜挺进。这样，即使打不掉敌全部，也可切敌后尾。我们审慎研究后认为，我主力尚未全部到达预定集结位置，不能达成合围，仓促发起战役，无取胜把握，并且可能将敌人赶跑。相反，如我不过早惊动敌人，继续隐蔽集结主力，就可能使敌人一时还难以判断我之企图，举棋不定，徘徊失措，即使敌不再南来，我待主力到齐后再突然发起攻击，至少还可以在胶济路抓住敌人。因此，我们坚持了原定决心，没有采纳提前出击的建议，并督促各部加速隐蔽开进，完成对敌人的合围。

这时，蒋介石、陈诚轻信南线部队所谓在临沂外围“歼灭共军十六个旅”的虚构战绩，同时根据空军侦察的发现我军向西北运动并在运河架桥、在黄河筹集渡船的情报，错误判断我军可能撤离山东，退到黄河以北，与刘邓部队会合。在得悉王耀武将李仙洲集团北撤后，即予指责，并严令王必须确保新泰、莱芜，并派有力部队向大汶口方向截击我军；同时，令南线之敌以三个整编师迅速西开临城，沿津浦路北上兜堵我军。王耀武接到蒋陈电令，既怕贻误寻歼我军之战机，又怕自己的部队被我吃掉，更加徘徊犹豫。十七日，他命令第四十六军重占新泰，第七十三军的军部率一个师折返颜庄。这是敌情的第二次变化。

敌军徘徊犹豫，重新南下，证明我之作战企图尚未暴露。我们的作战决心更加坚定了。同时，也针对敌人南下的新态势，于十八日对原定作战部署作了新的调整，进一步明确区分了各纵队的任务，以第一、第八纵队攻莱芜，第四纵队攻颜庄，第七纵队切断敌第四十六军与第七十三军的联系，第六纵队攻口镇，第九纵队控制博山以南。战役原定十九日发起，因时间仓促，准备未周，决定延至二十日。

部署刚定，敌情又发生第三次变化。十九日，王耀武查明了我军主力北移准备攻歼新泰、莱芜的企图，随又令新泰、颜庄之敌星夜北撤，并令第七十三军之七十七师迅速自张店经博山南下归建。

我得此情况后，随即又对作战部署作了相应调整，并决定以第八纵队主力与第九纵队一起，以伏击手段，首歼南下归建之敌七十七师于博山以南地区，战斗预计于二十日十五时发起，并定于当晚攻歼莱芜、颜庄之敌主力。这样，待李仙洲查明情况时，我总攻已开始，他想再要调整部署也来不及了。

但是，当日十三时，我伏击敌七十七师的部队见到敌军即将越出我设伏地域，不得不提前两个小时发起攻击。这样，又使王耀武、李仙洲获得了再次调整部署的时间，急令已后撤至颜庄的第四十六军立即再撤向莱芜与第七十三军会合。这是敌情的第四次变化。

这时，我在战役指挥上，一是要求尽快歼灭南下归建之敌第七十七师，二是要求迅速完成对以莱芜为中心的敌军的合围。二十日晚，第一、第六纵队分别对莱芜外围和口镇之敌发起了攻击，第十纵队抢占了锦阳关。至二十一日拂晓，第八、第九纵队已全歼敌第七十七师，击毙敌师长田君健。首战告捷，不仅大大增加了李仙洲的恐慌心理，而且我可以将第八、第九纵队转用于主要方向的作战了。至二十一日下午，第一纵队攻占了莱芜城以西、以南诸村落，并击退了由莱芜向北与我争夺城北各要点之敌；第六纵队突入口镇，并歼灭了由青石桥南援口镇之敌一部。

当时剩下两个问题：一是口镇尚未完全攻克；二是我第四、第七纵队因行军路线交叉，耽误了时间，使敌第四十六军进入了莱芜城，并分别与第七十三军各自占领了城北的几个阵地。但是，我军已全部展开，对敌人已基本形成了合围和兵力上的绝对优势。

对于敌军的下一步行动，我判断有两种可能：一是固守莱芜城；二是向口镇方向突围，我第六纵队几次强攻未克的口镇，这时却成了莱芜之敌向北突围的希望。我考虑，如敌固守莱芜城，两个军虽已会合一起，抵抗能力增强，但城小兵多，挤成一团，我可首先集中炮火予以大量杀伤，尔后再集中兵力攻歼；如敌突围，则对我更为有利，便于我于运动中消灭之。我们当即作出了适应两种打法的部署，如敌困守莱芜即于二十三日晚发起总攻，如敌突围，我则于运动中将其歼灭，相应也具体区分了各部队的任务。敌情变化频繁，是莱芜战役的一个特点。战役指挥虽十分紧张，但由于我军在作出北上歼敌的决策后，战役目标明确，战场回旋余地大，兵力对敌占绝对优势，而且已经展开。敌人则始终徘徊犹豫，不论如何调整部署，基本上仍是一线式地摆在莱芜南北地区，无法摆脱被动挨打的架势。预期的战役目的，已经指日可待了。

战役获得全胜

在我军周密的部署下，李仙洲守逃两难，束手无策，王耀武明知已中我军之计，但无可奈何。王耀武原想要李仙洲据城固守，但又看到李军已处于孤立无援的绝境，危殆万分，不如索性孤注一掷，冒险突围。他指望李军如能突围至明水及其以南地区，则不仅可解口镇之围，而且可东援淄博，向西加强济南防卫，于是即令李仙洲率部经口镇向明水方向突围。与此同时，王耀武派其副参谋长罗辛理携信去南京当局向蒋介石报告战况和突围决定，蒋介石只好同意王耀武的突围撤退计划，并派其空军副司令王叔铭亲自驾机和指挥大批作战飞机轰炸、扫射我军，掩护李仙洲集团突围。

二月二十二日下午，敌军一部作试探性突围。二十三日晨，敌军大举突围。第四十六、第七十三军分两路平行北撤，将李总部及辎重车辆物资夹在中间，齐头并进，向北猛突。

这一段我在战役指挥上的注意重心是如何达成全歼。孙子兵法中曾有“围师必阙，穷寇勿迫”的用兵法则，其实需要具体分析和灵活运用。我着重处理了网开一面与四面包围的关系。第一，是如何纵敌出莱芜城。敌人放弃莱芜城，这对我们是最好的了，正便于我军在运动中予以歼灭。攻城需时费事，代价也会大些。为此，实行了围三阙一、网开一面的办法。开始时我还曾令正面阻击部队略向后缩，以诱敌主力出城，并令攻城部队不要截击敌后尾部队，一定要等待敌后尾部队完全脱离阵地后再去占城，否则，敌军主力见势不妙可能又会缩回城里。第二，当敌军全部突围进至我设伏地域时，又依据时机、地形、军心等诸多因素，不实行网开一面，而实行四面包围。为此，我曾严令北面攻打口镇的部队，一定要尽快予以占领，把口子卡死，坚决堵住敌人北逃，并令南面已经占领莱芜的部队坚决守城并积极向北进击，防敌回窜夺城固守。这样，敌军就势必会在无阵地依托下，两头受堵，北进不动，南退不得，在我东西两面大突击集团的猛烈夹击下，陷入绝境。

二十三日中午十二时许，敌后尾部队全部脱离莱芜、矿山（莱芜城北）阵地，我军不失时机地迅速予以占领；攻打口镇的部队虽仍强攻未下，但以主力一部坚决卡死了敌军北撤的咽喉要道。与此同时，我预伏在东西两翼的强大突击集团迅即对行进中的敌军发起猛攻。五万多敌军被包围在芹村、高家洼（均莱芜至口镇之间）东西仅三四公里、南北仅一二公里的狭小地域，人马车辆辎重挤成一团。这时，与我军有秘密联系的第四十六军军长韩练成，在我军敌军工作干部的安排下，策应了我军行动，在突围一开始，他就离开了指挥位置，促使敌军陷入更大混乱。我即令各部队应不顾敌机轰炸扫射，尽力缩小包围圈，同时对敌实施密集炮火袭击，并以多路勇猛穿插，乘乱分割歼灭敌人。

这时，对敌军包围得越紧，包围圈越缩小，就越对我有利。一下子围住五六万敌军，确实是一大坨。怕不怕它们狗急跳墙？不怕。因为敌人虽多，它兵力展不开，首先就吃了亏，战斗力发挥不出来。敌人撤出莱芜，表明其军心已经动摇。我军在兵力上有四倍于敌的绝对优势，而且先于敌军展开，士气十分高昂，以此优势聚歼动摇混乱、孤立无援的劣势之敌，是完全有把握实现全歼、速决的。我们将敌人紧紧围死，并使包围圈越缩越小。最后，当敌军被我压缩至更小的一块地域时，它的战斗范围更小了，敌群密集，我军火力发挥出更大威力，一发炮弹就杀伤它很多人，甚至一颗子弹也杀伤它两三个人。在我火力杀伤和部队多路插入猛冲猛打下，敌军指挥失灵，建制混乱，溃不成军，迅速失去了有组织的抵抗能力。至下午五时，战场上枪声沉寂，敌军从全部撤出莱芜城起，仅五六个小时就被我全部歼灭了，李仙洲也被活捉。当时，被围敌军只有第七十三军军长韩浚率千余人乘隙钻出，会同口镇残敌共五千余人向博山逃窜，但也被我第九纵队截获全歼，韩浚也被生俘。至此，莱芜战役即胜利结束。

……①

莱芜战役之所以成功，关键在于很好地创造了战机。

北线的李仙洲集团就像一个乌龟，一会儿把头伸出来，一会儿又把头缩回去。假如北线之敌把头只伸出“一小节”，则一刀剁下去的话，李仙洲集团又缩回去了，这样看来，能否歼灭李仙洲集团的关键，在于能不能让李仙洲集团把头完全伸出来，以至于我军一刀剁下去的时候，敌人根本来不及缩回去。

因此粟裕一开始就在南线摆上主力，而在北线摆了一个空城计。李仙洲集团看到我军都在南线，自然就按照陈诚的部署，把头伸出来了；但是在王耀武发现情况异常之后，就命令李仙洲尽快缩回去。此时，粟裕第一次创造的歼敌战机实际上已经丧失了，因此

① 粟裕：《粟裕战争回忆录》，解放军出版社 1988 年版，第 452—477 页。

有人就提出建议，赶紧一刀剁下去，即使剁不下头，至少还可以扯下它的尾巴吧。

粟裕没有同意这种建议，而是第二次创造战机。他用事先安排好的向西佯动，并通过在运河架桥以及在黄河筹集渡船，再次迷惑住了陈诚，导致对方信以为真，于是李仙洲很快又把头全部伸出来了，这次就缩不回去了，因为粟裕的刀已经剁下来了。

但是粟裕还不满足，他是个完美主义者，不想打一场城池攻坚战，于是就有了第三次创造战机：把敌人从莱芜城中全部请出来，而后再将其歼灭在野外运动的途中。为了减少我军不必要的牺牲，并且尽快结束战斗，叶飞在粟裕的授权之下网开一面，给了李仙洲一个能够在野外运动途中被歼灭的“痛快”机会，于是才制造出了莱芜战役的完胜机会。

此战之后，王必成部的战斗力迅速恢复，陶勇所部也已经痊愈，何以祥部也得到了阻击战的经验，加之王建安部和许世友部这两只“小老虎”初战告捷，于是就为接下来的孟良崮战役胜利奠定了坚实的基础。

军争第七

将帅在第三时间做好完成总攻的工作

孙武想要在“最短的时间”里完成吴楚之战的作战任务，在完成了第一时间进入状态和第二时间创造战机的工作之后，最后还得在第三时间做好完成总攻的工作，这就意味着公元前五〇六年吴楚之战进入到执行阶段时，在时间管理上，孙武最后必须在第三时间做好以下三个方面的工作：

第一，降低风险到位，须要做好风险教育和安全督查这两篇文章。

第二，聚而歼之到位，须要做好风行雷厉和分进合击这两篇文章。

第三，指挥灵活到位，须要做好掌握节奏和按时完工这两篇文章。

据此，笔者将《军争第七》分为四个小节，并推荐以下句读方式和白话演绎，此外，还建议参考粟裕在孟良崮战役中所做的第三时间完成总攻工作相关。

7.0. 凡用兵之法，将受命于君，合军聚众，交和而舍，莫难于军争。军争之难者，以迂为直，以患为利。故迂其途，而诱之以利，后人发，先人至，此知迂直之计者也。

7.1. 故军争为利，军争为危。举军而争利，则不及；委军而争利，则辎重捐。是故卷甲而趋，日夜不处，倍道兼行，百里而争利，则擒三将军，劲者先，罢者后，其法十一而至；五十里而争利，则蹶上将军，其法半至；三十里而争利，则三分之二至。是故军无辎重则亡，无粮食则亡，无委积则亡。故不知诸侯之谋者，不能豫交；不知山林、险阻、沮泽之形者，不能行军；不用乡导者，不能得地利。

7.2. 故兵以诈立，以利动，以分合为变者也。故：其疾如风，其徐如林，侵掠如火；不动如山，难知如阴，动如雷震。掠乡分众，廓地分利，悬权而动，先知迂直之计者胜，此军争之法也。

7.3.《军政》曰："言不相闻，故为鼓铎；视不相见，故为旌旗。"夫金鼓旌旗者，所以一民之耳目也。民既专一，则勇者不得独进，怯者不得独退，此用众之法也。故夜战多火鼓，昼战多旌旗，所以变民之耳目也。故三军可夺气，将军可夺心。是故朝气锐，昼气惰，暮气归。故善用兵者，避其锐气，击其惰归，此治气者也。以治待乱，以静待哗，此治心者也。以近待远，以佚待劳，以饱待饥，此治力者也。无要正正之旗，勿击堂堂之陈，此治变者也。故用兵之法：高陵勿向，背丘勿逆，佯北勿从，锐卒勿攻，饵兵勿食，归师勿遏，围师必阙，穷寇勿迫。此用兵之法也。

（《孙子兵法·军争第七》）

按照用兵的法则，从将领接受命令于君主开始，然后调集各路人马，一直到交战双方最终签订和平盟约休战罢兵为止，这中间没有一个时段比总攻更困难的了。

总攻之所以困难，是因为不仅需要选择最曲折的道路作为穿插迂回的坦途，而且需要选择最致命的危机加以利用。

所以，须用迂回穿插的办法去包抄敌人的后路；

同时，抛出迷人的饵料诱敌冒进以争取时间；

这样，虽然晚于敌人出发但能先于敌人到达。

这样的将领才是知晓迂直之计的人。

第一步≫ 降低风险到位

虽然总攻的任务是夺取胜利，但是总攻的时刻却充满危急。

出动全军去争夺胜利，却不能及时达到预定位置；

出动精锐去争夺胜利，辎重可能完全被敌人夺去。

因此，卷起甲胄赶赴前线，日夜不停，倍道兼行，

急行军一百里去争夺胜利，就有三军将领全部被擒的风险，因为强健者领先，虚弱者落后，其规则是只有十分之一的兵力赶到；

急行军五十里去争夺胜利，就有损失前军将领的风险，因为其规则是只有一半的兵力赶到；

若急行军三十里，只有三分之二的兵力赶到。

因此，必须正视总攻时段的风险：

军队没有辎重，就会有灭亡的危险；

军队没有粮食，就会有灭亡的危险；

军队没有委积，就会有灭亡的危险。

所以，

在不清楚诸侯之图谋的情况下，不能草率结交；

在不清楚山林、险阻、沮泽之地形的情况下，不能草率行军；

在不使用向导的情况下，不能利用好地形。

第二步≫聚而歼之到位

在战争中，

用诈伪作为自己生存的手段，

用利益作为调动敌人的手段，

用分合作为攻防转换的手段。

在围歼时，

对部队的要求是：

担负包抄任务的将士能够像无孔不入的风一样在迂回路线上穿插到位，

担负围困任务的将士能够像无路可走的林一样在围困阵地上

盘根错节，

担负歼灭任务的将士能够像无坚不摧的火一样在主攻阵地上星火燎原，

担负阻击任务的部队能够像无可逾越的山一样在阻援阵地上顶天立地，

担负迷惑任务的部队能够像无以窥探的夜一样在迷魂阵地上昏天黑地，

担负掩护任务的部队能够像无法挽留的雷一样在转移路线上惊天动地。

对将领的要求是：

一要区分好开进路线以利于分进，

二要划分好作业区域以利于合击，

三要掌握好预备兵力以便促进战局转变和应付紧急情况。

总之，谁先看透对方的迂直之计，谁就能夺取胜利。

第三步≫ 指挥灵活到位

《军政》上说："言不相闻，故为鼓铎；视不相见，故为旌旗。"大凡金鼓旌旗等指挥器材，是用来专一众人耳目的。

众人耳目既然专一了，那么勇者不得独进，怯者不得独退，这就是指挥上的要求。

所以夜战多火鼓，昼战多旌旗，这些布置是用来应对众人耳目的共性。

所以三军可夺气，将军可夺心。

由于朝气锐，昼气惰，暮气归，因此善于指挥的人，避其锐气，击其惰归，这属于治气的诀窍；

以治待乱，以静待哗，这属于治心的诀窍；

以近待远，以逸待劳，以饱待饥，这属于治力的诀窍；

无要正正之旗，勿击堂堂之陈，这属于治变的诀窍。

所以，尽快结束战斗的诀窍是：

高陵勿向，背丘勿逆，佯北勿从，锐卒勿攻，饵兵勿食，归师勿遏，围师必阙，穷寇勿迫。这是为了——

避免总攻计划“流产”、防止总攻计划“难产”、确保总攻计划“顺产”的宝贵经验，有利于节省时间，同时有利于减少牺牲，进而有利于扩大战果。

蒙阴大反攻

“不 迷”之 战

蒙阴大反攻是粟裕“谱曲”的第七场歼敌过万的运动战案例，其“曲制”如下：

第一“乐章”：第一、第四、第九纵队首战张灵甫于汶水河谷。请注意，粟裕为张灵甫预订的“包间”在坦埠以南至孟良崮以北的汶水河谷。按照粟裕预定的计划，担负东线迂回穿插任务的第九纵队第二十五师七十三团和随后跟进的七十五团，应在五月十四日黎明到达孟良崮北麓的唐家峪子和隽家庄子集结，然后居高临下控制孟良崮北麓，切断张灵甫回撤孟良崮的退路。而在十四日上午张灵甫发觉异常而打算冲出“包间”南窜之时，不仅发现身后的“房门”已经被关上了，而且还发现第一纵队已经守候在西边的“窗外”。与此同时，在夏蔚待命的特纵野炮团开始向西移动，并且如遇必要，可在下午三时投入战斗。可想而知，至十五日黎明，动弹不得的张灵甫部已经所剩无几。正因为如此，在穿插行动开始之前的数小时，也就是十三日上午，陈毅、粟裕、谭震林联名致电毛泽东并转刘伯承和邓小平，报告了华东野战军围歼敌整编第七十四师的决心和计划："我们今晚（十三日十七时开始）集结一、四与八、九纵向七四师出击，于明晨（十四日九时之前）完成包围。战斗约需两三天，待歼灭七四师后再视机扩张战果。"显而易见：王必成第六纵队本来无缘担当围歼张灵甫师的主攻任务，因此粟裕调王必成的用意，必定是为了满足"视机扩展战果"的需要；至于"两天"时间这个最乐观的估计，乃是指正常情况之下，张灵甫师将被我压制在汶水河谷这个低洼地带，待到特纵野炮团投入战斗，不出二十四小时就可以基本上结束战斗。——歼灭张灵甫师的任务将在十五日黄昏之前全部完成。为了确保能将张灵甫部歼灭在"包间"里面，慎重初战的粟裕，唯恐华野第九纵队第二十五师不能按时到达预定位置，故而特意设了一个"双保险"：派遣第八纵队抢占芦山、孟良崮等制高点，假如第八纵队因路远而来不及赶到的话，责成第九纵队肩负预备队任务的第二十六师，代替第八纵队先行抢占雕窝等有利地形，即务必在十四日中午前迂回穿插到孟良崮上，抢占各制高点，从而掩护第八纵队夺取芦山制高点并且构筑第二道封锁线；万一出错，则还有西线迂回穿插过来的第一纵队第二师可以赶来补位。

第二"乐章"：第一、第四、第六纵队合击黄百韬于蒙阴城东。为"扩张战果"，粟裕在十四日这一天不会急于把张灵甫师全歼，而是留下点"饵料"把黄百韬这条"鳝鱼"完全调动到孟良崮西北麓的圈里地区，这样一来"黄鳝"再滑也溜不掉了。得知张灵甫被我压制在孟良崮北麓的汶水河谷之后，不想受处分的汤恩伯就只有一种选择——不得不命令黄百韬李代桃僵——立即拼全力向东攻击；不想被枪毙的黄百韬也只有一种选择——将防守蒙阴城的整编第六十五师拉出来垫背，否则自身难保。于是心领神会的叶飞抓住战机，半推半就地把黄百韬“谦让”到孟良崮西北麓的低洼地带，同时还将乘虚而入配合王必成夺取兵力空虚的蒙阴城。于是这两个师的敌援，将在随后的两天时间里，遭到第一、第四、第六纵队的分割包围，就歼于蒙阴城东南到孟良崮西北的低洼地带，而从新泰赶来的胡琏整编第十一师将被我堵在蒙阴城外。歼灭整编第二十五师、第六十五师以及夺取蒙阴城的任务将会在十七日全部完成。

第三“乐章”：第三、第六、第九纵队续歼整编第十一师于蒙阴以北。已输红了眼的顾祝同和蒋介石岂肯罢休，势必催促胡琏攻打蒙阴，并下令邱清泉放弃莱芜南下决战。于是粟裕命令何以祥率领第三纵队乘机切断胡琏整编第十一师撤回新泰的退路，会同第六纵队和已经休息了两天的第九纵队将整编第十一师围困在新泰至蒙阴之间，第一、第四纵队为预备队。鉴于汤恩伯的整编第七十四师、第二十五师、第六十五师都是在野外运动的途中被歼灭的，所以华东野战军的伤亡还不到一万人，因此还有足够实力续歼整编第十一师。考虑到部队连续作战多日，因此粟裕命令第三纵队、第六纵队和第九纵队利用优势兵力先围困整编第十一师两天，等到第一纵队和第四纵队休整两天以后，在野炮团的配合下，将整编第十一师扼杀在“摇篮”里。——歼灭整编第十一师的任务将在二十日全部完成。

第四“乐章”：在刘、邓大军抓捕邱清泉第五军于山东境内时，毛泽东推算着：首先，蒋介石投入山东的总兵力为四十五万五千人，第一笔减去敌整编第七十二师两万人，第二笔减去敌整编第七十四师两万六千人，剩下四十一万人；接着，第三笔减去敌整编第二十五师两万三千人，第四笔减去敌整编第六十五师二万人，剩下三十六万七千人；最后，第五笔减去敌整编第十一师二万五千人，蒋介石投入山东的筹码还剩三十四万人。假如命令饮马黄河的十二万刘、邓大军投入山东战场，加上粟裕手中尚存的二十四万人马，总共三十六万人，足以在山东境内围捕邱清泉的第五军，进而迫使蒋介石不得不选择“中盘投子认输”！

那么这其中取胜的把握有多大呢？分析结果是：要比淮海战役的取胜把握大。

我们不妨看一看一年以后的淮海战役。

在《粟裕文选》中，有这样一组关于淮海战役前粟裕辖下的兵力数据：

在战役之前各纵包括前后方官兵全部在内，计一纵二五〇五五人，二纵二六〇四五人，三纵二七二四五人，四纵二三六六五人，六纵二六零一一人，七纵二九〇一〇人，八纵二六八七四人，九纵三一〇九一人，十纵二九七二八人，苏北十一纵二五〇二九人，十二纵一三〇八六人，十三纵二六八七七人，渤纵一九一八五人，鲁纵一四〇四五人，广纵五五一五人，特纵一一一六四人，冀十一纵（王张）一五六五九人。每纵除去炮兵团、教导团，各纵直通信、侦察、警卫营，以及后勤机关和三个师直属队共约万人，因此每纵团以下的战斗人员（还要除去团营连各级杂务人员）则为数不多。①

由此可见，淮海战役之前，粟裕辖下的总兵力为十七个纵队共三十七万五千余人，假如不计入苏北十一纵、十二纵、十三纵、渤纵、鲁纵、冀十一纵、广纵这七个纵队的兵力将近十二万人，那么华野其余一纵、二纵、三纵、四纵、六纵、七纵、八纵、九纵、十纵、特纵这十个纵队的兵力为二十五万五千余人。

华野在蒙阴大反攻（孟良崮战役）前的兵力是二十七万五千人，这个数据是华野一纵、二纵、三纵、四纵、六纵、七纵、八纵、九纵、十纵、特纵这十个纵队加独立师的兵力总数，既不包括苏北十一纵、十二纵，也不包括划归粟裕指挥的冀十一纵，更加不包括此时还没有组建的十三纵、渤纵、鲁纵。

上述数据说明，粟裕在淮海战役中所投入的一纵至特纵这十

① 粟裕文选编辑组：《粟裕文选》，军事科学出版社 2004 年版，第 714 页。

个纵队的兵力，反而比蒙阴大反攻中投入的这十个纵队加独立师的兵力少了两万人。

在蒙阴大反攻时，刘邓率晋冀鲁豫野战军第一纵队、第二纵队、第三纵队和第六纵队共四个纵队饮马黄河，兵力为十三个旅、一个骑兵团及直属队共计十二万四千余人。但在淮海战役中刘邓投入总兵力也就是十二万人，然而在淮海战役中的十二万人，却除了包括原晋冀鲁豫第一纵队、第二纵队、第三纵队和第六纵队外，还包括了第四纵队、第九纵队、第十一纵队、第十二纵队。

由此得出，在蒙阴大反攻前，粟裕所部十个纵队二十七万五千人，加上刘邓所部四个纵队十二万四千人，将近四十万人，面对敌军投入山东的四十万五千人，是一百人打一百一十四人的概念，显然比日后一百人打一百三十三人（我六十万对敌八十万）的淮海战役在兵力上更有取胜把握，因为在地形和后勤保障上显然更加有利于我方。敌人的重装备在沂蒙山区难以发挥其威力，但在淮海战场上能够充分发挥其威力；敌人在沂蒙山区的补给线容易被我切断，而我在沂蒙山区属于补给便利的内线作战。即便敌人将鲁西南的兵力全部投入进来，我还有陈赓兵团的八万人作为预备队，何况孟良崮战役时的华野和刘邓都是兵强马壮：华野还没有遭遇两个月后的“七月分兵”，刘、邓大军也没有遭遇三个月后的跃进大别山，也就是说，蒙阴大反攻前的华野和刘、邓大军都要比淮海战役前的华野和刘、邓大军更加强悍。

遗憾的是，由于我三路迂回穿插部队均未能“其疾如风”地穿插到位，孟良崮高地因此被张灵甫抢占，蒙阴大反攻于是打成了孟良崮战役：

第一“乐段”：选好墓地。粟裕凝视地图，最终确定汶水河谷作为埋葬张灵甫的墓地。

第二“乐段”：创造战机。粟裕巧施妙计，诱使之前两度偷袭得手的张灵甫偷袭坦埠。

第三“乐段”：分进合击。粟裕锁定目标，命令第六纵队用两天两夜穿插张灵甫身后。

第四“乐段”：夺取垛庄。这是粟裕预先留下而本来不想用的胜负手，因故提前使用。

第五“乐段”：完成总攻。这是粟裕最终指挥部队攻上孟良崮的情节，最后安全转移。

得知孟良崮高地全部被张灵甫抢占，参加过平型关战斗同时也了解关家垴战斗的陈士榘参谋长明白，眼下的情况，绝非战前所预想到的那样——如同平型关战斗——把敌人压制在山谷，而是战前没有预想到的那样——如同关家垴战斗——把敌人包围在山顶，不仅手榴弹肯定扔不上去，而且炸药包势必伤着自己，甚至步枪、冲锋枪、机关枪的后坐力同样也会要我步兵的命，取胜的把握顷刻间微乎其微，失败的可能一下子摆在眼前，正因为如此，一位久经沙场、见多识广的纵队司令员，不愿意眼睁睁看着悲剧的上演，因此建议陈毅赶紧下令全军撤退。然而此时撤退也非易事！华野二十万部队以及数十万支前大军能往哪里跑？紧要关头，粟裕借助时间分析，说服陈毅"挪用"原本打算用以扩张战果的第六纵队，然后集中五个纵队的优势兵力围歼张灵甫，就算是"提前透支"用于扩张战果的"伤亡预算"，也要抢在敌人的援兵到来之前，攻上孟良崮，活捉张灵甫。最终，果然如粟裕预料的那样取得了成功，由此体现出了粟裕"动而不迷"的指挥能力，故而称之为"不迷"之战。

孟良崮战役于一九四七年五月十二日打响，五月十六日结束。在敌强我弱、敌众我寡的情况下，我军以伤亡一万两千人的代价，全歼整编第七十四师二万六千人（战前张灵甫将其三个补充团留在临沂训练），此外打死打伤和俘虏敌人增援部队六千人。

《军争第七》指出了第三时间完成总攻的三个环节：降低风险到位；聚而歼之到位；指挥灵活到位。

为进一步加深对此的理解，特推荐大家参考《粟裕战争回忆录》第十四章《英雄孟良崮》。以下是《英雄孟良崮》的片段摘录以及笔者对此所作的一些剖析。

……

从四月初到五月初是一个创造战机的过程。我军放弃出击郯城、马头、新安镇；放弃打击进犯临蒙公路之敌；撤了对进占新泰之敌的包围;以及回师鲁中等一系列行动,不仅在一定程度上消耗了敌人,而且大大迷惑了敌人,促成了敌人的错误判断。果然,蒋介石及其参谋总长陈诚误认为我军“攻势疲惫”,已向淄川、博山、南麻、坦埠、沂水、莒县之线退却。这样,五月中旬战机终于出现了。战机不是自然地出现的,而是通过我军的指挥得当,广泛机动,诱使敌人因应而动创造出来的。

这一段作战行动是非常必要的,不能同孟良崮战役割裂开来。孟良崮战机的出现,是这一段作战行动的结果,创造战机与出现战机是因果关系,没有前者就没有后者。两军相争,都力争主动,力避被动,以为有利战机是“守株待兔”可以得来的,那是违背战争指导规律的。

割歼强敌的决心和部署

……

我们决定:以五个纵队即第一、第四、第六、第八、第九纵队担任围歼任务;以第二、第三、第七、第十共四个纵队担任阻援任务。具体部署是:

……

战役决定于十三日黄昏发起。

五月十一、十二日,中央军委两次来电指示说:敌人已进犯,可选择好打的,歼灭其一两个军。究打何路为好,由你们当机决策,立付实施,我们不遥制。这些指示,充分体现了中央军委、毛泽东同志对前线指挥员的信任。我们于十三日发电上报军委并刘邓，报告了我们围歼敌七十四师的决心和计划："（一）七四师十一日开始向坦埠进攻，八三师在青驼以北跟进，二五师在蒙阴东南为其左翼部队，桂顽则在临沂东北汤头、葛沟。（二）我们今晚集结一、四与八、九纵向七四师出击，于明晨完成包围。战斗约需两三天，待歼灭七四师后再视机扩张战果。"

在这里我想指出，在后来的若干材料中，把我军捕捉孟良崮战机，说成是敌整编第七十四师孤军冒进、送上门来的。这种说法是不符合战场实际的，既没有反映敌军的作战企图和动向，也没有反映我军的预见和战役决策。由于敌人拟对我实施中央突破，敌第七十四师的态势势必稍显突出，但在战役发起前敌两翼部队距第七十四师仅四至六公里。上述说法，可能是由于不了解我们创造和捕捉战机过程的缘故，从我军通常采用的传统战法出发来臆想战场情况，这未免是"削足适履"，而且也把敌人想得过于愚蠢。

喜见贼师精锐尽

要把敌第七十四师从重兵集团中挖出来予以歼灭是艰巨的。实现战役决心的第一个关键是隐蔽我军意图，达成对敌第七十四师的合围。我担任主攻的五个纵队，出色地完成了各自的任务。

五月十二日晨，敌第七十四师由重山、艾山间渡过汶河，占领了黄鹿寨、佛山、三角山、马牧池等地，与我九纵一部激战于马山、迈逼山、大箭一线。十三日下午四时，该敌攻占了马山等地，距其主要攻击目标坦埠尚有七至十公里，踌躇满志，准备于十四日攻占该地。敌第二十五、第八十三师则分别进到旧寨、依汶庄地区。

面对敌军进攻，我第九、第四两纵队全力由正面抗击敌第七十四师。我第一纵队则利用敌军各求自保的心理，于十三日晚，以小部对敌第二十五师发起进攻，使该敌误以为自己受攻击而无暇他顾。我主力则利用山区地形实行迂回，从该师与第七十四师的结合部向纵深猛插，并抢占制高点。第八纵队以相同的战术从第七十四师与第八十三师之结合部插入，并夺取制高点。我第六纵队则从鲁南之白彦地区兼程向垛庄急进，以断敌退路。到十四日上午，我第一纵队一部逼近蒙阴城，构筑了阻击敌整编第六十五师之强固阵地，主力攻占了蛤蟆崮、天马山、界牌等要点；第八纵队攻占了桃花山、磊石山、鼻子山等要点；第六纵队于十四日晨到达距垛庄西南二十余公里之观上、白埠地区。而正面第四、第九纵队，经过激战，已推进到黄鹿寨、佛山，并攻占了马牧池、隋家店。我军对敌第七十四师的包围态势已大体形成。十五日拂晓，我第六纵队在第一纵队协同下攻占了垛庄，第八纵队则攻占了万泉山，三个纵队打通了联系，最后封闭了合围口；并构成了阻击第二十五、第八十三师的强有力的对外正面的坚强防线。

在这一个回合中，动用隐伏于鲁南的第六纵队，是关键的一着。第六纵队同敌第七十四师是死对头；记得当时我们命令该纵留在鲁南隐伏待机时，纵队司令王必成同志很担心打第七十四师时没有他们的任务。我对他说，你放心，打敌七十四师一定少不了你们。当时第六纵队距垛庄约一百公里之遥，一路山区，他们十二日接获命令后，立即收拢部队，急速开进，十四日即抵达垛庄附近。王必成同志后来曾以“飞兵激渡”来形容他们的这次行动，是不夸张的。这说明在战役指挥中设想可能出现的情况，走第一步就预想到第二步，有时要巧妙地预留伏笔，是灵活用兵的重要一着，此次我军诱敌深入，而又预伏第六纵队于鲁南待机，这着棋，一旦动起来，全盘就活了。

到十四日上午，敌第七十四师发现我军已迂回到他们的翼侧，有被包围的危险。便仓促收缩南撤，企图通向垛庄。但撤退中发觉垛庄已为我所占，只得退缩到孟良崮、芦山地区，并不得不把美式重炮和许多现代装备丢在山下，因而丧失了它现代化的“优势”。

……

在收拢部队、清点战果之时，我电台发现孟良崮地区仍有敌人电台活动，似有残部隐匿，我们立即严令各部清查毙伤俘敌实数。根据各部报告，我发现所报歼敌数与七十四师编制数相差甚大，即令各部继续进行战场搜索。当时山雨欲来，阴云密布，能见度很低。部队在严密搜索中又发现约有七千余敌隐藏在孟良崮、雕窝之间的山谷中，已开始集结，这说明我军搜索不严，同时也说明各部均能如实报告歼敌实数，不事浮夸，才得以发现这股残敌。于是我即令第四、第八、第九纵队立即出动兜剿。各部队不顾疲劳，复又投入战斗，十六日下午五时全部肃清残敌。至此，我们的战役意图得到完全实现。蒋介石的精锐主力、嫡系中的嫡系、整编第七十四师，悉数就歼。我们取得了战役全胜。我立即打电话报告陈毅同志，陈总在电话中兴奋地说：我在电话里向全体将士们祝酒致贺！

这次战役，我歼敌三万二千余人，彻底粉碎了敌统帅部“鲁中决战”的计划，严重挫败了敌对山东的重点进攻，极大地震动了蒋军内部，有力地鼓舞了全国人民的胜利信心，配合了陕北及其他战场的胜利攻势。战役结束后，敌第一兵团司令汤恩伯被撤职，整编第二十五师师长黄百韬、第八十三师师长李天霞等也受到处分。蒋介石多次痛心疾首地说：“孟良崮的失败，是我军剿匪以来最可痛心最可惋惜的一件事”；“真是空前的大损失，能不令人哀痛”；“必须等到我们全军一番起死回生的改造之后，乃能作进一步的打算”。王耀武表示“对七十四师之失，有如丧父之痛”。蒋介石等的哀鸣，说明了此役给敌人打击之惨重，而所云“起死回生”，不过是一场幻梦。后来的事实证明，经过孟良崮战役，敌人虽仍未放弃对山东实施重点进攻的计划，但其进攻的势头已经被打掉了，并且从上到下真正地被我们打怕了。

……

现在，我想以一九四七年五月二十二日新华社的时评来结束这段回忆。时评写道:“华东人民解放军和华东解放区的人民,在全国人民的爱国自卫战争中,担负的任务最严重,得到的成就也最荣耀。从去年七月到现在,华东人民解放军已经歼灭了蒋介石正规军五十个整旅(旅以下成团成营被歼灭的正规军及全部被歼的伪军、保安部队、交警、还乡团等均未计算在内)……蒋介石以近一百个旅使用于华东战场,欲以此决定两军胜负,这个主观幻想已接近于最后破灭。这次蒙阴胜利,在华东解放军的历史上更有特殊意义。因为:第一,这是打击了蒋介石今天最强大的和几乎唯一的进攻方向;第二,这是打击了蒋介石的最精锐部队(四、五个精锐师之一个);第三,这个打击是出现于全解放区全面反攻的前夜。和这个胜利同时,东北、豫北、晋南、正太等地,强大的反攻正在展开。”①

从孟良崮战役中,可以清楚地看到运动战的战术手段:一手抓围歼,一手抓阻援;两手都要抓,两手都要硬。其中:以五个纵队担任围歼任务;以四个纵队担任阻援任务。这就是笔者为什么把孟良崮战役放在与“军争第七”对应位置的原因。

遗憾的是,由于第八、第九纵队这两只“幼虎”未能“其疾如风”地穿插到位,兼之所遇到的对手不是韩德勤手下的人,而是蒋介石

① 粟裕:《粟裕战争回忆录》,解放军出版社1988年版,第489—506页。

五大王牌中的第一主力，因此被张灵甫抓住我西线部队未能补位的失误，建制完整地抢占了全部孟良崮有利地形，迫使粟裕只能“提前透支”用以扩大战果的“伤亡预算”和时间，黄百韬、胡琏和邱清泉这三条漏网之鱼就这样得以延期到淮海总决战中才被一网打尽。

由于《粟裕战争回忆录》不是从“谱曲”的角度来阐述本战役，而是从“指挥”的角度来阐述本战役，因此在《粟裕战争回忆录》中没有指出东线两支迂回穿插部队未能按时先敌抢占有利地形的记载，但是我们不难发现，雅号“图痴”的粟裕，为张灵甫预定的“包房”肯定是在坦埠以南、孟良崮以北、重山村以东、马牧池以西的汶水河谷，而不可能把孟良崮高地作为预定“包房”的。

那么第九纵队为什么没有迂回穿插到位呢？

在《第九纵队孟良崮战役总结》中是这样记载其迂回作业和穿插作业情况：

1. 翼侧包围迂回：

(1) 十三日十七时奉华野令，坦埠以南阵地全交四纵接替。十七时随集结于黄连官庄一带待命。

(2) 以二十五师两个团，经蓝石山、董家庄插马牧池，二十六师全部经四脉山、西墙峪、虎存顶，插马牧池以南，该两师部队第一步皆以马牧池为迂回攻击目标。

其一、二十五师七十三团于十三日十九时三十分，由下里庄出发，经翁城子、黄草庵，首攻团园墁，尔后直取三三零、五二〇、长山、宝山、老虎顶，如马牧池仍有敌，着一部控制老虎顶，主力向马牧池压缩攻击前进。

其师部率七十五团跟进。

其二、二十六师全部分三路，由西牛坪于十三日十七时三十分，取远距离之长途迂回包围之势，运动开进，七十八团于右路，七十七团于左路，师部率七十六团位中央，并命七十八团于占百文山后，留一部控制之，主力渡河西向牧虎山，七十七团于攻占燕子山后留一部分控制之，亦渡河西进，抢占大老峪西山。

其三、二十五师七十五团，于十四日拂晓进至宝山、长山、老虎顶、高寨一带。二十六师之七十七团、七十八团，迂回途中略有迟滞，对拂晓前将顽敌形成包围之战役企图，了解不明确，行动表现了不够大胆，当然路程远亦系原因，未能按规定时间到达指定位置。十四日六时三十分才到达汶河岸。

2. 压缩敌人：（十四号拂晓开始）

(1) 七十三团二营于十四日三时经隋家店渡河，向满富庄西南大老峪攻击。该营于十四日十一时，沿途驱敌，于十一时占领黄石山，十一时二十分占领大老峪西山。

敌五十八旅搜索连正由虎崖向北渡河，七十三团三营正于汶河徒涉中，此时与敌遭遇，该营掌握与运用了遭遇战斗之基本原则，占领阵地先敌开火，乘敌混乱将其全部击溃并跟踪追击，于八时三十分占领牧虎山。一营攻三三零高地，于十二时将守敌击溃，亦进占之。该团二营于占领大老峪西山后，将部队撤下来喝水，敌乘机向我组织反击，幸七十六团打垮敌人三次反击后，终将大老峪各高地配合七十八团全部控制。

(2) 十四日下午三时，令二十六师一部首先控制赵家城子，将敌溃窜道路斩断，尔后集中力量攻雕窝与孟良崮。

当日十六时，该师即令七十六团全部附七十八团一个营，向赵家城子积极猛攻，七十七团作西进当阳方向之准备。攻赵家城子部队未遇敌顽抗，于十七时三十分将赵家城子全部控制，敌向雕窝、孟良崮逃窜。

(3) 十四日上午，令二十五师于控制大老峪西山后，主力向胡家沟、后艾山方向进攻压缩敌人。

该师于下午十六时，令七十三团出大老峪西山，经李林直取胡家沟、唐家峪子一带，七十五团随后跟进，经王石垛、赛家庄并控制艾山，七十四团集结大老峪待命。

七十三团于十五日三时许未遇敌抵抗，即将胡家沟一带山地控制，除留一部控制该线外，主力集结于唐家峪休息（该团将方向弄错，本应于唐家峪集结待命）。七十五团亦于同时进至指定地位，并控制之。

我纵经以上节节追击，步步压缩，尤于王山、大老峪西山皆与敌经数次争夺，十五日三时许，压缩包围任务终告竣成。[①]

第九纵队第二十五师七十三团本应于孟良崮北麓的唐家峪集结待命，由于将方向弄错而在大老峪东麓的朱家峪集结待命。此唐家峪与彼朱家峪是“两户人家”，别看“两户人家”都面对着汶水河，但是并不在同一座山上，而且相距十公里。七十三团跑错“家门”，随后跟进的七十五团便跟着出错。这也难怪，因为汶水从孟良崮北麓一江春水向东流，流到艾山脚下，来了一个九十度的大转弯，然后沿着大老峪东麓向南流。就是这个大转弯把从来没有打过山地运动战的七十三团转糊涂了：话说七十三团团长孙同盛一口气登上大老峪制高点，回身遥望那汶水方向，就是找不到整编第七十四师的影子，及至他发现今天的太阳怎么是从北边升起而后明白这是不可能的时候，就中暑倒下了；等到孙团长最终醒过来的时候，有利时机已被耽误。有兴趣的读者不妨参阅一下孙同盛团长的回忆录《学习战争》，然后便知道以上描述大致属实。至于第九纵队第二十六师那边，“迂回途中略有迟滞，对拂晓前将顽敌形成包围之战役企图，了解不明确，行动表现了不够大胆，当然路程远亦系原因，未能按规定时间到达指定位置”。由此可见，第九纵队第二十五师和第二十六师的问题，都出在没有“其疾如风”地穿

① 中共山东省委党史资料征集研究委员会、中国临沂地委党史资料征集委员会合编：《孟良崮战役》，山东人民出版社 1987 年版，第 239—241 页。

插到位！

这也难怪，因为第九纵队没有黄桥战役、天目山战役等运动战的经验。这不，第八纵队同样也是第一次参加运动战，所以也未能先敌抢占芦山高地，因此第八纵队从十四日开始到十六日为止主要就做一件事情，从敌人手里把芦山夺下来。

也许有人要说了，第一纵队在宿北战役中通过积极“抢断”逢凶化吉，后在莱芜战役中通过及时“补位”化险为夷，但是这一回为什么只见第一纵队积极“抢断”而没见第一纵队及时“补位”呢？

对此，《第一纵队独立师孟良崮战役总结》中是这样记载的：

当时叶飞交给独立师的任务是：

深入敌纵深作战，切断沂蒙公路，腰斩七十四师与二十五师联系，及七十四师归路，并具体规定于五月十四日拂晓拿下天马山、界牌，十二时夺取垛庄与九纵会合，共同围歼七十四师。

据此独立师的计划是：

以一团为第一梯队，二团为第二梯队，三团为预备队。全师于十三日十八时在南平、黄土崖附近集结，十八时半，沿南平、东里庄、荆汶之线横跨汶河，直插天马山、界牌之线，并具体授命前卫团，确保于十四日拂晓攻占天马山，得手后，顺势向界牌、垛庄推进，确于十四日十二时攻占垛庄，与九纵会师，完成纵队给予师之第一步作战任务。

但当独立师开进时却发生了意外情况：

十三日十八时半，师主力于南平附近沿预定开进路线往南挺进，至十四日五时(拂晓后约半小时)，前卫部队即攻占天马山，主力到达大小曹家圈及其以南地区集结，全程约八十余华里，由出发集结位置到达指定之第一攻占目标，时间共计十小时二十分钟。

前卫团开进至东里庄以南，全无向导。该团二营六连为尖兵。由该连干部以指南针及地图辨别方向，径直往南挺进，至十二日五时左右始到达蛤蟆崮，中途，因寻找向导延误时间一小时零十分。此点，因事前对向导之寻找与开进路线之侦察，均未周密组织检查，应由一团参谋处及师司参谋人员检讨负责(二团于连望崖找一个向导，一直带到天马山与界牌。该向导对路线完全熟悉，并对孟良崮南北山地地形亦很了解，此点亦实为该团干部对向导之寻找审查作了细致缜密工作)。

全程开进中，一团三营掉队两个完整建制连，掉队原因为该营营部支书与其余三个干部及四个担架班战士，在行进停止间倒在路旁睡觉，前进部队传来‘前进’口令，到四个担架战士之头一名时(是个聋子)，未听着，因此掉队，到十五日二十二时后始在北庄附近归建，其掉队时间共为二十一个小时，根本没有参加攻占天马山及北庄附近之战斗，其主要责任应由一团三营营部文书负责，指挥干部亦有责任。

对此深刻教训，独立师在其《总结》中就有如下体会：

深入敌纵深作战情况下，确实遵守开进时间与查明开进道路，尤其重要的一环是找好向导（要经审查的，且对作战地境之地形相当熟悉的），对争取时间，顺利进行作战有重要意义。此点虽为老生常谈，但具休往往出漏洞。十三日晚战役，我整个兵团如提前开进两小时（我预先按照纵队第二次指示进入东里庄以北平地集结），则覆浮山之敌可能全部为我歼灭，如当时前卫找好向导，一直跑步奔进，亦可能提前争取时间，到达指定攻击目标，不致使后尾友邻部队因天亮被迫不能通过（幸而当夜整个部队跑步四十华里，不然更无法挽救了）。另部队七时到达大小曹家圈，因当时对一、二团位置未能立即查清，致影响对一、二团执行任务数次变更，延误时间一小时，主要因为当时司令部通讯员传错，没有把该两团具体位置搞清楚，影响作战很大。

由此可见，独立师的问题出在“不用乡导者，不能得地利”上。

但是无论如何，第一纵队在接下来表现出了“其徐如林”的高超手段，以至于张灵甫与黄百韬始终无法靠拢。

即便像独立师那样已经积累了运动战经验的部队，也会在仓促之间出错，所以叶王陶与粟裕一样，都没有埋怨和责怪第八纵队和第九纵队的想法。然而穿插作业迟到了的第九纵队偏偏在打扫战场时还漏了七千残敌，直害得自尊心极强的许世友战后连孟良崮战役的庆功酒都没脸去喝，并从此背上了沉重的“思想包袱”而严重影响到以后的作战，这是后话。

那么，王必成为什么能够指挥第六纵队在孟良崮战役中大显神威呢？我们可通过王必成在《飞兵激战孟良崮》一文中的回忆，学习他是如何抓好战时管理工作的：

五月十二日中午，果然收到陈、粟、谭首长签发的十万火急电报，命令我纵接电后立即星夜飞兵、兼程北上，抢占垛庄，断敌退路，参加围歼敌七十四师的战斗。……我们得悉老冤家、死对头终于上钩了，围歼敌七十四师的时机到来了，非常振奋。同时，我们知道要在两昼夜行军二百余华里（两华里等于一公里），封闭合围口，掐断敌咽喉，任务是十分艰巨的。纵队几位领导同志商量以后，决定以十八师为左翼，十六师为右翼，纵队部率十七师居中路，以神速动作坚决断敌退路。这时部队还分散在几个地方，为争取时间，立即双管齐下，一面通知附近各师师长、政委到纵队接受战斗任务，一面派人去距离纵队部较远的部队传达战斗命令。因任务紧迫,各师边走边动员,要求全体共产党员、全体军事干部、政治干部,以先锋模范行动,带领全体战士不怕牺牲,不怕疲劳,不怕艰难困苦,发扬打得、跑得、饿得的英勇顽强的革命精神,完成彻底歼灭敌七十四师的光荣任务。

五月十二日黄昏时分,全纵回师向东北方向进军。沿途山峦重叠,道路崎岖,天上有敌机扫射,地上有小股敌人、土匪袭扰,而且粮草不足,困难是很多的。各单位充分发挥了我军政治工作的威力,边走边搞宣传鼓动,召开“飞行会议”,传递“飞行快报”,使部队始终保持旺盛的斗志。战士们在枪杆诗里写道:“迈开我们的飞毛腿,英雄铁脚走天涯。”各级干部身先士卒,主动让马、让干粮,帮战士扛枪、背背包。有的战士鞋子烂了,用破布、烂草包着脚行军,体弱有病的同志拄着拐棍翻山越岭,紧跟队伍。途中,我们来不及埋锅做饭,便以地瓜干、生花生米充饥;遇到河流,徒涉而过。所有部队的行军速度,都超过了预先的规定,提前赶到了预定地点。

我们纵队的第一步战斗任务是攻占临蒙公路上的垛庄。垛庄是敌七十四师的设防要点,是进攻我们沂蒙山区的交通孔道和后方补给点。这里有坚固的守备工事,两侧有强大的兵团保障,所以,敌人只留了一个辎重连守备。

我们考虑,垛庄能不能攻占得手,是完成对敌七十四师包围,尔后将它彻底歼灭的极其关键的一着棋。把垛庄拿到手,就掐住了敌七十四师的咽喉,将其置于死地;垛庄拿不到手,敌七十四师就可能从这里溜走。为此，我们派有攻坚战斗经验的十八师五十三团担负攻占垛庄的任务。十八师接受任务后，派五十三团四连立即出动，作开路先锋。

四连于十二日下午一时许，由鲁南白彦附近出发，昼夜兼程前进，十四日凌晨到达垛庄以南的彭家岚子。这时，与敌二十五师一个连迎头遭遇，遂即展开战斗，激战十几分钟便将敌人打垮。我四连乘胜猛进，占领垛庄西南岱山寺西侧无名高地，为五十三团进攻垛庄抢占了有利地形。

十四日下午五时，十八师主力部队全部赶到垛庄以南和东西长命一线集结，查明了垛庄和垛庄附近的敌情，并与左右兄弟部队取得了联系。此时，我第一纵队与第八纵队分别向敌七十四师两翼勇猛突击，插入敌人纵深，割裂了敌七十四师与左右两翼的联系，我第四纵队、第九纵队向敌七十四师当面迎头痛击，阻止了敌人前进，并从北、东、西三面将敌围住。十八师部队稍事休息，即在友邻第一纵队协助下，对垛庄发起了攻击。深夜，天空布满乌云，漆黑一团，正好趁机袭击。我十八师以五十三团两个营的兵力，从垛庄西面的寺后凹发起攻击，以五十三团一个营兵力，由沙屋后迂回到垛庄北侧，与攻击部队互相配合。敌人以为垛庄是他们可靠的后方，全没料到在他们背后会杀出一支奇兵。在我部队突然猛烈攻击之下，守敌束手无策，顽抗不到半小时，就被全部歼灭，于是垛庄被我占领。

敌第一兵团司令员汤恩伯发觉我有围歼敌七十四师的意图后，立即亲自打电话询问垛庄情况，指令七十四师务必派重兵死守垛庄。张灵甫在我向垛庄运动的同时，指派他的运输团长带领一千余人撤下山来，赶赴垛庄加强防务。哪知约在一个小时前，我已拿下垛庄。这股敌人进至垛庄以东，正好与我十八师前哨相遇。我前哨部队乘敌运动之际，突然猛烈开火，歼敌一部，活捉了敌运输团长。余敌狼狈逃窜。我军乘势攻击，夺占了垛庄附近的要点，与第一、八纵队打通了联系，封闭了合围圈。七十四师唯一的后路终被截断，被我一、四、八、九、六等五个纵队团团围困在以孟良崮为中心的狭长地带，成了瓮中之鳖。

……

当时，我纵奉命和友邻部队一起在敌侧后的两翼阻敌援军，一个是孟良崮的西南方黄崖山、狼虎山一线，协同第一纵队阻击敌黄百韬的整编二十五师；另一个是在孟良崮的东南方牛头山、大朝山一线，协同第八纵队阻击李天霞的整编八十三师。

东南方的敌八十三师，曾遭我军多次歼击，垛庄被我攻占后，他们非常恐慌，连忙由驻地双侯集向垛庄东南的青驼寺一带退缩。我们判断这支敌人战斗力比较薄弱，且与七十四师矛盾重重，增援被围的七十四师积极性不会太高，我纵以十七师五十一团一个团兵力，向南伸展，占领东、西果庄，控制大朝山、大望山等高地，以阻该师的可能增援；将十七师的四十九团和五十团两个团，向北攻击，以防止敌七十四师夺路逃窜。

西南方的敌二十五师则不同于李天霞的部队，他们在蒋介石的督令下，拼命增援。距孟良崮只有十多华里的黄崖山，是二十五师通往孟良崮的最后一道天然屏障，该敌一旦越过黄崖山，经一片开阔地，就能与七十四师连成一片。所以，我纵能不能抢占、固守黄崖山，也是关系到取得战役胜利的重要环节。这是一场硬仗、恶仗，我们把它交给了善于打山地阻击战的十六师。

十四日晚，在攻击垛庄的同时，开始了抢占黄崖山的战斗。我十六师命令四十八团火速向黄崖山一线搜索前进，务必先敌占领阵地，不惜一切代价拖住敌二十五师。此时，敌二十五师一部，也正向黄崖山一线急进，企图抢先通过黄崖山，从这里撕开一个口子，打通与敌七十四师的联系。次日拂晓，黄崖山上浓雾弥漫，两军同时赶到了山脚下，我由西坡向山上冲去，敌则从东坡向山上攀登。这是一场抢时间、比速度的激烈争夺战。我四十八团三营九连连长翟祖先率先头部队，不顾连续行军的劳累，攀悬崖，跨沟坎，越绝壁，冲破一切障碍，终于先敌一步抢占了制高点。他们往山下一看，只见一股敌人离山顶只有四、五十公尺了，在督战队的逼迫下，正在拼死拼活地往上爬。我先头部队迅速占领有利地形，以迅雷不及掩耳之势展开战斗，用六〇炮、轻重机枪、冲锋枪、汤姆枪一起朝敌群猛烈扫射，打得敌人鬼哭狼嚎，丢下尸体，仓惶退下山去。接着，我后续部队陆续赶到，黄崖山及附近的狼虎山、万泉山等要点也均被我控制。部队立即抓紧时间抢修工事，巩固阵地，以迎接更加艰巨的战斗。

十五日中午，敌二十五师乘我立足未稳，以两个营兵力，向黄崖山阵地发起了猛烈的攻击。他们在“只准进不准退”的逼令之下，用密集的队形，冒死向山上进行集团冲锋。我担任阻击的十六师令第四十七团接替四十八团的防务，控制、扼守黄崖山；四十八团则隐蔽、集结在大涧口一线，待机反击。当敌二十五师的两个营向我攻击时，我预伏于阵地两侧的部队，突然向敌侧翼出击，经一番白刃格斗，敌人纷纷被歼，滚跌到悬崖之下。

这天下午，敌再次进行集团冲锋。他们先对我第四十七团扼守的阵地进行疯狂炮击，山上我防御工事遭破坏，接着拥上来一个团的兵力，分成三路，齐头猛攻。我阻击部队虽进行英勇抗击，但前沿阵地终于被敌人突破，情势十分危急。在前沿阵地指挥的四十七团团长黄祖煌，迅速指挥一营和特务连跃出堑壕，迎着敌人冲上去。经过一场浴血奋战，敌人伤亡惨重，败退下去，我重新收复了阵地。狡猾的敌人在黄崖山捞不到便宜，便改换战术，从望海楼北侧迂回，向我左翼狼虎山、石屋山、老峪一线阵地进攻，妄图夺路通过，同样被我击退。

……

十五日上午八时以后，我纵担任主攻的部队继续投入了战斗。十七师投入主攻方向的两个团，密切配合友邻第八纵队向孟良崮的侧翼发起进攻。我十八师的五十三、五十四两个团在十五日上午八时，不顾敌机扫射、轰炸，在我军强大炮火支援下，向敌七十四师的外围阵地，横山、官山、大山场一线猛打猛攻，与敌展开激烈的争夺战。这时，纵队指挥所随着战斗的胜利发展，向前移动到十八师指挥所附近。我们在望远镜里看到两军激烈搏斗，如犬牙交错，一进一退，又一退一进，在山坡上彼此短兵相接，敌依赖飞机轰炸作掩护，拼命顽抗。但因两军扭打一团，敌机投弹常常落在他们自己的阵地或两军阵地之间，误伤他们自己的队伍，所以空军助战的效果不大，甚至帮了倒忙。经两小时艰苦奋战，我五十三团终于突破敌人的前沿阵地，将敌一个连消灭在阵地之前，夺占了横山、官山两个高地。我十八师五十四团也打得非常勇敢，他们在占领了滈子朗以后，即向东北方向连续攻击前进。当进至业家沟时，敌出动了两个营兵力猖狂反扑。敌人的反扑被击退后，敌我双方便形成对峙鏖兵局面。傍晚时分，我们决定集中兵力和火力，利用夜暗，采取突袭办法，对敌强攻，遂调整攻击力量，重新配备火力，给十八师加强了炮兵和机枪。晚七时许，我五十三团派出两个加强营由官山向西北攻击，配合五十四团攻歼业家沟、杨家庄敌人。我先以十分钟猛烈的排炮轰击，炸得敌阵地上碎石乱飞，浓烟滚滚，使敌人遭受严重杀伤，抬不起头来。我攻击部队便在强大的炮火掩护下，勇猛冲击，一举突入了敌人阵地，将守敌大部歼灭，残敌遂往东五四〇高地狼狈逃窜，接着，业家沟、杨家庄、大山场等阵地全部为我夺占。从而使敌人核心阵地孟良崮的侧背，完全暴露在我军面前。

……

十六日凌晨四时，浓雾沉沉，芦山、五四〇高地的敌人向东移动，有企图突围的模样。纵队指挥所获悉这一情况，立即下令接敌部队提前实施全线出击。我十八师五十二团以迅捷的动作，由马家庄向西五四〇高地攻击，直扑正在逃窜之敌。在我强大火力的打击下，敌人立即陷入混乱，大量就歼、被俘。我五十四团在朦胧的夜色中，由杨家庄一线向东五四〇高地展开攻击，敌不敢恋战，慌忙溃逃。我五十三团与十七师的四十九团，沿着横山东侧协助第八纵队向芦山攻击。芦山之敌一个整团，全部陷入我两面夹攻、猛烈炮击的火海之中。敌对我纵各路攻击部队虽进行了连续反冲击，但均被我一一击退。经反复争夺，孟良崮南面的屏障芦山，终于完全被我占领。

上午七时许，敌人已经精疲力竭，我纵主攻部队也已十分疲惫。在此关键时刻，我们使用了纵队的预备队，令特务团出击，协同五十二团和五十四团拿下东、西五四〇高地，冲上孟良崮，直捣敌巢。

几天来，特务团作战较少，干部战士早就憋着一股子劲，一接到命令，全团就像离弦之箭，直楔敌阵，不到两个小时，就拿下了西五四〇高地西侧的二八五高地。敌趁我立足未稳，组织五百多人的兵力，在敌机掩护下，向特务团反扑，妄图收复二八五高地。为了避免敌空中火力杀伤，我特务团迅速向前运动，展开近战，与反扑之敌撕扭一团，将敌人打得七零八落，击毙一百余人，生俘二百多人，打退了敌人的反扑。接着，我特务团乘胜前进，和五十二、五十四团密切配合，相继拿下了东、西五四〇高地。

时近中午，在我华野各路大军的合力围攻下，孟良崮周围的主要制高点全被我占领，残余的敌人以及大批的辎重、骡马都退缩、堆集到磨盘似的孟良崮顶和六〇〇高地等光秃秃的山头上。这时，我们清楚地看到，敌人已经到了弹尽粮绝、走投无路的绝境了。我们的每一发炮弹，都要打死打伤敌人一大片人马，他们绝望的哀号声，互相践踏的叫骂声，都可以隐约听到。敌空军投掷下来的弹药、熟食、饼干、罐头、水囊等等物资，绝大部分落在我军的阵地上。战士们望着飘落下来的降落伞，吃着敌人送来的食品，风趣地说："蒋介石不愧是称职的运输大队长，派黑寡妇(指敌机)送饭可真及时呀!"

下午二点钟，总攻开始了，我军榴弹炮、山炮、野炮，从四面八方飞向敌人阵地，把山顶、山崖和人马全都淹没在硝烟烈火之中。嘹亮的冲锋号声在山谷里震荡，合着枪炮声、呐喊声汇成一片。我各路大军以排山倒海之势，从四面八方向孟良崮压来。我特务团首先突破孟良崮西侧，直取敌七十四师指挥所所在的山洞。绝望的张灵甫急令他的参谋长魏振钺率一千多人冲到山腰，拼命阻止我特务团前进。我特务团指战员奋勇迎战，猛扑过去与垂死顽抗之敌展开激战，冲上去，被压下来，又冲上去，又被压下来，经过反复拼杀，将敌一部歼灭在山坡上，大部被我俘虏，生擒敌参谋长，乘势向敌指挥所的山洞逼近。一营三连指导员邵至汉冲在最前边，他身上多处负伤，仍然坚持战斗，率领部分战士首先攻至洞口，恰遇张灵甫的卫队长带领一百多名亡命之徒，从洞中冲出。敌占据洞穴、石岩、山缝，作困兽犹斗，邵至汉同志不幸身中数弹，英勇牺牲。我三连干部、战士怒火满腔，奋不顾身，用抵近射击和白刃战消灭了敌人，击毙了敌卫队长，控制了洞口。后续部队赶到后，立即集中火力向洞内猛烈射击，子弹像雨点一样向洞内倾泻，手榴弹如冰雹似的砸向洞中，洞内鬼哭狼嚎，战士们一拥冲进了敌指挥所内。只见洞内尸体狼藉，血污满地，张灵甫已被击毙。①

借用体操比赛的术语，继叶飞第一纵队在莱芜战役中夺得第一个“十分”之后，王必成第六纵队就这样在孟良崮战役中也夺得了一个“十分”，一年之后，在淮海战役中，也就是在围歼蒙阴大反攻中的“三条漏网之鱼”时，陶勇第四纵队夺得了第三个“十分”。——这三个“十分”就是华东野战军各纵队在解放战争中所夺得的三个满分成绩。

---

① 中共山东省委党史资料征集研究委员会、中国临沂地委党史资料征集委员会合编：《孟良崮战役》，山东人民出版社 1987 年版，第 316—326 页。

在时间管理上，王必成第六纵队九个团无不提前到达指定位置，这就是王必成第六纵队能在孟良崮战役中大显神威的重要原因。

王必成绰号“王老虎”。老虎是占山为王的主，因此粟裕在抗战期间就把王必成安排在江南山区打游击。由于长时间锻炼山地战，故而山地运动战的功夫超过了叶飞和陶勇，因此在孟良崮战役中大显神威也就不足为奇了。

神奇的是，三十年后的一九七九年，相似的一幕再次重演：王必成带了数年的昆明军区部队，在临阵换将的情况下，干净利落地杀入敌阵，干净利落地歼灭敌人，干净利落地撤退回国，从中我们再次领略到了孟良崮战役中的那一支“天兵天将”的神勇。

鉴于首战未能在第三时间按时“交卷”，并且时间、物资、体力和伤亡预算出现了严重透支，因此，陈毅决定放弃续歼黄百韬的计划，见好就收。孰料接下来发生的大转折，不仅严重影响了其后的战局，而且还严重影响了以后的历史，因为孟良崮战役中暴露出来的行动上的问题恰似露出水面的冰山一角，隐藏于其下的思想上的问题，远远超出想象。

第四篇

大勇

——最小的牺牲

九变第八

将帅在战场之上做好避免被动的工作

孙武想要用“最小的牺牲”完成吴楚之战的作战任务，首先就得在战场之上做好避免被动的工作，这就意味着公元前五〇六年当吴楚之战进入到执行阶段时，在战场管理上，孙武首先必须做好以下三个方面的工作：

第一，一切从实际出发，这是一篇“责无旁贷”的文章，用来回避可能的被动——不给敌人创造条件；

第二，凡事做最坏打算，这是一篇“胆大心细”的文章，用来提防意外的挨打——不给敌人制造机会；

第三，一定要留好退路，这是一篇“义不容辞”的文章，用来杜绝最大的牺牲——不让自己全军覆没。

据此，笔者将《九变第八》分为三个小节，并推荐以下句读方式和白话演绎，此外还建议参考粟裕在沙土集战役中所做的在战场上避免被动的工作等相关。

8.1. 凡用兵之法，将受命于君，合军聚众，圮地无舍，衢地交合，绝地无留，围地则谋，死地则战；涂有所不由，军有所不击，城有所不攻，地有所不争，君命有所不受。故将通于九变之利者，知用兵矣；将不通于九变之利者，虽知地形，不能得地之利矣；治兵不知九变之术，虽知五利，不能得人之用矣。

8.2. 是故智者之虑，必杂于利害。杂于利而务可信也；杂于害而患可解也。是故，屈诸侯者以害；役诸侯者以业；趋诸侯者以利。故用兵之法，无恃其不来，恃吾有以待也；无恃其不攻，恃吾有所不可攻也。

8.3. 故将有五危：必死，可杀也；必生，可虏也；忿速，可侮也；廉洁，可辱也；爱民，可烦也。凡此五者，将之过也，用兵之灾也。覆军杀将，必以五危，不可不察也。

（《孙子兵法·九变第八》）

第一步≫ 实际出发到位

根据用兵的基本法则，从将领受国君之命集合队伍开始，必须牢记的事情是：

遇到运输不畅的圮地不要安营扎寨，以免物资供给上陷于被动；

遇到看人脸色的衢地要搞好关系，以免外交上陷于被动；

遇到远离根据地的绝地不要停留不动，以免声势上陷于被动；

遇到易守而难攻的围地就要开动脑筋，以免战机上陷于被动；

遇到走投无路的死地就要激战不止，以尽快摆脱全军覆没的厄运。

那些走过之后会陷我方于被动的路线，千万不要去走它；

那些打过之后会陷我方于被动的敌军，千万不要去打它；

那些攻过之后会陷我方于被动的城池，千万不要去攻它；

那些争过之后会陷我方于被动的土地，千万不要去争它。

总之一句话，为了避免我方在战场上陷于被动，不合适的用兵策略哪怕是国君有令，前线的将领也有权不执行。

所以，将领唯有通晓上述九变的真实意图是为了避免战场上的被动，预防被敌人分而歼灭，才可谓知道用兵；

反之，将领若不通晓以上，即使知道地形之优劣，也不能争取到战场上的主动；

训练部队不知道上述九变是前线将士责无旁贷的专权，即便知道五个战术参数可以遏制战斗力，也不能充分发挥指战员的潜在战斗力。

第二步≫ 最坏打算到位

智者的思虑，必然兼顾到战场上的各种有利因素与有害因素：

充分考虑各种有利因素，任务就可以完成；

充分考虑各种有害因素，祸患就可以化解。

因此，

能够委屈诸侯的“缰绳”是危害，

能够奴役诸侯的“鞭策”是事业，

能够驱使诸侯的“草料”是利益。

所以，用兵的防守法则是：

永远不要在战场之上寄希望于敌方不会过来，而要寄希望于我方有所认真对待；

永远不要在战场之上寄希望于敌方不会进攻，而要寄希望于我方有所不可侵犯。

第三步≫ 留好后路到位

从最坏的角度来说，对于将领而言有五种极其危险的情况：

喜欢玩命，极易被杀；

贪生怕死，极易被俘；

急于求成，不耐侮蔑；

廉洁清高，不堪辱没；

爱民心切，不胜烦恼。

所有这五种险情，既是将领性格上的缺陷，也是战场防守上的灾害。

军队覆灭、将领被杀，必然缘于这五种险情，不可以掉以轻心啊！

沙土集战役

“解 危”之 战

沙土集战役是粟裕“谱曲”的第八场歼敌过万的运动战案例，其“曲制”如下：

第一“乐章”：歼灭整编第五十七师。粟裕为摆脱战场上的被动局面，迅速组织了沙土集战役，率领所属部队取得了首歼整编第五十七师的胜利，计毙伤敌二千余人，生俘敌师长段霖茂以下七千五百余人，缴获榴弹炮、野炮、山炮二十余门，轻重机枪数百挺，尚有大批弹药和其他军用物资。我军伤亡仅二千三百余人。战役后，我军急需的人员、武器、弹药等都得到了补充，一个多月以来被敌人追着打的局面彻底扭转，粟裕由此稳住了战局走向，初步摆脱了战场上的被动。由于粟裕在外线打了胜仗，迫使蒋介石进一步抽调用来围困山东根据地的精锐部队，这就为接下来山东兵团重整旗鼓并且收复和巩固已经沦陷的山东根据地创造了有利条件，同时也为苏北兵团回到苏中并且收复和巩固已经沦陷的苏中根据地创造了有利条件，淮海战役第一阶段和第二阶段所需要的山东根据地供应的八千万斤粮食和苏中根据地供应的七千万斤粮食由此开始有了眉目。这是后话。

第二"乐章"：再打邱清泉部。粟裕目睹华野外线出击部队的真实状况后，最终放弃了歼灭邱清泉一部的打算，率领华野六个主力纵队开始了长时间的、艰苦卓绝的无后方作战和豫皖苏等根据地的建设，因为此时的华野外线出击部队实际上已经由华东军区"过继"给了晋冀鲁豫军区。但是鉴于晋冀鲁豫根据地养活自己"亲生"的部队都有困难，因此，就算是陈毅跑断了腿、磨破了嘴皮子，也不可能从他们那里借到足够补给华野外线兵团所需要的粮食弹药和兵源武器，所以毛泽东干脆就把东到运河、南到淮河、西到平汉铁路的黄河以南的沦陷区的开发权和经营权交给了华野外线兵团。因此粟裕不仅要自力更生，而且还要时刻准备着支援和照顾在大别山中的老前辈。及至淮海战役时，粟裕团队足足花了一年时间和精力重新开发和经营的豫皖苏根据地，承担了刘、邓大军的粮食补给、弹药输送和伤员的转运工作。若无豫皖苏根据地供应的六千万斤粮食，即便刘伯承想打淮海战役并且弹药很充足，也没办法解决淮海战役第一阶段和第二阶段时期中野十二万人马的吃饭问题，这也是后话。

沙土集战役是在华野面对无后方作战的不利条件，为了摆脱战场上的被动局面而进行的一场"一石三鸟"战役：既解外线之危，又救友军之困，同时助华东重整旗鼓，故而称之为"解危"之战。

沙土集战役于一九四七年九月七日打响，九月九日结束。粟裕以两千三百余人的伤亡，全歼国民党军整编第五十七师九千五百余人，加上阻援部队的歼敌数量，敌人伤亡总数超过一万人。

《九变第八》指出了避免战场被动的三个环节：降低风险到位，聚而歼之到位，指挥灵活到位。

为进一步加深对此的理解，特推荐大家参考《粟裕战争回忆录》第十五章《华东野战军外线出击和沙土集战役》。以下摘录其中一些片段并作适当剖析。

……

八月三十日，我们接到毛泽东同志来电：“现在欧震、张淦、罗广文、张轸、王敬久、夏威各部，均向刘邓压迫甚紧，刘邓有不能在大别山立足之势，务望严令陈唐积极歼敌，你们立即渡河，并以全力贯注配合刘邓。”

接到这个电报后，陈毅同志和我认为应立即下定决心，采用第二方案，争取早打。至于协同问题，可在战役之前力求周密组织，在战役中再及时协调。于是当即给陈唐发电，要他们执行第二方案。并于当日（三十日）下达了“西字第一号命令”：令第十纵队于九月三日晚由孙口（寿张南）、马庄（张秋镇西南）渡过黄河，四日晚完成对郓城之包围而攻占之。第六纵队于九月三日晚在张秋镇东南渡过黄河，四日晚进入梁山以南地区。野指于三日晚随第十纵队渡河，拟于六日进至郓城西南十五公里之王家楼与西兵团会合。

西兵团于八月三十一日以第一、第三纵队自成武、定陶地区北来，诱引敌整编第五师、整编第五十七师、整编第八十四师等部北犯；以第四、第八纵队及晋冀鲁豫第十一纵队，尾敌向北，拊敌之后。同时于四日晚以一个纵队进至巨野、郓城之间，以保障第十纵队攻郓城之安全。兵团主力于四日晚进至龙堌集、沙土集之线以北地区集结。

九月三日晚，我们率野直、第六、第十纵队渡河，四日渡完，五日在郓城及附近集结并与第一、第三纵队会合。至此，我华野第一、第三、第四、第六、第八、第十纵队、特纵及晋冀鲁豫之第十一纵队均已集结于沙土集南北地区，完成了集中兵力歼灭敌人的战役布局。

九月五日、六日，我找了西兵团一些同志谈话，对部队的思想情况作些调查。了解到多数同志对进入鲁西南，一直受敌人尾追，未能摆脱被动，憋了一肚子的气，求战心情甚切。有的干部发牢骚，编了一个顺口溜："运动战、运动战，只运不战。我走弧形，敌走直线，敌人走一，我们走三(指我军围绕曹县、单县打圈子，走的是圆周，敌人穿城而出，走的是直径)，昼夜不停，疲劳不堪。"有的同志说："这样下去，只有拖死；与其拖死，不如打死。"还有的同志说："鲁西南水多，泥鳅成了龙。吴化文过去是我们手下败将，现在居然敢跟着我们屁股追。"

在指挥员中，多数同志主张打。有的同志说："我们和敌人所处的天候、气象、地形条件是一样的，敌人能打，我们为什么不能打！”有的说：“曾几何时，我们在雨雪交加的鲁南，消灭了配属快速纵队的整编第二十六师，活捉了马励武；在沂蒙山区消灭了蒋军王牌军整编第七十四师，打死了张灵甫，如今反被我们手下的败将，迫得东奔西跑，真是窝囊。”

同时，我也了解到有的高级指挥员，对在当时条件下能否在鲁西南打歼灭战，有很大的顾虑，认为敌人多路尾退，密集靠拢，战机难寻；时值雨季，积水甚深，不便我军机动；没有后方，伤员安置困难。特别是部队减员多，消耗大，未得补充，实力大减。因此，主张休整一下，作较多的补充后再战。

我对这些不同反映进行了对比与分析，认为我华东的这几个纵队，第一次脱离根据地作战，又逢大雨和洪水，确有不少的困难，休整一下再打，当然好一些。但刘、邓大军告急，毛泽东同志电令我们迅速行动，积极歼敌，全力配合刘邓，这是全局。局部必须服从全局，我们再困难，也要自己克服，尽力争取早打。而且我们的困难只有在打了胜仗后才能解决。因为：

一、打好一个歼灭仗，就可以从敌人那里得到人员、弹药的补充。如果歼灭了敌整编第五十七师，根据过去作战的情况，敌我伤亡一般为三比一。照此推算，歼灭这个师，我们大约要伤亡三千至四千人。在歼灭敌人的数目中，一般毙伤占三分之一到四分之一，俘虏占三分之二到四分之三，可以俘虏七千余人。我们可以从中选五千以上补充部队，加上我们的伤员有些还可以归队。这样补入的人数超过伤亡的人数，还可以得到大量武器、弹药、粮食和药品的补充。

二、关于后方问题。九月二日，毛泽东同志来电指出："从你们自己起，到全军一切将士，都应迅速建立无后方作战的思想，人员、粮食、被服、弹药，一切从敌军、敌区取给。"而且鲁西南是老根据地，因几次拉锯，群众顾虑大，只有我们打好仗，才可以迅速恢复和建立起巩固的根据地来。

三、关于战机问题。西兵团进入鲁西南后，被敌人追了一个多月，造成敌人骄狂失慎。这次我第一、第三纵队诱敌北犯，敌人很可能分兵轻进，这样就出现了战机。而我第六、第十纵队渡河南来，突然投入战斗，出敌不意，取胜的把握很大。

四、至于部队的思想问题，实践已多次证明，打胜仗是解决思想问题的最好方法。当前部队虽然疲劳，但求战心切；实力虽然下降，但我军已高度集中，完全可以对敌人造成战役优势。

我把这些想法当面向陈毅同志陈述。他赞同我的意见，要我在六日晚上召开纵队领导干部会议，统一思想。

在会议上，不主张打的同志说了他们的想法，我也反复说明了早打的好处和取胜的条件。明确指出：只有打，才能有力地配合刘邓；只有打，才能扭转现在的被动局面；只有打，才能得到补充；只有打，部队才能得到休整；打好了，鲁西南根据地就能重建起来。

这是一次军事民主会议，经过讨论，大家的思想统一了。并且一致同意首先歼灭敌整编第五十七师，然后视情况，再歼灭整编第五师之一部。我们预期着新的胜利即将来临。

……

在我第一、第三纵队的诱引下，九月初敌开始北犯，其部署是以整编第五师为中央，自刘官屯、龙堌集一带向北攻击，整编第五十七师为其左翼，整编第八十四师为其右翼，其余各部为策应，积极协同配合。九月五日，整编第五师进至部城以南之雪家庄、富官屯、王老虎一线。整编第五十七师之六十旅进至郓城西南贾敬屯、邱家庄、徐家垓一线；该师之一一七旅则位于第六十旅之右侧。

……

九月七日，敌整编第五十七师积极北犯，与整编第五师之间出现了二十公里的空隙，我们抓住时机，发起攻击。令第一、第三、第六纵队向沙土集、双庙攻击前进，令第四、第八纵队由南向北发起攻击，实施南北夹击。敌整编第五十七师发现我军这一行动，迅速向南撤退，龟缩于沙土集地区。

沙土集一带，地形平坦开阔，我军广大指战员在无隐蔽的开阔地上英勇奋战，冒着浓密的炮火，勇往直前，士气十分旺盛。当天晚上，我军达成对整编第五十七师的合围。这时我们考虑到有第三、第六、第八三个纵队围歼沙土集之敌已经够用了，乃于九月八日晨，令第一纵队撤出战斗向北转移至刘庄、皇姑庵一带，第四纵队转移至龙堌集地区，一面监视警戒，一面准备下一步攻歼整编第五师一部。

八日这一天，沙土集之敌组织反扑。经一日之激战，除大王庄、魏庄两点又被敌占领外，沙土集外围之敌被我全部肃清。

沙土集有一道坚固的围墙和一道外壕，村外为平坦的沙质土地，易守难攻，敌人凭借这一围寨固守待援。

九月八日夜晚六时，我们对沙土集之敌发起总攻。经过半小时的炮火准备，第三纵队首先从北面突破沙土集围寨，进入村内与敌展开巷战。九日凌晨二时，第八纵队从东南方向突入，第六纵队从西北角突入，三个纵队逐步缩小合围圈，敌数次反扑及企图突围，均被我击退。我军一面猛烈进攻，一面展开政治攻势，促敌放下武器。该师中将师长段霖茂率一百余人化装逃跑，出围寨不远，被我俘虏，其余敌人纷纷放下武器。至九日凌晨三时，攻歼敌整编第五十七师之战胜利结束。

……

我们原决定在敌整编第五十七师被全歼后，连续作战寻歼整编第五师。但由于在我攻歼整编第五十七师过程中，整编第五师已将工事普遍加固，且该地区地形开阔，又正在雨季，不便我军攻击。原在莱芜之整编第七十五师，此时亦已赶至济宁，正向巨野前进中，情况已经发生变化。同时，我部队前段体质下降，十分疲劳，不宜再打。我们遂决定胜利结束战役。

此仗打得干净利索。敌整编第五十七师师部及其所辖之两个旅全部被歼,并给援敌以相当的杀伤。计毙伤敌二千余人,生俘敌师长段霖茂以下七千五百余人,缴获榴弹炮、野炮、山炮二十余门,轻重机枪数百挺,尚有大批弹药和其他军用物资。我军伤亡仅二千三百余人。战役后,我军人员、武器、弹药都得到了补充。

沙土集战役,是我军在外线敌人统治区内,在天候、地理不利的条件下,调动敌人,捕捉战机,集中兵力,打的一个歼灭战。

从战役指挥的角度来说,它提供我们这样的经验:当战局出现被动时,战争的指导者应冷静、客观地分析敌我形势,充分发展有利于我,不利于敌的种种因素,并积极发现、捕捉和创造战机,及时定下决心,采取正确的部署,并坚决果断地予以实施,以迅速克服被动,夺取主动。

沙土集战役前变被动为主动的关键是处理好打和走的关系。

“打得赢就打,打不赢就走”,这是对我军灵活机动的战略战术的高度概括,同时又是避免被动,保持主动的一条重要原则。这个原则,运用起来颇不容易,打得赢就打,这还比较好办一些,打不赢就走,却不那么容易,因为有个走得了走不了的问题。

在中国革命战争史中,敌强我弱,我军被逼到被动地位,常常有个走得了走不了的问题,在走的过程中吃了大亏,也不罕见。走,一支小游击队还好办,一个大兵团却不好办。好几个纵队,敌人天天咬住尾巴,被迫打掩护战、撤退战、遭遇战,部队得不到休息，粮食得不到供应，弹药得不到补充，伤病员得不到安置，士气也受影响。我五个纵队进入鲁西南的处境就是这样。

当时我们抓住了走和打互相关联着的这一对矛盾，认为要扭转被动，关键是要打好一仗。

根据我多年作战实践，在敌人统治区活动，不能只走不打。当然不能盲目的打、硬打。但只有走，没有打这一手，那就走也走不好，走也走不了。

至于战机问题，要作全面的分析，既要看到不利因素，又要看到有利条件，还要去创造有利的条件。一般说来，在敌区作战，敌人前堵后追，四面包围，易于对我实行分进合击。但我们要看到敌人的动作不可能那样整齐，距离的远近也不可能一样。我们可以逐步地把兵力向弱敌方向转移，集中优势兵力，坚决果断地打掉他一路。一路打掉了，敌人就不敢那样轻进了，间隙就大了，我们的自由就多些了。这时指挥员的分析、判断和决心起主导的作用。如果指挥得当，就可以从被动中夺取主动；反之，如指挥失当，不能恢复主动地位，接下去的就可能是失败。①

一九四七年八月三十日，陈毅和粟裕为什么接到毛泽东发来的“刘、邓有不能在大别山立足之势”的告急电报呢？因为刘、邓大

① 粟裕：《粟裕战争回忆录》，解放军出版社 1988 年版，第 520—531 页。

军孤军深入，因此没有退路了，所以毛泽东要求陈毅和粟裕赶紧想办法。

此前，一九四七年六月二十二日，毛泽东向陈毅、粟裕和谭震林发出了著名的《不要打无把握之仗》的指示：

十九电悉。（一）东北夺取四平后，下一步行动尚未定。聂区下一步拟向平津平保两线机动。刘邓月底出击不变。陕北俟陈赓部到后拟打榆林、三边之敌，然后向南行动。蒋区学运暂时休息，准备再起。（二）据悉蒋以东北危急令杜聿明坚守两月，俟山东解决即空运东北等情，山东战事仍为全局关键。你们作战方针，仍以确有胜利把握然后出击为宜。只要有胜利把握，则不论打主要敌人，或打次要敌人均可，否则宁可暂时忍耐，不要打无把握之仗。①

这份电文说明，刘、邓大军月底渡过黄河挺进大别山的计划已经确定并且不会改变，只要华野在随后的两三个月里，不给敌人提供解决山东根据地的机会，保证继续把大量敌人牵制在山东，就能破坏蒋介石“以东北危急令杜聿明坚守两月，俟山东解决即空运东北”的调兵计划，从而为东北林彪部队创造有利的大反攻条件，为

① 《毛泽东军事文集》(第四卷)，中央文献出版社 1993 年版，第 111 页。

此，毛泽东明确要求：华野“不要打无把握之仗”，“否则宁可暂时忍耐”。——这个决定无疑是英明的！

然而过了一周，一九四七年六月二十九日，毛泽东向陈粟谭发去了完全相反的电文：

你们应以两个至三个纵队出鲁南，先攻费县，再攻邹、滕、临、枣，纵横进击，完全机动，每次以歼敌一个旅为目的。以歼敌为主，不以断其接济为主，临蒙段无须控制，空费兵力。此外，你们还要准备于适当时机，以两个纵队经吐丝口攻占泰安，扫荡泰安以西、以南各地，亦以往来机动歼敌有生力量为目的，正面留四个纵队监视该敌，使外出两路易于得手。以上方针是因敌正面既然绝对集中兵力，我军便不应再继续采取集中兵力方针，而应改取分路出击其远后方之方针。其外出两路之兵力，或以两个纵队出鲁南，以三个纵队出鲁西亦可。你们意见如何，望告。①

这份电文的背景是，刘伯承第二天就要率领晋冀鲁豫野战军第一、第二、第三、第六纵队，执行渡河南下的预定计划。毛泽东发电之时，已经进入刘伯承所部开始行动前的三十小时倒计时了；及至华野收到电文，前委同志再召集起来开会研究的时候，实际上已

① 《毛泽东军事文集》(第四卷)，中央文献出版社1993年版，第113页。

经没有时间对这个关乎山东根据地存亡的“大政方针”与华东军区领导坐下来“共同商议”了。

结果怎样呢?

六月三十日毛泽东收到陈粟谭的回电:(一)由叶飞和陶勇率第一和第四纵队越过临蒙公路向鲁南挺进;(二)由陈士榘、唐亮率第三、第八和第十纵队向鲁西的泰安、大汶口方向挺进;(三)正面部队第二、第六、第七、第九纵队和特种兵纵队集结沂水、悦庄公路两侧,各以少量兵力与东犯之敌接触,主力待机出击。次日,也就是七月一日,此前毫无思想准备的第一纵队和第四纵队在叶飞和陶勇的率领之下奉命开拔,坚决遵照军委的初步设想和明确要求,执行出击鲁南的行动。

因此毛泽东七月二日回电陈粟谭:

三十电悉。布置甚好,惟莱芜距敌主力甚近,陈士榘所部似以越过莱芜直打泰安及其南北之线为宜。得手后收复肥城、东阿、平阴、宁阳、汶上、济宁,与刘邓直接联系。尔后并应准备出鲁西,与刘邓协同打陇海路,出淮河,展开新局面。判断蒋方七天或十天内必改变部署,以主力一部回到兖泗,阻止我军与刘邓会合。因此,我军必须在七天或十天内,以神速动作攻取泰安南北及其西方、西南方地区,打开与刘邓会师之道路,如动作过缓,则来不及。如攻泰安时间过长亦可置之不打,并应在打泰安时先以一部抢占泰安以西及西南各县。以上请酌办。[1]

上述三份电文说明：刘、邓大军为了执行南下任务，通过毛泽东的协调，从华野借用了五个主力纵队十五万兵力，其中陈士榘和唐亮所率领的三个纵队接下来将直接归刘、邓指挥，也就是直接借走了。这样一来，只留给陈、粟、谭四个纵队十二万兵力，当然，叶飞和陶勇所率领的两个纵队属于临时借用，假如没有意外的话，在借用两周之后，仍然可以还给陈粟谭所用。

问题就来了：

首先，山东根据地怎么办？

其次，假如蒋介石不为所动，乘虚而入拿下山东根据地，然后空运东北怎么办？

最后，假如丢了山东根据地，华野数十万大军的兵源、粮饷、弹药到哪里去要？

也许有人要说了，应该“一切从实际出发”，来一个“君命有所不受”，理由如下：

其一，在强敌压境之际，华野不向兄弟野战军借兵已是对兄弟野战军的最大支援，因此对于给兄弟野战军去大别山保驾护航的要求确实爱莫能助，因为手中没有余力，何况一下子就要借用五个

① 《毛泽东军事文集》(第四卷)，中央文献出版社 1993 年版，第 119 页。

纵队计十五万兵力，剩下四个纵队计十二万兵力还怎么保卫山东根据地？

其二，假如华野一下子被借走五个纵队兵力，结果被敌人乘虚而入夺去山东根据地因而失去了税收、粮食和兵源，接下来的日子，难道向已经捉襟见肘的兄弟军区去借？

其三，帮助兄弟野战军是应该的，但是早不借，晚不借，偏偏挑这个时候借兵，能不能等到华野粉碎了敌人对山东的重点进攻之后再借？

假如这次真的来一个“君命有所不受”的话，那么，事后毛泽东可能非但不会生气，反而会十分欣慰。

此话怎讲？因为：类似这样的事情，一年前就已经发生过。

打开《粟裕战争回忆录》第十章“苏中战役”，可以发现粟裕开头就有这样一段回忆：

一九四六年六月中旬，中央判断：“观察近日形势，蒋介石准备大打，恐难挽回。”对于大打以后的结局，当时中央作了这样的估计：“六个月内外的时间，如我军大胜，必可议和；如胜负相当，亦可能议和；如蒋军大胜，则不能议和。”

党中央、毛泽东同志鉴于敌人大举进攻在即，迫切需要制订我军的战略方针，于六月二十二日设想了一个南线作战的战略计划，请刘伯承、邓小平、陈毅等同志考虑。这个计划，是在全局破裂，国民党军向我大举进攻时，我山东、太行两区主力实行外线出击，向南作战。要求我太行区的部队以豫东地区为主要作战方向，集中主力尽可能攻取陇海路沿线南北十几个县城，着重在野战中消灭敌军有生力量，相机占领开封；山东野战军则以徐州地区为主要作战方向，集中主力配合苏皖北部的部队攻取津浦路徐蚌间以及陇海路黄口、徐州段的各点，着重调动徐州之敌在野战中歼灭之，相机占领徐州。而我华中主力须对付江北之敌，予以配合。还考虑在形势有利时，两区主力南渡淮河，向大别山、安庆、浦口前进。

这个战略计划，同后来我军实施的内线歼敌的防御方针是不同的。其战略意图是在外线出击中大量歼灭敌人有生力量，建立和扩大新解放区，保卫老解放区，并保障中原新四军第五师的安全。

中央为了实施太行、山东主力向南出击的计划，六月二十六日指示华中分局，应以一部在苏中吸引并牵制（南）通扬（州）线上之敌，要我和谭震林同志率领不少于十五个团之主力部队，兵出淮南，与山东野战军主力配合，一举占领蚌埠、浦口间铁路，彻底破路，歼灭该地区之敌，恢复淮南（三、四分区）准备打大仗，歼灭由浦口北进之敌；并限于七月十日以前完成一切准备，待命攻击。新四军军部根据这个指示，于二十七日命令我华中野战军主力西进，集中于六合、天长之间整训。

以上筹划的一场大战，对未来战局的发展关系至大。接此命令时我正在海安。我从实际情况出发，对可能产生的各种情况进行了认真的分析研究，于六月二十七日向中央军委和陈毅军长发电建议，在苏中先打一仗再西移，并立即赶回淮安，同华中分局的邓子恢、张鼎丞、谭震林诸同志共商，他们同意我的意见。当时，我们考虑了以下几个方面的问题：

第一，淮南地区人口仅一百三十余万，抗日战争后期，该区环境比较安定，转入战时状况需有一个过程。战争初期，我华中野战军主力如在淮南作战，不仅粮草需由苏中供给，就连支前民工也需由苏中补给。主力部队开到、加上民工、干部、每天至少需要粮食十万斤。两三个月的粮食将达数百万斤，其他军需供应也相当繁重，将给初期作战带来很大困难。

第二，苏中当面有敌军九个旅。如我华中主力西进，留守部队难以担任钳制任务，该区有被敌迅速占领之极大可能。苏中地富人稠，人口九百万，占华中总人口的五分之二，粮食亦占华中总产量的五分之二，沿江商业繁盛，税收占华中的一半，这些都是支援战争的巨大力景，一旦沦入敌手，就为敌人所用。而且苏中地近京沪，如不战而弃，政治影响也不利。

第三，淮南之敌有第五军，整编第七十四师一个旅也在淮南（另两个旅在南京，一打起来势必北渡淮南）。这两支部队均属蒋军五大主力，加上淮南其他敌军，兵力较强。相对说来，苏中之敌较弱。

于是，我们联名于六月二十九日再次上报中央和新四军军部，建议在第一阶段中，华中野战军第一师和第六师仍留苏中解决当面之敌，改善苏中形势与钳制敌人，在山东及太行完成第一阶段任务后，华中野战军第一、第六师再加入蚌埠、浦口线作战，完成第二阶段任务。

军委对此建议极其重视，次日复示华中：部队继续隐蔽于待机位置，听候安排。

情况在急剧变化。七月初，中央从各方侦悉：胶济、徐州、豫北、豫东、苏北的国民党军队可能同时向我进攻。指示我们："先在内线打几个胜仗，再转至外线，在政治上更为有利。"

这件事情说明，毛泽东对于粟裕的"君命有所不受"，非但毫不反感，反而欣然接受，甚至可以说是心甘情愿地同意由粟裕扮演"牵着马"的角色，这一"牵"就"牵"了一年，而且这一路上就"牵"出了苏中战役、宿北战役、鲁南战役、莱芜战役、孟良崮战役等内线作战的成功案例，并由此在一九四七年五月二十二日这一天，通过新华社的时评，获得了毛泽东等中央领导人广而告之、声震宇内的高度肯定："华东人民解放军和华东解放区的人民，在全国人民的爱国自卫战争中，担负的任务最严重，得到的成就也最荣耀。"而奉命外线出击的兄弟野战军，由于没有"一切从实际情况出发"，就没有这么好评了。

但是这次毛泽东想让刘伯承跃进大别山，这个任务相当于去扮演“挑着担”的角色。

这一回华野前委最终没有选择“君命有所不受”，而是决定冒一次险，因而在还没有来得及与华东局领导就大政方针进行商量的情况下，就十分豪爽地完全同意了借兵的要求，而且不折不扣地拿出了五个主力纵队。

真的是“不怕一万，就怕万一”：正在陈、粟、谭调兵遣将围歼黄百韬时，暴雨倾盆，河水暴涨，各纵队无法按时到达指定位置，最终只能眼巴巴望着黄百韬溜走；正在陈、粟、谭第二次调兵遣将围歼胡琏时，暴雨倾盆，河水暴涨，被沂水切断了归路的叶飞和陶勇不能按照预定计划东返参战，于是陈、粟、谭在手中兵力不足的情况下只能从南麻转移，此时后悔两周前没有留下第一师或第十二师已经没有意义了；为了减轻叶飞和陶勇所部的压力，为了掩护华东局安全转移，粟裕选择攻打临朐，孰料又是一场暴雨，已经突入城内的第二纵队由于无法得到其他纵队的协同而功亏一篑，早知如此，两周前留下第三纵队或第十纵队该有多好啊！这样一来，内线部队损失了两万兵力。这还是刚刚开始，因为在接下来的数个月里面，山东根据地除了黄河以北的渤海地区之外全部丧失了，不仅通往大连的弹药补给线被蒋介石完完全全切断了，而且华野数十万大军的粮食、税收和兵源的补给从源头上只剩下渤海地区还没有被斩尽。所以到了九月三日，陈毅和粟裕才会收到毛泽东的如下电文：

……刘、邓已实行无后方作战。陈谢亦决心深入敌区，准备与后方隔断。你们的胶东、渤海都成了前线，决不可希望仍有过去一样的接济，对晋冀鲁豫亦不可要求过高过大。从你们自己起到全军一切将士，都应迅速建立无后方作战的思想，人员、粮食、弹药、被服，一切从敌军、敌区取给，准备在连续作战之后缩编部队，准备打得剩下三千人、四千人一个旅，而战斗意志俞打俞强，俘虏兵即俘即补，重炮不要带去，不要怕后方被切断，勇敢地向淮河以北、平汉以东进军。

为了给大跃进任务保驾护航，华野付出了巨大的牺牲，日后陈士榘在其回忆录中，如此描绘第一、第四纵队的情况：

但刚过运河一天，便接到陈毅司令员的紧急命令，要我们星夜兼程，返回济宁、兖州地区，以接应一、四纵队，同时监视济宁、兖州之敌。……记得当我们同一、四纵队会合的时候，战士们身上除了短裤、背心、枪支子弹袋以外，什么都没有了。他们浑身泥水，脚板都泡烂了，许多人还流着血，在这种情况下，一、四纵队的战士们仅仅提出了这样的要求："发一双鞋子，睡一个好觉，吃一顿猪肉。"这要求是这么简单而又令人感慨，指挥部当然很快满足了他们的要求，并由三、八、十纵担任行军、宿营警戒的任务，让一、四纵队的同志尽量休息，恢复体力。

为了给跃进大别山保驾护航，华野究竟损失了多少兵力呢？

在《粟裕文选》第二卷中，我们可以看到，一九四七年九月十七日，也就是沙土集战役结束一周之后，粟裕向中央汇报了西兵团各部状况如下：

（一）西兵团状况：一、四两纵，鲁西南行动迄今，各次战斗，减员共计九千余，另非战斗减员达一万三千余……（二）三、八、十各纵，每纵减员约在四千到六千人左右，不算大，战力一般保持。六纵减员亦在四千左右，随野直西靠，战力亦保持。故目前我们初步作战，只能以三、六、八、十四个纵队作骨干军，给一、四纵以整补时间。王秉璋纵计两个旅，一个旅较强，亦为生力军之一。总计在前方现有人数，一纵一万二千，三纵二万五千，四纵一万四千，六纵二万五千，八纵二万九千，十纵二万，野直七千，全军计十三万二千余人。连民夫在内，达十六万人。河北留守部队万余不在内。加上王秉璋一万二千，李先念八千（王宏坤纵人数不清），近二十万人左右。（三）……缺乏被子，病员很多，每纵千人至二千人以上不等，均是疟疾、痢疾，又无药吃，秋凉夜冻，病员更增加……

鉴于我军采用“即俘即补”以及“征兵整补”政策，故而上述“减员人数”等于“战斗减员＋非战斗减员”减去“俘补战士＋征补战士”。比如粟裕原文提到，“如果歼灭了敌整编第五十七师，根据过去作战的情况，敌我伤亡一般为三比一。照此推算，歼灭这个师，我们大约要伤亡三千至四千人。在歼灭敌人的数目中，一般毙伤占三分之一到四分之一，俘虏占三分之二到四分之三，可以俘虏七千余人。我们可以从中选五千以上补充部队，加上我们的伤员有些还可以归队。这样补入的人数超过伤亡的人数，还可以得到大量武器、弹药、粮食和药品的补充”，而沙土集战役中，“计毙伤敌二千余人，生俘敌师长段霖茂以下七千五百余人，缴获榴弹炮、野炮、山炮二十余门，轻重机枪数百挺，尚有大批弹药和其他军用物资。我军伤亡仅二千三百余人。战役后，我军人员、武器、弹药都得到了补充”，虽然在沙土集战役中我军战斗减员二千三百人，但是在获得五千以上“解放战士”之后，我军非但没有减员反而增员二千七百以上。也就是说，上面的“减员人数”，不同于“战损人数”。鉴于“战斗减员”加上“非战斗减员”等于“战损人数”，因而上述“减员人数”为“战损人数”减去“俘补战士＋征补战士”，只有当“俘补战士”为零和“征补战士”也为零的情况下，“减员人数”才会等于“战损人数”。简而言之，“战损人数”肯定要大于“减员人数”。

那么，华野各部在“七月分兵”中的“战损人数”究竟是多少呢？

这里先要说明一点：为了掩护出击鲁南的第一、第四纵队主力突围，四纵十师的师部所率领的四纵十师辖下两个团以及一纵一个团作为掩护部队还幸存下来有一千六百人，这幸存下来的一千六百人由于留在内线，所以其“战损人数”，大约八千，尚未计算入内。

在七月分兵之前，除了十纵只有两个师编制之外，其他一至九纵队在抓紧时间整补之后都是三万以上满员编制。由此可以推算出七月分兵以来华野的大致损失兵力：

根据三万满员计算，第一纵队总共战损一万八千人，第四纵队总共战损一万六千人，二者相加，战损合计三万四千人（其出击鲁南期间的俘虏应该全跑光了，担任掩护任务的三个团加第十师的师部回到内线时仅剩的一千六百人几乎可以忽略不计，因为孟良崮战役中俘虏超过七千人的第四纵队出击鲁南前的兵力应该不止三万一千六百人）；

根据粟裕汇报的“三、八、十各纵，每纵减员亦在四千到六千人左右”，则陈士榘率领的这三个纵队之战损合计肯定在一万五千人以上（估计沙土集战役的俘虏在战后基本上被这三个纵队抓去瓜分了，否则第八纵队不可能有两万九千人）；

根据南麻战役和临朐战役的公开材料，二、六、七、九纵光在南麻战役和临朐战役中的伤亡就是两万一千人，这个数目基本上是“战斗减员”人数，不包括“非战斗减员”。

照此计算，华野在此期间的战损总计将近七万人，假如加上内线遭受临朐战役之后接下来被追杀过程中还要遭受的损失，则不止这个数。这样看来，自从七月分兵开始，到粟裕九月十七日汇报之时，华野战损必在七万人以上，尤其是第一、第四纵队之前缴获的大小炮基本上全部丢失在鲁南出击的路上了——其战斗力因此一下子倒退到了抗日战争年代！

假如“根据过去作战的情况，敌我伤亡一般为三比一”，则华野七月分兵之后两个月里的七万战损，本来至少可以换来歼敌二十万兵力（碾庄战役华野付出五万人伤亡，完成了歼敌黄百韬兵团等部十五万人的战绩），然后根据“在歼灭敌人的数目中（敌一万兵力），一般毙伤占三分之一到四分之一，俘虏占三分之二到四分之三，可以俘虏七千余人，我们可以从中选五千以上补充部队”，则从歼敌二十万中选十万以上补充部队，若此华野可以从七月分兵之前的三十万主力，在战损七万之后，由于获得十万以上“解放战士”的补充，因此就扩充到三十三万人，再“加上我们的伤员有些还可以归队”，以及大胜之后可以大量征兵，因此算上苏北第十一、第十二以及扩编的第十三纵队共约十万兵力，将增长到五十万兵力，“还可以得到大量武器、弹药、粮食和药品的补充”，——其力量已经超过淮海战役开战之时华野正规军加中野正规军的实力总和了！

眼看这种情况，陈毅后悔不已，粟裕五内俱焚，早知如此，还不如在孟良崮端掉张灵甫后痛下杀手，拚掉叶飞第一纵队和陶勇第四纵队各一万人伤亡，续歼敌整编二十五师以及整编六十五师甚至整编十一师。若果真如此，刘、邓大军也就用不着“千里跃进大别山”，而是与陈粟大军一起在山东围捕邱清泉；这样一来，华野也就因此没有必要“七月分兵”，而是在一九四七年的秋天就可以开始夺取兖州、济南、徐州了。

因此才有粟裕“自五月下旬以来，时逾两月无战绩可言，而南麻临朐等战役均未打好，且遭巨大之消耗，影响战局甚大。言念及此，五内如焚。此外，除战略指导及其他原因我应负责外，而战役组织上当有不少缺点及错误，我应负全责，为此请求给予应得之处分。至整个作战之检讨，俟取得一致意见后再作详报”的电文。还好被谭震林拦了下来，没有把“整个作战的检讨”发给上级，否则一九五八年批判粟裕“个人主义”的时候就证据确凿了。

孙武说：“凡用兵之法，将受命于君，合军聚众，圮地无舍，衢地交合，绝地无留，围地则谋，死地则战；涂有所不由，军有所不击，城有所不攻，地有所不争。君命有所不受。故将通于九变之利者，知用兵矣；将不通于九变之利者，虽知地形，不能得地之利矣；治兵不知九变之术，虽知五利，不能得人之用矣。”

遗憾的是，一九四七年六月二十九日这一天的毛泽东，未能如一年前的一九四六年六月二十九日那样幸运，没有等来前方“君命有所不受”的建议，也许是黄百韬、胡琏、邱清泉命不该绝的缘故吧。

鉴于形势急转直下，为了迅速扭转战场上的被动，粟裕编导了沙土集战役：

左手抓围歼：采用三、六、八纵共八个师的兵力围歼敌整编五十七师。

右手抓阻援：安排一、四、十纵阻截敌邱清泉部以及整编第八十四师和第六十八师。

接下来，考核粟裕有没有“三头六臂”的时候到了：

一要吸引住敌人，杜绝蒋介石集中力量首先歼灭刘、邓大军，以此来确保刘、邓大军不会步西路军孤军深入最终全军覆灭于河西走廊的后尘；

二要吸引住敌人，确保蒋介石丢下还没焐热的山东根据地，若无山东根据地，大决战的序幕（济南战役）就拉不开了；

三要扼守住中原，帮助晋冀鲁豫野战军重建豫皖苏根据地，没有这一手的“补”，几个孤零零的“棋子”都围不成第二个“眼”，席卷黄河以南的图谋就会被蒋介石很快得逞；

因此最要紧的是，粟裕率领六个主力纵队必须在外线打胜仗。

显然，此时此地，毛泽东需要的，不是敢于尝试的小勇，而是敢于必胜的大勇！

因此，沙土集战役的规模虽小，却充分展示出了粟裕敢于必胜的大勇。

行军第九

将帅在战场之上做好夺取主动的工作

孙武想要用“最小的牺牲”完成吴楚之战的作战任务，接着就得在战场之上做好夺取主动的工作，这就意味着公元前五〇六年当吴楚之战进入到执行阶段时，在战场管理上，孙武接着必须做好以下三个方面的工作：

第一，认真开拓，这是一篇“抢占先手”的文章，用以抢占战场上的主动地位；

第二，及时进取，这是一篇“随机应变”的文章，用以控制战场上的主动地位；

第三，步调一致，这是一篇“令行禁止”的文章，用以巩固战场上的主动地位。

据此，笔者将《行军第九》分为三个小节，并推荐以下句读方式和白话演绎，此外还建议参考粟裕在豫东战役中所做的在战场上夺取主动工作等相关。

9.1. 凡处军相敌，绝山依谷，视生处高，战隆无登，此处山之军也。绝水必远水；客绝水而来，勿迎之于水内，令半济而击之，利；欲战者，无附于水而迎客；视生处高，无迎水流，此处水上之军也。绝斥泽，惟亟去无留；若交军于斥泽之中，必依水草而背众树，此处斥泽之军也。平陆处易而右背高，前死后生，此处平陆之军也。凡此四军之利，黄帝之所以胜四帝也。凡军喜高而恶下，贵阳而贱阴，养生而处实，军无百疾，是谓必胜。丘陵堤防，必处其阳而右背之。此兵之利，地之助也。上雨，水沫至，欲涉者，待其定也。凡地有绝涧、天井、天牢、天罗、天陷、天隙，必亟去之，勿近也。吾远之，敌近之；吾迎之，敌背之。军旁有险阻、潢井、葭苇、山林、翳荟者，必谨覆索之，此伏奸之所处也。

9.2. 敌近而静者，恃其险也；远而挑战者，欲人之进也；其所居易者，利也；众树动者，来也；众草多障者，疑也；鸟起者，伏也；兽骇者，覆也。尘高而锐者，车来也；卑而广者，徒来也；散而条达者，樵采也；少而往来者，营军也。辞卑而益备者，进也；辞强而进驱者，退也；轻车先出居其侧者，陈也；无约而请和者，谋也；奔走而陈兵车者，期也；半进半退者，诱也。倚杖而立者，饥也；汲而先饮者，渴也；见利而不进者，劳也；鸟集者，虚也；夜呼者，恐也；军扰者，将不重也；旌旗动者，乱也；吏怒者，倦也；粟马肉食者，军无粮也；悬缻不返其舍者，穷寇也。谆谆翕翕，徐与人言者，失众也；屡赏者，窘也；数罚者，困也；先暴而后畏其众者，不精之至也；来委谢者，欲休息也。兵怒而相迎，久而不合，又不相去，必谨察之。兵非多益也，惟无武进，足以并力、料敌、取人而已。夫惟无虑而易敌者，必擒于人。

9.3. 卒未亲附而罚之，则不服，不服则难用也；卒已亲附而罚不行，则不可用也。故令之以文，齐之以武，是谓必取。令素行以教其民，则民服；令不素行以教其民，则民不服。令素行者，与众相得也。

（《孙子兵法·行军第九》）

第一步≫ 认真开拓到位

大凡在战场上处军相敌有四种模式：

出山作战必须守住山口，进山作战必须抢占高地，正面交战不要仰攻，这些部署适合于山地作战中争夺战场主动权之时；

渡河之后必须远离河边，敌方渡河过来不要立即迎战于河中，而是等一部分敌军渡过河了再发动进攻才有利，想交战时不要背水而战，控制河流的上游而不要逆水而攻，这些部署适合于江河作战中争夺战场主动权；

走洼地过沼泽务必赶紧离开而不能停留，若交战于洼地沼泽之中务必依水草而背众树，这些部署适合于洼地沼泽作战中争夺战场主动权；

平原作战需扼守交通要道且右背占据高地，进可攻退可守，这些部署适合于平原作战中争夺战场主动权。

所有这四种部署都有利于争夺战场主动权，这就是黄帝当初所以能够战胜其他四帝的重要原因。

大凡战场部署的习惯是：喜好高地而厌恶低洼，看重阳面而轻视阴面，将养生息而保守实力，部队没有疾患，这就是必胜的部署。

有丘陵堤坝，务必部署在阳面且右翼紧靠其上，这有利于兵力发挥，也有助于地形利用。

上游下雨，水沫就会漂流下来，想过河，须等到水流稳定。

地面上有绝涧、天井、天牢、天罗、天陷、天隙等地形，必须立即离开而不要靠近，我军远离这些地形意味着敌军接近这些地形，我军面向这些地形意味着敌军背对这些地形。

部队旁边如果有险阻、潢井、葭苇、山林、翳荟等地形，必须谨慎地全面搜索，究其原因，这些地形都是敌人侦察人员甚至偷袭兵力最容易隐蔽的地方。

第二步≫ 及时进取到位

在双方接触早期应当注意：

若敌人近在咫尺而异常平静，说明有险可恃，

若远在天边而前来挑战，说明想我前移，
若敌人所在之处无险可守，说明利诱于我；
若大片的树木在晃动，说明敌人来了，
若大片草丛中多障碍，说明设有疑兵；
若鸟类突然飞出来，说明下有埋伏，
若兽类突然逃窜，说明敌来偷袭；
若飞尘高而尖，说明战车冲来了，
若飞尘低而宽，说明步兵来了；
若飞尘散乱且一条一条的，说明樵夫在采柴，
若飞尘很少而断断续续的，说明敌人在安营扎寨。

在双方接触中期应当注意：
若敌人言辞谦卑而提高戒备，说明敌人要攻击了，
若敌人言辞强硬而紧逼过来，说明敌人要撤退了；
若敌人轻车先出来并布设在两侧，说明敌人要布阵了，
若敌人没有提供任何条件就来请和，说明敌人要算计我们了；
若敌人往返奔走而陈兵布车，说明敌人要赚点便宜，
若敌人半进半退，说明要引诱我追击。

在双方接触晚期应当注意：
若敌人倚杖而立，说明饥饿了；

若敌人汲水而抢先饮用，说明口渴了；

若敌人眼见利益而不进取，说明疲劳了；

若敌人像鸟一样汇集，说明虚弱了；

若敌人睡觉时惊叫，说明恐惧了；

若敌人扰乱起来，说明将领失去威信了；

若敌人旌旗摇晃不定，说明乱套了；

若官吏发怒了，说明敌人厌倦了；

若敌人吃马肉了，说明军队没有粮食了；

若敌人炊具都不带就跑了，说明已成穷寇了；

若敌将低声下气，说话吞吞吐吐，说明失去人心了；

若敌将频繁行赏，说明陷于窘境了；

若敌将频繁处罚，说明陷于困境了；

若敌将先是暴戾，而后畏惧部众，说明太不精明了；

若敌将派人来谢罪，说明要休兵息战。

需要注意的是：

若敌人斗志高昂而对阵于前，但是过了很久却还不肯交战，又不肯脱离接触，务必提高警惕并密切观察敌情的变化，以免像项燕那样上了王翦的老当。

部队并非兵力越多越好，只是不能有盲动情绪，只要能集中力量、把握敌情、控制战局就行了。

但凡那种不动脑筋并轻敌的将领（像赵括），必然会失去战场的主动权而被敌人打败。

第三步≫ 步调一致到位

士卒没有亲附就处罚，受处罚的士卒肯定心中不服，心中不服就难以使用这些士卒；士卒已经亲附却仍然放纵，就不可能使用好这些士卒。所以，令之以照章办事，齐之以循规蹈矩，这样才叫必取。

自己一贯照章办事并且带头循规蹈矩，即以遵纪守法言传身教其民，那么民众也会照章办事并且循规蹈矩；

自己一贯我行我素并且带头不守规矩，即以违法乱纪言传身教其民，那么民众也会我行我素并且不守规矩。

一贯照章办事并且带头循规蹈矩的人，才能与民众达成默契并且在民众中树立威信。

豫东战役

“转 机”之 战

豫东战役是粟裕“谱曲”的第九场歼敌过万的运动战案例，其“曲制”如下：

第一“乐章”：开封战役。“歼灭开封守敌三万余人，加上阻击援敌的战绩，共歼敌约四万人，敌整编第六十六师师长李仲辛被击毙，参谋长游凌云被活捉。伪河南省政府主席刘茂恩化装潜逃。曾几何时，蒋介石还在伪国大上吹嘘开封‘绝可确保无虞’，而我军仅用五昼夜就攻占了。开封战役不仅歼灭了大量敌人，更重要的是打乱了敌人的作战部署，调动和引诱援敌就我范围，使我军进一步取得了战场的主动权”。①

第二“乐章”：睢杞战役。六月二十七日晚，粟裕乘区寿年犹豫之际，“从四面八方向敌发起猛烈进攻，至二十九日晨，已将区兵团部和整编第七十五师、新二十一旅包围于龙王店及其附近地区，并完成了对第七十五师各旅团的分割。同时，将敌整编第七十二

①② 粟裕：《粟裕战争回忆录》，解放军出版社 1988 年版，第 557、563 页。

师包围于铁佛寺周围地区。我阻援集团控制了被包围之敌以西二十公里之杞县至王堌集一线，隔绝了邱区两兵团。二十九日晚，我突击集团以一部兵力继续包围整编第七十二师；以主力对区兵团部和整编第七十五师、新二十一旅发起攻击，经两昼夜激战，至七月一日中午，将敌整编第七十五师的第六旅及新二十一旅全部歼灭”。[②]若非意外，粟裕在接下来的一周中，将会在完成全歼区寿年部的任务之后，结束睢杞战役，然后再回师兖州捉拿已被山东兵团拴住了的黄百韬部。

第三“乐章”：动如雷震。“我们下一步的任务，主要是组织部队胜利撤出战斗，转入休整”。“于是，我们决心乘黄兵团经长途跋涉，尚未全部展开，战斗力相对减弱之机，先声夺人，给运动中的黄兵团以歼灭性打击，为我军顺利撤出战斗和进行休整创造条件；与此同时，迅速歼灭区兵团残部。这样，既能歼灭更多的敌人，又可对邱兵团起威慑作用，使其在我军撤出战斗时不敢紧跟尾击”。“按预定的作战计划……至六日晨，又歼敌一个多团。这时，黄百韬感到自身难保，惊恐地把部队收缩至以帝丘店为中心的狭小地区”。“我军不仅把黄兵团打得焦头烂额，而且使邱清泉不寒而栗，起了一箭双雕的作用。在我军与敌脱离接触时，黄百韬仍惊魂未定，一动也不敢动。邱孙两兵团遭我回击后，也未敢再进。而我军却在多路援敌逼近的情况下，一下子跳了出来，进入预定地区休整。当敌人查明我军位置时，我军已休整一周了”。①

一九四六年六月初，到一九四七年五月底，粟裕团队一口就能“吃掉”敌人五万人左右；一九四七年六月初，到一九四八年五月底，粟裕团队一口只能“吃掉”敌人一万人左右；一九四七年六月初，到一九四九年五月底，粟裕团队一口竟能“吃掉”敌人十万人左右。粟裕团队第一年能一口“吃掉”敌人五万人左右，到了第二年“胃口”就不行了，只能一口“吃掉”敌人一万人，为什么？因为他的兵力不仅被分散了、被孤立了、被疲劳了，而且被摆在无后方的不利位置。一旦粟裕集中兵力的想法被采纳之后，果然“胃口大开”，转机立马就到来了。在三年解放战争当中，豫东战役就是一场重新集中兵力并一举夺取战场主动权的战役。七月十一日，党中央发来贺电，“庆祝你们继开封胜利之后，在豫东歼灭蒋敌区寿年兵团、黄百韬兵团等部五万人的伟大胜利”，“这一辉煌胜利，正给蒋介石‘肃清中原’的呓语以迎头痛击；同时，也正使我军更有利地进入了中国人民解放战争的第三年度”。豫东战役歼敌十万人的胜利，以及当时全国其他战场上取得的胜利，大大鼓舞了必胜的信心，大大发展了我军的战略进攻。这次战役结束后不久，即一九四八年八月，毛泽东同志在西柏坡接见华野特种兵纵队司令员陈锐霆同志和晋察冀军区炮兵旅长高存信同志时说：解放战争好像爬

① 粟裕：《粟裕战争回忆录》，解放军出版社1988年版，第568页。

山，现在我们已经过了山的坳子，最吃力的爬坡阶段已经过去了。为了使被接见的同志理解这句话的意思，他还以左手握拳，手背向上，用右手食指沿着弧形手背越过拳头顶端比划过去，形象地表示解放战争好比爬山，现在已经越过山的顶端了。故而称之为“转机”之战。

豫东战役于一九四八年六月十七日打响，七月七日结束。华东野战军外线兵团连续作战二十天，歼灭国民党军一个兵团部、两个整编师师部、四个正规旅、两个保安旅，连同外线兵团的阻击战成果，共歼灭国民党军十万人以上。

《行军第九》指出了夺取战场主动的三个环节：认真开拓到位，积极进取到位，步调一致到位。

为进一步加深对此的理解，特推荐大家参考《粟裕战争回忆录》第十六章《豫东战役》。以下是《豫东战役》的片段摘录以及笔者对此所作的一些剖析。

中央军委在作出华野三个纵队留在中原作战的决策后，五月五日下达了中原战场我军近期的作战任务，要求华野第一、第三、第四、第六和第八纵队及中原野战军第十一纵队共六个纵队，全部集结在中原黄淮地区打大仗，在陇海路开封至徐州段及其南北地区，以寻歼敌整编第五军等部为作战的主要目标，力争在四至八个月内歼敌五六个至十一二个旅。同时指示华野第二兵团向津浦路一线行动，相机歼灭并钳制敌整编第十二师和第七十二师等部；第四兵团在苏北发起进攻战役，以策应中原战场我军作战。

……

五月二十四日，我第三和第八纵队按野战军计划向淮阳方向前进。敌邱兵团果然被我军吸引南下。五月三十日、三十一日，黄河以北我各纵队南渡黄河。我军的这一突然行动，使敌人大为震惊。敌急令邱兵团主力和整编第七十五师北返，迎击我渡河部队。同时，又向鲁西南增调整编第八十三师、第二十五师、第七十二师和第六十三师一个旅，企图与我渡河部队决战。这样，敌集中在鲁西南战场的兵力将达到九至十一个整编师，且队形密集，不易分割，我难以达到各个歼敌的目的。这时，我第三和第八纵队已到达通许、睢县、杞县之间，距开封只有一日行程，如就势转用于突然攻取开封，可打敌措手不及。战场情况的变化表明，打整编第五军的条件尚未具备，而实现先攻开封后歼援敌腹案的条件却已成熟。于是，我们当机立断，改变在鲁西南作战的计划，并于六月十五日定下了转向豫东作战的决心。即首先以主力一部从敌侧后开刀，夺取敌守备兵力比较薄弱而又处于敌人防御要害部位的开封，待围歼开封守敌后，再集中兵力于运动中寻歼来援之敌的一路。

……

为了在战略上配合这次作战，我们令华野第二兵团继续在津浦路徐、济段扩张攻势，包围兖州，调动敌整编第二十五师或整编第八十三师北援；令华野第四兵团在陇海路新安镇(今新沂县)至海州段发动攻势，以牵制敌人。

……

取开封，攻敌必救

……

六月十五日，我第三和第八纵队开始向开封急进，十七日晨突然兵临城下，对四关守敌发起猛烈攻击。敌人被我军强大攻势打得惊慌失措，一面仓促应战，凭关顽抗，一面向蒋介石和徐州“剿总”紧急呼救。至十八日黄昏，守关之敌一部被歼，大部在敌机对我疯狂轰炸扫射和投掷大量燃烧弹的掩护配合下，放火烧关后退入城内。四关遂为我军占领。

为不使敌人有喘息机会，我攻城部队在占领城关后组织力量灭火的同时，争分夺秒，加速进行攻城准备。第八纵队于当夜二十二时从南关开始攻城的火力准备，并在对敌防御设施进行连续爆破后发起冲击。二十四时许，先头营突破了新南门，但因城门两侧敌人的地堡群未被我全部摧毁，突破口又被敌火力封锁，我后续部队未能跟进，已突入的部队即抢占城楼及其附近有利地形，抗击敌人的反冲击。十九日一时，第八纵队在宋关克服了因敌人的破坏而造成的种种困难后，开始对宋门实施火力准备。突击营以二十三人担任爆破任务，首先由一位爆破英雄率领十二名优秀爆破员，在火力掩护下以十一包炸药实施连续爆破，开辟了通路，炸毁了城门。突击分队利用炮火准备和爆破的成果，迅速突入宋门，并打退敌多次反冲击，巩固了突破口，后续部队紧随入城。该纵队攻曹门的部队因曹关火大，改由宋门突入城内，迅速向两侧和纵深发展。第八纵队突入新南门的先头部队，与疯狂反扑的优势敌人激战七八个小时，至十九日九时许，将敌人反击部队击溃，并击毙其团长，巩固了已占领的阵地。与此同时，后续部队肃清了城门外敌地堡群，重新控制并扩大了突破口，乘胜相继突入城内，随后该纵队又突破大南门和西门。至此，敌城垣主阵地全部被我突破。我进入城内的各部队，随即分多路向敌纵深穿插，与敌展开激烈的巷战。

开封战役发起后，蒋介石焦急万分，慌忙调兵遣将，组织多路增援，并在我军攻入城区后，即令其空军不分昼夜对城区狂轰滥炸，投掷大量燃烧弹，同时令守敌发射燃烧弹，四处纵火，妄图使开封城成为一片火海，以阻止我军发展进攻。我突入城内的部队以压倒一切敌人的英雄气概，冒着熊熊烈火和炎热的天气，昼夜攻击，连续奋战，先后攻克敌人重兵防守的地方法院、河南大学、鼓楼、绥靖公署和省政府等要点，歼灭了大量敌人。至二十日二十三时，除敌核心阵地龙亭和华北运动场外，市区均被我军攻占。

敌龙亭核心阵地，位于城区西北部，以龙亭为中心，由若干堑壕、交通壕、地堡群和炮兵阵地构成。龙亭坐落在一个大土墩上，能瞰制四周，上有工事密布的建筑物，下有巨大的地下室。龙亭以南为潘家湖和杨家湖，两湖之间仅有一条不宽的土马路与市区大街衔接。龙亭以东、以北和以西均为开阔地，仅东北角的华北运动场有部分建筑物。龙亭守敌虽已成为“瓮中之鳖”，但仍凭借易守难攻的有利地形进行顽抗。我突击部队为肃清残敌，于二十日夜至二十一日晨，对龙亭敌核心阵地发动两次攻击，因组织准备不充分，协同动作不密切，未能奏效。二十一日，攻击部队重新调整部署，加强了各部队之间、步炮之间的协同，从十七时开始，再次对龙亭守敌发起攻击。首先以炮兵进行猛烈的火力急袭。有的将火炮推进至距龙亭几百米处，不顾敌火力封锁，进行抵进射击。经一小时炮击后，敌火力被我压制下去，工事大部被摧毁。我炮兵射击一停止，步兵即发起勇猛冲击。这时，狡猾的敌人又窜出地下室，抢占有利位置对我进行射击，我突击部队冒着敌炽烈火网，迅速通过开阔地，奋勇登上大土墩和龙亭，与敌进行近战肉搏，经五小时激战，至二十三时攻克龙亭，全歼守敌。龙亭被我军攻克后，华北运动场守敌混乱动摇。二十二日晨，我对该敌发起多路攻击，敌一部投降，一部在突围时被我歼灭。至此，豫东战役第一阶段——开封战役胜利结束。

……

开封战役，歼灭开封守敌三万余人，加上阻击援敌的战绩，共歼敌约四万人，敌整编第六十六师师长李仲辛被击毙，参谋长游凌云被活捉。伪河南省政府主席刘茂恩化装潜逃。曾几何时，蒋介石还在伪国大上吹嘘开封“绝可确保无虞”，而我军仅用五昼夜就攻占了。

开封战役不仅歼灭了大量敌人，更重要的是打乱了敌人的作战部署，调动和引诱援敌就我范围，使我军进一步取得了战场的主动权。六月二十三日，党中央给华东、中原我军全体指战员发来祝贺开封大捷的电报说：“庆祝你们解放开封省城及歼敌三万余人的伟大胜利。尚望继续努力，为消灭蒋敌、解放全中原人民而战。”党中央的贺电，给全体指战员以极大的鼓舞，为我们再接再厉，继续歼灭更多的敌人增添了巨大的力量。

开封战役的实践再次表明，战役指挥的重心放在哪里，对能否掌握战场主动权关系极大。我从历次参加的战役指挥中体会到，每个战役都有一个转折点。这个转折点，就是在对战役有决定影响的环节上我们掌握了主动，打赢了敌人，从而使我军确有把握取得战役的全胜。因此，战役指挥员不仅要对整个战役有通盘的考虑，预见情况可能的发展变化，在打第一仗时就想打第二仗和第三仗的问题，而且要把自己注意的重心放在战役的转折点上，充分发挥主观能动作用，全力以赴，采取一切手段促使战役转折的实现。在敌人有强大兵力增援的情况下，转折出现得越早越好，要力争在全战役预计时间的二分之一以前，最好在三分之一甚至四分之一的时候到来。这样，作战就主动了。如果转折在全战役时间的二分之一以后到来，就会因时间紧迫而仓促作战，使部队伤亡增大，疲劳加重，士气受到影响，有时还会陷于被动，不得不撤出战斗，打成夹生仗。豫东战役，包括攻城和打援两个作战阶段，全战役有个转折点，两个阶段也有各自的转折点。我是把注意的重心放在实现全战役的转折上，就是尽快夺取开封和及时掌握用于打援的兵力。战役一开始，我们就督促部队迅速突破敌城垣主阵地，尽快攻占开封，争取全战役转折及早到来。战役从十七日开始，至二十日夜，攻城部队就突破了敌城垣主阵地，继而将城区之敌基本肃清。这时，虽然敌核心阵地龙亭尚未被我攻下，但战役第一阶段已胜利在握，我就和张震同志、钟期光同志立即到开封南郊第三兵团指挥所，督促第三和第八纵队不要留恋开封战场，除留足够的兵力攻击龙亭外，迅速从城内撤出其余部队，把兵力集中起来，准备再歼援敌。对于攻歼龙亭之敌，我对部队说，龙亭是要打下来的，但不要急，迟一点不要紧，有点残敌可以作为钓邱兵团这条“鱼”的大钩子，你马上打下龙亭，他来援就不积极了，主要是作好充分准备，确有把握后再打。豫东战役第一阶段的作战，从战役开始到第三和第八纵队主力撤出开封，历时五昼夜就完成了全战役的转折，掌握了战场的主动权。这时我的心才踏实下来，因为手中已经控制了足够的机动兵力，为下一步歼击援敌创造了有利条件，可以随时投入第二阶段的作战了。

再歼援敌

……

六月二十六日晨，我第三和第八纵队按预定计划，由开封城郊向通许方向转移,诱邱兵团西进开封,第一、第四和第六纵队向杞县以南傅集东西地区隐蔽集结。这时,伪国防部又低估了我军连续作战的能力,误认为我军经过开封战役已被打伤,“似无积极企图”,“必向津浦路前进”,遂令邱区两兵团全力追堵我军。骄狂的邱清泉,除以先头部队一个旅配合刘汝明部占领开封外,主力直扑通许,妄图尾击我第三和第八纵队。多疑的区寿年却认为我军“有向平汉路进攻模样”,但也摸不清我军行动企图,因而在进抵睢杞地区后举棋不定。结果,两路援敌在我挥师南下的引诱和迷惑下,一路向西向南疾进,一路踌躇不前,从而很快拉开了距离,形成了四十公里的间隙。为了抓住这一有利战机歼灭敌人,我们不待查明区兵团的具体部署情况,即于二十七日下达了围歼区兵团的作战命令。当晚,突击集团各纵队即按预定的第二作战方案,乘敌犹豫徘徊、立足未稳之际,从四面八方向敌发起猛烈进攻,边打边查明敌情。在对敌进行大包围的同时,我军猛烈楔入敌人纵深,割裂敌人部署。至二十九日晨,已将区兵团部和整编第七十五师、新二十一旅包围于龙王店及其附近地区,并完成了对第七十五师各旅团的分割。同时,将敌整编第七十二师包围于铁佛寺周围地区。我阻援集团控制了被包围之敌以西二十公里之杞县至王堌集一线,隔绝了邱区两兵团。二十九日晚,我突击集团以一部兵力继续包围整编第七十二师;以主力对区兵团部和整编第七十五师、新二十一旅发起攻击,经两昼夜激战,至七月一日中午,将敌整编第七十五师的第六旅及新二十一旅全部歼灭。

七月一日下午，西线敌邱兵团在我节节阻击下，进至距区兵团约十公里的过庄、官庄、屈砦、张阁一线，与我阻援部队展开激战。在东线，敌又将北援兖州的整编第二十五师调回，与第三快速纵队和交警第二总队组成一个兵团，以黄百韬为司令，由东向西增援区兵团，并已抵达被包围的整编第七十二师所在地铁佛寺以东约十公里的帝丘店地区。战场形势发生了重大变化。当时，我歼击区兵团的战斗正激烈进行，一部兵力正在围歼区兵团部、整编第七十五师师部和第十六旅，一部兵力正包围着整编第七十二师，而东西两线援敌两个兵团又一齐压来。在这异常紧急的情况下，是坚持还是改变原定的战役决心，需要刻不容缓地作出决断。我们迅即对敌我情况重新进行了全面分析，认为从我突击、阻援两个集团的作战能力和可以争取的时间上看，仍然具备歼灭区兵团的条件。于是，我们当机立断，立即调整部署，增强阻击力量，同时加速攻歼被围之敌。当晚，我以三个师的绝对优势兵力围歼龙王店守敌，经一小时炮击后开始爆破突击。部队冒着敌人的火力，前仆后继，猛打猛冲，粉碎了敌在喷火器、坦克支援下的顽强抵抗和疯狂反扑，激战至二日凌晨三时，将区兵团部、整编第七十五师师部及第十六旅一个团全部歼灭，活捉了敌兵团司令区寿年、师长沈澄年。

在此期间，西线我阻援集团在杞县西南和以东地区对敌邱兵团进行了顽强的阵地防御战。六月三十日，蒋介石携空军总司令周至柔乘飞机到杞县上空督战，并以杀头威逼邱清泉迅速攻击前进，与区兵团会合。邱清泉即倾其主力，在飞机、坦克和大炮的支援下，对我阻击部队疯狂进攻。敌整编第五师以优势兵力对我坚守的桃林岗、许岗每日发动三四次攻击，整编第八十三师也用三个团的兵力轮番攻击我官庄阵地。我阻击部队依托阵地，顽强抗击。敌人每突破我一个村庄和阵地，我军立即组织反击，同敌人短兵相接，反复冲杀，夺回阵地。终于挫败邱兵团的猖狂进攻，并大量杀伤了敌人，捉了不少俘虏。由突击集团抽出的中野第十一纵队及华野第一、第六纵队各一部，经过激烈战斗，也阻住了黄兵团的猛烈攻击，使其无法与相距不足五公里的整编第七十二师会合。我东西两线阻援部队的英勇阻击，有力地保障了歼击区兵团作战的胜利。

在这一阶段作战指挥中，值得提出的是，在多路援敌进逼，战场情况十分紧迫、复杂的形势下，战役指挥上要特别注意造成敌人的不利局面和我军的有利态势，并关照好战役的各个方面，以争取主动，歼灭敌人。睢杞战役开始时，如何吸引和调动邱区两个兵团拉开距离和怎样使开封战役阶段我攻城、阻援两个集团会合，用以在睢杞战役中围歼区兵团和阻击邱兵团，是当时战役指挥上必须解决好的重要问题。我们首先是采取行动，调动和分离敌人。增援开封之敌，原想乘我军尚未攻克开封之际，兵分两路在开封地区合击我军。但我军攻克开封后，很快由开封和兰封地区分两路南下。这一行动既利用了邱清泉急于西进开封捞取资本的心理，又造成了区寿年的错觉和犹豫。结果使邱区两兵团在一天时间内拉开了四十公里的距离。我军两大集团则乘机立即靠拢，迅速楔入敌两个兵团之间，将其隔离，阻击一路，围歼一路，再次陷敌于被动挨打的境地。其次是根据各部队的特点和战场情况的发展变化，适时调整部署和转换各部队的作战任务。经过长期作战，我们对华野各部队和师以上主要指挥员比较熟悉。他们都乐于担负最艰巨的战斗任务。华野外线兵团的几个主力纵队，总的来说，都是能攻善守的部队，即使是蒋介石的王牌整编第五军和整编第十一师，对他们也望而生畏。但各纵队在攻坚、野战、阻击等方面又各有所长。第三和第八纵队在开封战役中伤亡较大，但因打了胜仗，士气旺盛，只要利用作战间隙把机关勤杂人员和解放战士补充进去，部队的战斗力会很快增强。第十纵队虽经长途跋涉，比较疲劳，但建制完整，实力坚强。第一、第四和第六纵队自渡黄河以后，只打了些阻击战，齐装满员，士气正旺。睢杞战役开始，我们就把第一、第四、第六纵队和中野第十一纵队由阻援集团改为突击集团，用以围歼立足未稳的区兵团。把减员较大的第三和第八纵队以及第十纵队、两广纵队组成阻援集团，用以阻击邱兵团。在围歼区兵团的过程中，我们又根据情况变化和作战需要，就近转用兵力，对突击和阻援两个集团的力量作了必要调整。由于及时地调整部署和转用兵力，充分发挥了各部队的长处，照顾了各部队的实际情况，结果既歼灭了区兵团部和整编第七十五师，又阻住并大量杀伤了敌人的援兵。第三是组织好突击和阻援两集团的协力作战。这次作战的情况与第一阶段不同，被围之敌和被阻之敌相距较近，我突击集团和阻援集团的任何一方如果作战不力，都将影响整个战役的顺利进行，甚至会使我军陷于困境。因此，在战役指挥上，对我军两条战线的作战都必须予以重视。对突击集团的指挥，就是要部队不停顿地连续突击，不给敌人以收缩和组织防御的时间，在大胆分割包围敌人的同时，把主要突击方向直指区兵团部和整编第七十五师师部所在地龙王店，以攻敌首脑，乱其部署，瓦解其斗志。

七月二日晨，在我将区兵团部和整编第七十五师师部歼灭后，战场形势立刻发生了有利于我的重大变化，我除留少数部队继续歼灭整编第七十五师残部外，已可随时将主力转用于对其他敌人作战。对阻援集团的指挥，就是要部队顶住敌人在强大火力支援下的连续攻击，在敌增援部队战斗力较强，与被围之敌距离很近的情况下，阻击战已由第一阶段的运动防御转变为基本上是坚守防御。这就要求部队必须顽强坚守每一阵地，不经批准不允许放弃，如果丢失，应立即夺回。因此，尽管敌邱兵团在飞机和炮兵的猛烈火力支援下，对我进行连续的轮番攻击，但终于被我打退。邱兵团眼看相距仅约十公里的区兵团被我围歼而无可奈何。

胜利转移

我军攻克开封，又在睢杞地区歼灭大量援敌，已经基本上达到了预期的战役目的。这时部队经过连续作战，减员较大，十分疲劳。我们下一步的任务，主要是组织部队胜利撤出战斗，转入休整。在战役指挥中，组织转移是一个值得深思熟虑的问题，它不仅关系到与下一步作战任务的衔接，而且直接影响战役本身的成果。战役打得很好，如果转移不当，也会转胜为败；反之，战役进行得不顺利，但转移得当，就可以减少损失，改变不利态势。为此，我们对当面敌情和如何组织部队顺利转移的问题再次作了分析研究：被包围的整编第七十二师是被歼后重建的部队，战斗力不强，已构筑较坚固的工事转入防御，我只用少数部队予以监视，该敌就不敢出动，对我军转移影响不大。援敌黄邱两个兵团遭我阻击后不甘失败，仍由东西两面向我对攻，胡兵团也正由南向北攻击前进，尤其是黄兵团，增援积极，已进抵帝丘店附近，对我军从战场东部撤出威胁较大，如不对该敌以有力打击，我军携带大批伤员，将难以顺利撤出战斗；即使撤出，各路敌人也会尾追而来，使我军陷于被动。于是，我们决心乘黄兵团经长途跋涉，尚未全部展开，战斗力相对减弱之机，先声夺人，给运动中的黄兵团以歼灭性打击，为我军顺利撤出战斗和进行休整创造条件；与此同时，迅速歼灭区兵团残部。这样，既能歼灭更多的敌人，又可对邱兵团起威慑作用，使其在我军撤出战斗时不敢紧跟尾击。七月二日，我们向部队下达战斗命令，区分了任务：以第三和第十纵队及第八纵队一部，继续阻击邱兵团；以第八纵队大部及第六纵队一个师围歼敌整编第七十五师第十六旅旅部及两个团；以第一和第四纵队以及第六纵队大部和两广纵队，东移攻歼黄兵团；以中野第十一纵队监视敌整编第七十二师，并作为战役预备队。

当时，我军处境异常艰苦。部队连续行军作战，伤亡消耗逐渐增大。加以战区久旱无雨，井河干涸，又值炎热的夏季，烈日暴晒，部队饮水奇缺，吃不下饭，昼夜苦战，体力渐弱。但广大指战员坚决响应野战军前委关于“咬紧牙关，坚持下去”、“为争取此次战役圆满胜利而战”的号召，在党的坚强领导和战时政治工作的有力保证下，发扬不怕疲劳、不怕伤亡、连续作战的光荣传统，以惊人的毅力克服和忍受各种困难，于七月二日晚又投入新的战斗。

按预定的作战计划，我突击集团以一部兵力迅速全歼了敌整编第七十五师第十六旅旅部及两个团，主力则在黄兵团正向我进攻时全线出击，对黄兵团实施合围。战至四日拂晓，黄兵团被我歼灭近两个团的兵力，并被我压缩于帝丘店及其外围十余个村庄内。五日，敌步兵由坦克引导，在飞机和炮兵火力的支援下，由帝丘店附近向我进攻部队实施疯狂反扑。经七小时激战，我予敌大量杀伤，将敌打退，黄昏后，我再次对敌发起攻击，至六日晨，又歼敌一个多团。这时，黄百韬感到自身难保，惊恐地把部队收缩至以帝丘店为中心的狭小地区。

在我围攻黄兵团的过程中，西线援敌邱兵团在得到刘汝明部的加强后，主力避开我阻击正面，由我阻击集团右侧向尹店方向迂回前进；东线敌整编第七十四师已进到宁陵及其以西地区；张轸集团（临时组编为吴绍周兵团和杨干才兵团）、胡琏兵团，虽被我中野阻于淮阳、商水地区，但蒋介石仍严令其兼程北援，胡兵团先遣部队正向太康急进中。此时，我已给黄兵团以歼灭性打击，为保持主动，我们于七月六日命令部队于当晚撤出战斗，分别向睢杞以北及鲁西南转移。至此，豫东战役的第二阶段——睢杞战役胜利结束，我继开封战役之后，又歼敌五万余人。

睢杞战役的最后一仗，我军不仅把黄兵团打得焦头烂额，而且使邱清泉不寒而栗，起了一箭双雕的作用。在我军与敌脱离接触时，黄百韬仍惊魂未定，一动也不敢动。邱孙两兵团遭我回击后，也未敢再进。而我军却在多路援敌逼近的情况下，一下子跳了出来，进入预定地区休整。当敌人查明我军位置时，我军已休整一周了。

……

豫东战役的胜利，改变了中原和华东战场的战略态势。从此，在中原战场，敌人已完全失去了对我发起战役性进攻的能力，并更加动摇了据守战略要点的信心。伪国防部在其《中原会战经过及检讨》中说，此次豫东会战，“共军表现特异”的有三点：“敢集中主力作大规模之会战决战”；“敢攻袭大据点”；“对战场要点敢作顽强固守，反复争夺”。黄百韬在战后写的《豫东战役战斗要报》中，也认为我军士气高昂，实力雄厚，国民党军在中原的局面“遂进入最严重阶段”。在山东战场，因敌整编第二十五师回援豫东战场，我第二兵团趁机集中兵力于七月十三日攻克兖州，全歼守敌整编第十二师，从而使济南守敌陷于孤立，为华野下一步集中兵力进行济南战役创造了条件。同时，我强大野战兵团的作战威力使敌人十分惊恐。当我军围攻济南时，徐州地区敌人有三个兵团十七万人之众，蒋介石三令五申要其速援济南，但该敌迟迟不动。可以说，敌人在豫东战役中惨败的教训，也是其不敢北援济南的重要原因之一。

豫东战役的胜利，以及当时全国其他战场上取得的胜利，大大发展了我军的战略进攻。这次战役结束后不久，即一九四八年八月，毛泽东同志在西柏坡接见华野特种兵纵队司令员陈锐霆同志和晋察冀军区炮兵旅长高存信同志时说：解放战争好像爬山，现在我们已经过了山的坳子，最吃力的爬坡阶段已经过去了。为了使被接见的同志理解这句话的意思，他还以左手握拳，手背向上，用右手食指沿着弧形手背越过拳头顶端比划过去，形象地表示解放战争好比爬山，现在已经越过山的顶端了。一九四八年十一月十四日，毛泽东同志在《中国军事形势的重大变化》一文中，更加令人鼓舞地指出：“中国的军事形势现已进入一个新的转折点，即战争双方力量对比已经发生了根本的变化。人民解放军不但在质量上早已占有优势，而且在数量上现在也已经占有优势。”并说：“这是由于四个月内人民解放军在全国各个战场英勇作战的结果，而特别是南线的睢杞战役、济南战役，北线的锦州、长春、辽西、沈阳诸战役的结果。”毛泽东同志预言：“这样，就使我们原来预计的战争进程，大为缩短。原来预计，从一九四六年七月起，大约需要五年左右时间，便可能从根本上打倒国民党反动政府。现在看来，只需从现时起，再有一年左右的时间，就可能将国民党反动政府从根本上打倒了。”历史的事实，早已证实了毛泽东同志的这个科学预言。①

一九四八年三月，根据中央军委命令，华野所属野战部队编组为四个兵团——

以外线兵团的第一、第四和第六纵队组成第一兵团，亦称粟裕兵团，粟裕任兵团司令员兼政治委员，叶飞任兵团副司令员兼第一副政治委员；

以外线兵团的第三、第八和第十纵队组成第三兵团，亦称陈唐兵团，陈士榘任兵团司令员，唐亮任兵团政治委员；

以内线兵团的第七、第九和第十三纵队组成第二兵团，亦称山东兵团，许世友任兵团司令员，谭震林任兵团政治委员；

以内线兵团的第二纵队及华中第十一和第十二纵队组成第四兵团，亦称苏北兵团，韦国清任兵团司令员，陈丕显任兵团政治委员。

---

① 粟裕：《粟裕战争回忆录》，解放军出版社1988年版，第543—573页。

中央军委之所以要作出这一调整，就是因为刘、邓大军千里跃进大别山远没有达到预期的成效，于是毛泽东先派粟裕兵团“千里跃进天目山”，实施第二次分兵出击；假如粟裕兵团“千里跃进天目山”还不足以解决刘、邓的立足问题，就派陈唐兵团“千里跃进井冈山”，实施第三次分兵出击。

——其目的是为了夺取战场上的主动权。

此前为了夺回战场上的主动权，一九四八年一月二十二日，粟裕就“支了一招”：

刘、邓大军，陈、谢大军和陈、粟大军在今后一个时期，可采取忽集忽分的作战方式，以求能较彻底地歼灭敌人一路。陈、粟大军如不担负打援，歼敌一路的兵力是够用的。因此，只要邻区能及时协同打援或钳制援敌迟进，歼敌一路是很可能的。在此区歼灭战结束，敌向此区集中，则我又分散或转至邻区，总以何区便于歼敌，即向何区集中。如此能有两三次歼灭战，则形势可能变化。[①]

这就是解放战争历史上十分著名的“子养电”的片段，其核心思想就是集中兵力。

一九四八年一月二十六日，正当毛泽东打算采纳粟裕建议的

① 粟裕：《粟裕军事文集》，解放军出版社1991年版，第344页。

时候，收到刘、邓“如无友邻协助……”的告急电报。为了让刘、邓在大别山有一个立足之地，毛泽东最终拍板：按原计划进行，命粟裕再做牺牲。

于是一九四八年一月二十七日，中央军委给粟裕发电：为迫使敌人改变战略部署，吸引敌人二十至三十个旅回防江南，确定华东野战军外线兵团的第一、第四和第六纵队，由粟裕率领渡长江南进，在南方数省执行宽大机动作战任务。计划在湖北的宜昌至监利之间的几个地段渡江进入湘西，或从洪湖、沔阳（今沔城）地区渡江进入鄂南，先在湖南和江西两省周旋半年至一年，沿途兜圈子，以跃进方式分几个阶段到达闽浙赣边，使敌人防不胜防，完全处于被动应付的地位。渡江时间，可在二月，或五月，或秋季。中央并要粟裕“熟筹见复”，此电报按照毛泽东的要求，只有粟裕和叶王陶知道。

三天后，粟裕在与叶、王、陶商议之后，就南进方案复电毛泽东，电文中除了根据毛泽东的命令和要求提出了合适的渡江时机、地点和方法外，再次提醒毛泽东，应该沿着集中主义的方向前进，并且还明确预言：“如果在最近一段时间，将中原的“刘、邓”“陈、粟”“陈、谢”三军集中起来，统一指挥，打几个大歼灭战，必定能够改变中原的战局，是可能于短期内取得较大胜利的。”①与其调动

① 粟裕：《粟裕军事文集》，解放军出版社 1991 年版，第 351 页。

蒋介石的二十万中原主力回到江南，不如选择在中原就地吃掉蒋介石的二十万中原主力为干脆。如果我军吃掉蒋介石在中原的二十万主力，必能在数量和技术上取得优势，“则战局的发展可能急转直下”，也将推进政治局势的迅速变化。

这就不是打破中原僵局解“燃眉之急”，而是迅速夺取全国胜利的“开国大业”。

后来的历史也清楚地告诉我们：

走粟裕提出的集中主义道路，到了一九四八年九月底，粟裕通过豫东战役和济南战役，完成了歼灭蒋介石二十万中原主力于江北的任务，夺取了战场上的主动权；

走粟裕提出的集中主义道路，到了一九四九年一月底，粟裕指挥的华东野战军和刘伯承指挥的中原野战军完成了在军事上打垮蒋介石的淮海战役，最终胜利已经指日可待；

走粟裕提出的集中主义道路，到了一九四九年五月底，粟裕通过渡江战役，不仅完成了在政治上打垮蒋介石的京杭战役，而且完成了在经济上打垮蒋介石的上海战役。

关键时刻，一九四八年四月十八日，粟裕把自己的看法和建议报告给中央。在这个报告中，粟裕建议第一、第四和第六纵队暂不过江，集中中野和华野主力，争取在中原黄淮地区打几个大规模的歼灭战。同时还建议向淮河以南和长江以北派出几个以旅或团为单位的游击部队，配合正面战场作战；向长江以南敌人深远后方派出多路游击队，每路五六百人，消灭敌人的地方武装，摧毁其基层反动政权，破坏敌人的兵源、粮源和其他战争资源，宣传发动群众，以策应我军在中原地区的行动。也就是说，跃进大别山和天目山这样的行动只须派几个旅甚至几个团就可以了。

中央在接到粟裕的建议后，立即回电要陈毅和粟裕一起到中央去当面汇报。于是就有了决定共和国命运的城南庄会议。

在城南庄会议上，毛泽东、刘少奇、周恩来、朱德、任弼时和其他领导同志最终被粟裕说服，同意了粟裕提出的集中主义的作战方案，于是才有豫东战役，解放战争的主动权由此就被“勇”冠三军的粟裕夺了过来。

——这是粟裕在解放战争期间第二次扮演“牵着马”的角色了！

在城南庄会议结束时，毛泽东决定由粟裕担任华野司令员兼政委。在粟裕的辞让之下，毛泽东最终决定，陈毅同志去中原局和中原军区工作，陈毅不在时，其华野司令员兼政委的职务全部由粟裕代理。由于陈毅在豫东战役之前就去了中原局，因此从豫东战役开始，华野司令员兼政委的职务就由粟裕一手代理起来，从此之后一直到上海战役结束的两年间，陈毅几乎抽不出时间去华野司令部。

有了毛泽东在城南庄会议上的英明决策之后，接下来我们可以看到，摧枯拉朽的大反攻就真的开始了：仅仅花了七个月的时间，蒋介石在军事上果然就被打倒了！

那么在豫东战役中，为什么整编七十二师这只“煮熟的鸭子飞了”呢？

其主要原因是粟裕兵团处于背水一战的不利地形，因此得不到后方的支援。

一九四八年七月四日，粟裕致电军委，并报中原局，华东局并许谭，刘邓：

……因连续作战，弹药补充不及，组织及部署须加调整整理，故决定今晚停止攻击，休息一晚，等待路北弹药补充。决微（五日）、鱼（六日）以一、四、六、八、特纵全力展开会歼黄百韬兵团。得手后，拟进行较长时间休补，解除对七十二师之包围与阻击邱清泉兵团之任务，尔后再待机歼敌。此次亦为我续歼七十二师之良机，但因部队月余以来，攻开封及阻击丘、区兵团，及此次战役，部队伤亡（特别是干部伤亡过大）消耗极大，不休补实在无法担任作战，力量不及，战役就此结束。①

假如没有黄河，黄河以北的晋冀鲁豫军区的部队就可以支援上来，若此，“续歼七十二师之良机”就不会错过。

① 《粟裕文选》（第二卷），军事科学出版社2004年版，第516页。

接下来是粟裕于一九四八年七月六日所发的电文：

军委并刘陈邓，华东局，许谭，华北局：

（一）据息顾乃令十八军兼程北进，其先头微（五日）晚已达周口，本晚可超过淮阳。四十七军两个旅及九十九旅已达开封。刘汝明部本日到陈留，七十四师昨已达商丘。敌有东西齐进夹击我之企图。

（二）截至现今，我已歼七十五师全部、新二十一旅、快三纵二团、二十五师四个营、四十旅一个团、八十三师四十四旅一个营，共约十二个团，毙伤俘共四万余人。我们原拟全歼黄兵团，估计要齐（八日）晨始能解决战斗。歼灭该敌，均具有信心，惟势将被迫与援敌作战，对我不利。故决定放弃歼黄计划，本晚就现态势抢运伤员（伤亡近万，因无担架，堆集一线仍多）与胜利品，虞（七日）晚向北转移，争取调整组织与弹药补充待机。①

假如刘、邓大军不是因为外线作战导致元气大伤的话，岂能拦不住刘汝明部和胡琏部？而致使刘、邓大军无法“胜敌益强”、反而“越来越瘦”的原因，其实也是地形不利导致得不到整补造成的，这就与林彪所部背靠根据地作战因而“越养越胖”形成了十分鲜明的

① 《粟裕文选》（第二卷），军事科学出版社2004年版，第518页。

对比。

由此可见，假如粟裕处于内线作战的话，武器弹药都会得到及时的充分补给，伤病员也不需要自己派部队去转运，所有俘获都可以由民兵来押解，因此能够像淮海战役第一阶段在伤亡五万人之后依然可以连续作战那样从容不迫，可以全力以赴地投入战斗而无后顾之忧。

当然，黄百韬兵团的突然杀来，除与山东兵团部署不当和指挥失误有关之外，还有就是步调一致问题没有处理好。

设若山东兵团接受了粟裕的锦囊妙计，在围攻兖州的时候，采取粟裕提出的黄百韬所部不到兖州郊外不撤围的办法，则黄百韬不会那么快就转身杀到睢杞；即使山东兵团按照粟裕的锦囊妙计行事，而黄百韬依然不去解兖州之围就转身杀向睢杞，山东兵团还可以接下来用一周时间拿下兖州，然后出兵向西，直接支援睢杞战场。

设若山东兵团接受了粟裕的建议，在部署上采取围兖州打徐州之敌的部署，也就是把其兵力集中在兖州附近甚至以南地区，则黄百韬部前来解兖州之围时正中下怀；假如黄百韬部还是转身杀向睢杞而不愿意“自投罗网”的话，由于山东兵团三个纵队都在兖州附近，可以立即转移兵力，集中攻打兖州，若此，在此前已经夺取兖州西关的情况下，只要两三天时间就可以拿下兖州，而后拿出山东兵团两个纵队的兵力，抄近路去掩袭黄百韬兵团的后路。

遗憾的是，由于山东兵团在部署和指挥上都没有按照粟裕的要求去做，因此黄百韬兵团突然杀到睢杞。再看我围攻兖州的部队由于提前解围，导致兖州西关重新被敌人占领，这样就浪费了时间，偏偏山东兵团的两个打援纵队，事先都被分散部署在泰安地区以及更加靠近济南的地方，因此最快也要三天时间才能集中到兖州城下，所以，集中兵力攻打兖州的任务无法在一周之内完成，故而也就不可能迅速出兵向西直接支援睢杞了。

此时此刻，敌人的兵力在迅速向睢杞集结过来，而我方的兵力反而被分散在四处。一转眼的工夫，粟裕呕心沥血夺取的战场主动权丢失了。

沧海横流，方显英雄本色。

关键时刻，粟裕使出其“动如雷震”的杀手锏，一下子把黄百韬弄得焦头烂额，要不是胡琏终于赶来，恐怕其自身难保了。华野外线兵团，成功脱离战场，转移。

但是由于战场形势发生了巨大变化，猝不及防的外线兵团损失很惨重。由于伤亡惨重，情绪自然出现剧烈波动，并引发思想上的混乱和相互间的矛盾，以至于十年之后的一九五八年，还有人指责粟裕不应该发起豫东战役的第二阶段。

但是粟裕为什么坚持发起豫东战役的第二阶段呢？

毫无疑问，是为了尽快夺回战场上的主动权！

事实也正是如此，因为通过豫东战役，敌人的机动兵力一下子捉襟见肘了，陷入疲于奔命的状态，因此在济南战役之前，不仅帮助刘、邓大军一举解决了立足问题，而且彻底打破了一年来的拉锯战局面，由此在战场上陷入被动的蒋介石军队，在夺取了战场主动权的我军面前，只有挨打的份了，为此付出的五万人伤亡不仅争取到了宝贵的时间，而且在战略上显然划算：一九四八年五月中旬，蒋介石在中原战场上除保安部队外，还有正规军五十七个旅，豫东战役被歼灭五个旅之后，眼看开封这样的城市我军也能攻克而不得不固守，遂陷入“无所不寡”的被动。

——这就是为什么一直到济南战役时粟裕手中的兵力才能第一次超过对手的原因！

因此，从团队集体主义精神的角度来讲，假如没有一九四八年五月上旬毛泽东在城南庄会议上的英明决策——心甘情愿地让粟裕第二次扮演“牵着马”的角色，就不可能一路下去走上捷径：两个月后，获得了豫东战役歼敌十万人的大胜；再过两个月，获得了济南战役歼敌十万人的大胜；又过了三个月，获得了淮海战役歼敌五十五万人的巨大胜利。

豫东战役之前三次进谏，并且最终说服毛泽东集中兵力打歼灭战的因地制宜做法，充分展示出粟裕那种“君命有所不受”的勇气；豫东战役当中吃掉蒋介石十万人马并且转危为安，这充分展示出了粟裕那种敢于迅速夺取战场主动权的勇气和能力。

地形第十

将帅在战场之上做好赢得决战的工作

孙武想要用“最小的牺牲”完成吴楚之战的作战任务，最后就得在战场之上做好赢得决战的工作，这就意味着公元前五〇六年当吴楚之战进入到执行阶段时，在战场管理上，孙武最后必须做好以下三个方面的工作：

第一，开辟战场，这是一篇“抢占有利地形”的文章。

第二，调兵遣将，这是一篇“合理部署兵力”的文章。

第三，忠诚机智，这是一篇“依靠骨干力量”的文章。

据此，笔者将《地形第十》分为三个小节，并推荐以下句读方式和白话演绎，此外还建议参考粟裕在济徐大决战中所做的在战场上赢得决战的工作等相关。

10.1. 地形有通者，有挂者，有支者，有隘者，有险者，有远者。我可以往，彼可以来，曰通。通形者，先居高阳，利粮道，以战则利。可以往，难以返，曰挂。挂形者，敌无备，出而胜之；敌若有备，出而不胜，难以返，不利。我出而不利，彼出而不利，曰支。支形者，敌虽利我，我无出也；引而去之，令敌半出而击之，利。隘形者，我先居之，必盈之以待敌；若敌先居之，盈而勿从，不盈而从之。险形者，我先居之，必居高阳以待敌；若敌先居之，引而去之，勿从也。远形者，势均，难以挑战，战而不利。凡此六者，地之道也，将之至任，不可不察也。

10.2. 故兵有走者，有弛者，有陷者，有崩者，有乱者，有北者。凡此六者，非天地之灾，将之过也。夫势均，以一击十，曰走；卒强吏弱，曰弛；吏强卒弱，曰陷；大吏怒而不服，遇敌怼而自战，将不知其能，曰崩；将弱不严，教道不明，吏卒无常，陈兵纵横，曰乱；将不能料敌，以少合众，以弱击强，兵无选锋，曰北。凡此六者，败之道也；将之至任，不可不察也。夫地形者，兵之助也。料敌制胜，计险阨远近，上将之道也。知此而用战者必胜，不知此而用战者必败。故战道必胜，主曰无战，必战可也；战道不胜，主曰必战，无战可也。故进不求名，退不避罪，唯民是保，而利合于主，国之宝也。

10.3. 视卒如婴儿，故可与之赴深溪；视卒如爱子，故可与之俱死。厚而不能使，爱而不能令，乱而不能治，譬若骄子，不可用也。知吾卒之可以击，而不知敌之不可击，胜之半也；知敌之可击，而不知吾卒之不可以击，胜之半也；知敌之可击，知吾卒之可以击，而不知地形之不可以战，胜之半也。故知兵者，动而不迷，举而不穷。故曰：知彼知己，胜乃不殆；知天知地，胜乃可全。

（《孙子兵法·地形第十》）

第一步≫ 开辟战场到位

地形有通形，有挂形，有支形，有隘形，有险形，有远形。

我方可以过去，彼方也可以过来，这就叫通形。对于通形，抢先占据高地的阳面，并控制住粮道，这样决战时会更有利。

可以过去，难以返回，这就叫挂形。对于挂形，敌方若无备，出击可以取胜；敌方若有备，出击不能取胜，又难以返回，不利。

我方出击不利，彼方出击不利，这就叫支形。对于支形，敌方即使有利于我方，我方也坚决不出击；引诱敌方离开阵地，令敌方一部分出击而后攻击，这样才有利。

对于隘形，若我方先占据它，务必部署到足够充实而后等待敌方来进攻；若敌方先占据它，见部署足够充实就不要攻击，见部署不够充实才可以攻击。

对于险形，若我方先占据，务必占据高地的阳面并等待敌方来攻击；若敌方先占据，引领部队离去，不要发动攻击。

对于远形，双方情况相当，难以挑逗敌方来击，自己奔袭过去也不利。

所有这六条关系战场决战的处理，都是决战地形利用的纲要，是将领能否取得决战胜利的关键，来不得半点差错。

第二步≫ 调兵遣将到位

部队有走症，有弛症，有崩症，有乱症，有北症。所有这六种症状，并非天地的灾害，而是将领的过失。

假设双方人数相当，我方用一份的兵力就可以抗击敌方十份的兵力，这就叫走症。

士卒的能力强，而将领的能力弱，这就叫弛症。

高级将领闹意见，不服从指挥，遇到敌军失去冷静，不打招呼就独自投入战斗，主将不知道其逞能，这就叫崩症。

将领软弱缺乏威严，教导与指令不明确，队伍的指战员人选经常变动，排兵布阵找不到各自的位置，这就叫乱症。

将领不能判断敌方的对抗能力，以人少对人多，以弱小攻强大，进攻没有尖兵，这就叫北症。

所有这六种关系到对抗能力的不良症状，都是招致决战失败的迹象，是将领能否及时加以纠正从而确保取得决战胜利的关键，来不得半点差错。

决战的地形，是军队胜利的靠山。正确判断敌人的对抗能力，合理配置制胜的决战部署，认真计算地形的险易远近，这是主将决战的要领。

知道这些要领的将领被用于进行决战，必然获得胜利；

不知这些要领的将领被用于进行决战，必然导致失败。

所以，

当按上述情形断定决战必定获胜的时候，即使国君要求不能出战，断然决战就是了；

当按上述情形断定决战不能获胜的时候，即使国君要求必须决战，不要出战就是了。

所以，进不求虚名，退不避妄罪，唯求民众得以保护，而后利益合乎国君，这样的将领才是国家的重宝。

第三步≫ 忠诚机智到位

对待士卒如婴儿般仁厚，能激发士卒的信任度因而可以与之赴深溪；

对待士卒如爱子般慈善，能激发士卒的忠诚度因而可以与之俱死。

光有仁厚而不加以教导，

光有慈善而不加以锻炼，

发现乱来而不加以革治，

就如同骄纵子女那样，也是不可取的。

只知道我方的士卒可以用来攻击，而不知道敌方还不可以被攻击，获胜的机会不超过一半；

只知道敌方可以被攻击，而不知道我方的士卒还不可以用来攻击，胜利的机会不超过一半；

既知道敌方可以被攻击，又知道我方的士卒可以用来攻击，但是不知道地形不便于用来决战，获胜的机会只有一半。

所以知道决战的将领，行动不会盲目，举止不会停滞。

总而言之，在战前的准备阶段，既知道己方的心理期待和思想顾虑，又知道敌方的心理期待和思想顾虑，未来获胜的过程才有可能不会出现磕磕绊绊；

同样道理，在实际的执行阶段，既知道战时管理，又知道战场管理，最终获胜的绩效才有可能达到期望中的那样完美无缺。

济徐大决战

“不 穷”之 战

济徐大决战是粟裕“谱曲”的第十场歼敌过万的运动战案例，其“曲制”如下：

第一“乐章”：为了确保王耀武“服从命令听指挥”，粟裕“顺详敌之意”，严格按照王耀武战前所作出的“济南外围能守半个月、市区至少能守一个月”的估计，选择位于济南西郊的飞机场一带为主要战场，大约用两周时间，争取全歼由吴化文指挥的敌西守备区兵力和由晏子风指挥的敌机动兵力。假如没有上海战役，没有人会相信粟裕会动这个脑筋；但是有了上海战役，没有理由怀疑粟裕真会动这个脑筋。众所周知，在后来的上海战役中，粟裕就采用了钳击吴淞口的办法，“指挥”汤恩伯“挖西墙补东墙”，从而将汤恩伯原本部署在上海城区的三个军又一个师歼灭在增援东郊的途中。同样道理，在此刻的济南战役中，粟裕将会采用钳击飞机场的办法，“指挥”王耀武“挖东墙补西墙”，从而将王耀武原本部署在济南城区的三个旅又七个连歼灭在增援西郊的途中。鉴于王耀武的机动兵力由整编第二师师长晏子风指挥，因此粟裕命令宋时轮指挥西兵团之第三纵队和第十纵队，在佯攻整编第八十四师时，选择晏子风不能割爱的整编第二师为主要攻击对象，从而迫使晏子风指挥机动兵力前来飞机场增援整编第二师，待敌人机动兵力离开商埠与我争夺飞机场之际，命令埋伏在侧翼的第十三纵队切断敌人机动兵力的退路，用三个纵队的兵力包围敌西守备区兵力和机动兵力，继而在吴化文的配合之下，将其歼灭在野外。

第二“乐章”：鉴于此时的王耀武手中正规部队仅剩整编七十三师，是理想的围点打援诱饵，因此从第三周开始，粟裕着手实施围点打援计划，锁定的目标就是从津浦路北上增援的黄百韬兵团和李弥兵团，预设战场选在鲁南的邹滕地区。假如没有淮海战役，没有人会相信粟裕会下这个决心；但是有了淮海战役，没有理由怀疑粟裕真会下这个决心。参照不久之后的碾庄战役来看，从十月一日开始，宋时轮指挥的第三纵队和第十纵队转入对邱清泉集团的阻击，留下第十三纵队清除商埠外围阵地，而第九纵队已经扫除东防守区的外围阵地，此时许世友正式开始履行攻城集团总司令的使命，负责指挥山东兵团攻打济南城，一天之后就把王耀武压缩在商埠、外城和内城。

第三“乐章”：预备歼灭邱清泉兵团于鲁西地区。到了十月十五日，鉴于邱清泉兵团已经被我半推半就地请到了兖州附近，粟裕用此前陆续从津浦路转移出来的兵力，加上阻击邱清泉兵团的外线兵团，开始对邱清泉兵团展开合围，一周之后，因陷入太深而撤退不及的邱清泉兵团被我围困在鲁西地区。假如没有淮海战役，没有人会相信粟裕敢下这个决心；但是有了淮海战役，没有理由怀疑粟裕真敢下这个决心。参照不久之后的陈官庄战役来看，为了掩护我军围歼邱清泉兵团的行动，我苏北兵团加上从济南城转移过来的第十三纵队和第九纵队，从十月十五日开始，对津浦路上的李弥兵团和稍后赶来的黄维兵团展开阻击。鉴于蒋介石原来计划用于北援的十七万兵力当中，已经丧失了黄百韬兵团，因此运河以西邱清泉兵团无论如何逃不出粟裕八个纵队的围追堵截，更何况华野此时围捕邱清泉兵团的补给线远比淮海战役中于陈官庄围歼邱清泉兵团的补给线短，再换个角度来讲，因邱清泉兵团的补给线更长，所以被包围的邱清泉兵团如若选择突围的话，我军正好可以歼敌于运动当中，所以损失反而更加少。当然，黄维兵团的出现，增加了我津浦路阻击的难度，但是地形于我十分有利，而且我外线兵团此前伤亡不超过三万人，因此粟裕手中还有二十九万兵力，除了阻击李弥兵团以及黄维兵团需要六万兵力之外，还可以拿出来二十三万兵力对付邱清泉兵团，因此粟裕用不着像后来淮海战役那样七天七夜不睡觉。

第四“乐章”：准备歼灭胡琏兵团于鲁南地区。假如没有淮海战役，没有人会相信粟裕能下这个决心；但是有了淮海战役，没有理由怀疑粟裕真能下这个决心。参照不久之后的双堆集战役来看，蒋介石不会坐视邱清泉兵团十万大军被我在鲁西地区歼灭于运动当中，所以会命令邱清泉兵团用刺猬战术固守的同时，又命令李弥兵团和胡琏兵团打通津浦路，这样一来，李弥兵团和胡琏兵团就会相继出现在鲁南地区，至于那李延年兵团、刘汝明兵团、孙元良兵团将负责守备徐州及其周边的铁路线。显然，在津浦线只用六万兵力来阻击李弥兵团和胡琏兵团，肯定支撑不了多久，所以要做成这笔生意，除了需要让刘、邓大军看住李延年兵团、刘汝明兵团、孙元良兵团之外，还需要粟裕在李弥兵团和胡琏兵团推进到邹城之前，至少把疲惫的邱清泉兵团打残，然后及时转移出十万兵力参加对李弥兵团和胡琏兵团的阻击中来，并且趁机切断李弥兵团和胡琏兵团撤回徐州的后路，于是第四笔"生意"就能够做成了。此时蒋介石从关内拿不出兵力增援锦州，所以，林彪可以放心大胆地夺取锦州并且封锁营口，全歼关外的国民党军，而粟裕需要做的是，尽快歼灭邱清泉兵团，而后去全力以赴应对李弥兵团和胡琏兵团，因为蒋介石把增援东北的兵力都投到华野这边了。在用四万伤亡全歼邱清泉兵团之后，粟裕手中还剩二十五万兵力，采用即俘即补的办法歼灭李弥兵团和胡琏兵团十五万兵力，应该没有大问题，而且可以悠着点打。即使敌人的其他援军能够积极增援，华野完全可以凭借有利的地形加以层层阻击，何况我阻援兵力放李延年兵团、刘汝明兵团、孙元良兵团过来，恐怕他们也不敢挺进，除非宋希濂兵团在一个月后赶来才行。

济徐大决战按计划打响，结果王耀武"真是像听我们的命令一样”，第一时间就把机动兵力西调。眼看王耀武将要“只留下了”一个正规师防守济南城的时候，就在这个节骨眼上，突然发生了“大吏怒而不服，遇敌怼而自战”的情况。也许是黄百韬和邱清泉命不该绝，结果粟裕精心策划的上述四笔“生意”只做成了济南战役这一笔，而且这一笔“生意”的“利润”还大大缩水了。这让人想起了粟裕在《黄桥战役总结》中告诫的教训：“可是，这次营溪战斗最大的缺点是打得太早。顽固派的军队刚刚到营溪、野周庄、运粮河、高家湾一线，我们就出击，结果打着一部分，其余跑掉了！好像乌龟头刚刚伸出了一小节，我们就一刀砍下去，结果没有砍到，给他缩到曲塘、胡家集的乌龟壳里去了。”这次情节有所不同：“正在乌龟把头伸出来时，不料尾巴遭到突击，所以把头缩回去了。”为了抓住“漏网之鱼”，粟裕未待济南战役结束，就提出了展开淮海战役的建议，从而体现出了粟裕在指挥上“举而不穷”的能力，故而称之为“不穷”之战。

济南战役于一九四八年九月十六日打响，九月二十四日结束。我军以两万六千人伤亡的代价，完成了歼敌十万余人并且夺取济南城的任务。

《地形第十》指出了赢得战场决战的三个环节：开辟战场到位；调兵遣将到位；机智忠诚到位。

为进一步加深对此的理解，特推荐大家参考《粟裕战争回忆录》第十七章《济南战役》。以下是《济南战役》的片段摘录以及笔者对此所作的一些剖析。

济南战役是华东野战军以敌人重兵守备和具有坚固工事的在城市进行的大规模攻坚战。这次战役，标志着华东我军由不拘于一城一地的得失，转变为永久地占领大城市和统一大块解放区的时期到来，也是华东我军在革命战争的道路上，进入最后夺取大城市阶段的开始。

这次战役发起前，一九四八年九月，在攻济打援战场上，出现了我军在兵力上优于敌人的新局面。华野外线部队北上和山东兵团会合了，后来，又将苏北兵团的两个纵队和一个旅北调山东，我军在山东总兵力达十五个纵队共三十二万人，而敌人守城和可能增援兵力总共仅二十八万人。战役何时发起，我军完全掌握主动，对战役的筹划和准备，都不像以往那样紧迫，可以做到准备充分才动手。

然而，济南是山东省会，北靠黄河，南倚群山，地势险要。蒋军在日伪时期的原有工事基础上，大加扩建，筑成了支撑点式的永久和半永久的城市防御体系，易守难攻。蒋介石命令第二"绥区"司令王耀武统率九个正规旅、五个保安旅和特种兵部队十万余人死守济南。同时，在徐州附近，集中了邱清泉、李弥、黄百韬三个兵团伺机北援，这三个兵团机动兵力约十七万余人。当时陈毅同志在中原军区工作未回，军委、毛泽东同志九月十一日电示："全军指挥由粟裕担负。”

中央军委攻打济南的作战方针

我军战史上运用过“攻城阻援”的方法，即以攻城为目的，大部分兵力用于攻城，小部分兵力用于阻援，阻援是攻城的手段。我军战史上也运用过“围城打援”的战法，即以小部分兵力围城，这是诱敌来援的手段，而以大部兵力用于歼灭来援之敌，这是目的，我对豫东之战的方案虽是既攻城又打援，但与济南战役不同，那是先攻城后打援，战役分为两个阶段，可伺机行事。这次“攻济打援”则是在新条件下的崭新战法，特点是在保证有足够的兵力攻下济南的前提下，以大部分兵力用于打援，求得在攻济的同时，歼敌援军一部，这是达到攻济目的的必要手段。

这一新的战法，是军委、毛泽东同志经过反复思考才确定的。

我先谈谈这一新的战法的形成过程。早在豫东战役期间，敌军原定北上增援兖州的第二十五军在黄百韬指挥下掉头南下增援豫东，为山东兵团攻克兖州创造了条件。一九四八年七月十三日兖州攻克，济南已成孤城。次日（十四日），军委给我来电：“拟令许世友、谭震林于攻克兖州济宁后，休息两星期，即向济南攻击，迫使邱清泉黄百韬两兵团分兵北援（敌非北援不可）。此时，你们则寻敌一部攻击，使敌既被迫分散，又首尾不能相顾，利于我之各个击破及尔后大休整。许谭攻济南，可先占机场，以两三个星期时间完成攻城准备（包括恢复疲劳、补兵、练兵、侦察及部署等）。然后看敌援兵情况，决定先打援或先攻城，如攻城打援均无把握，则收兵休整。”

这时，我和野直机关尚在豫皖苏地区，经过考虑，我们于七有十六日电复军委：“以许谭现有主力攻济南与打援，势难兼顾”，“建议许谭与我们争取时间休整一个月，尔后协力攻打济南，并同时打援。”此时雨季已到。军委于二十三日批准了我们的建议，并要我们待休整完毕后，或转外线打几仗然后攻济南，或先攻济南并打援，提出作战计划。

我和陈士榘、唐亮、张震、钟期光同志讨论后，于八月十日联名向军委提出三个作战方案，第一方案是“集中全力转到豫皖苏及淮北路东地区作战，截断徐蚌铁路，孤立徐州，将重点放在打援上，求得于运动中首先歼灭（新）五军，继而扩大战果，歼击其他兵团”。第二个方案是“集中主力首先攻打济南，对可能北援之敌，仅以必要之兵力阻击之”。第三个方案是“攻占济南与打援同时进行，但应有重点配备与使用兵力，即战役分为：第一阶段以两个纵队（全军以十三个纵队计算）抢占济南机场而巩固之后，在济敌反夺机场中，尽力歼灭其反击力量，以削弱其守备兵力；同时以其余十一个纵队打援，则兵力足够（敌援可能性很大，如敌不援则以攻济南为主）歼灭敌人援兵之一路（首先以歼五军为目的）或两路，只要援敌被歼，则攻济有保障。第二阶段则于歼灭敌之主要一路后，以一部分阻击，而将主力转到攻打济南”。三个方案各有利弊，我们在报告中倾向于第三方案。关于打援问题，我们将打援战场选择在汶河以北，泰安以西，肥城以南地区或邹县、藤县间地区，阻援战场选择在鲁西南金乡、巨野、嘉祥地区。

军委和毛泽东同志于八月十二日复电，同意攻济打援，并预计了可能出现的三种结果：第一，打一个极大的歼灭战，即既攻克济南，又歼灭大部分援敌；第二，打一个歼灭战，即攻克济南，又歼灭一部分援敌；第三，济南既未攻克，援敌又不好打，形成僵局，只好另寻战机。同时又高瞻远瞩地指出我们第三方案“弱点是只以两纵占领飞机场，对于济南既不真打，并不真援。邱清泉、区寿年兵团之所以真援开封，是因为我们真打开封。敌明确知道我是阻援，不是打援，故以十天时间到达了开封。如果你们此次计划不是真打济南，而是置重点于打援，则在区兵团被歼，邱黄两兵团重创之后，援敌必然会采取（不会不采取）这种谨慎集结缓缓推进方法。到了那时，我军势必中途改变计划，将重点放在真打济南。这种中途改变计划，虽然没有什么很大的不好，但丧失了一部分时间，并让敌人推进了一段路程，可能给战局以影响”。并且指示：“我们目前倾向于攻城打援分工协作，以达既攻克济南，又歼灭一部分援敌之目的。”

接到军委上述复示后，已得悉敌人空运第十九旅到济南，增加防守兵力。这时，我已率野直机关及部分纵队干部到达曲阜与谭震林同志会合，我们商量后认为，为确保攻济必克，须加强兵力才能奏效，但是又感到不论打援和攻坚，手中兵力尚非绝对优势。于是，我们于八月二十三日联名报告军委，要求调苏北主力部队（除留一至两个旅在苏北坚持外）北上参战。次日，军委批准除第三十三旅、第三十四旅留在苏北外，苏北兵团的两个纵队和一个旅北上参战。这样，在攻济打援战场上敌我兵力对比，我们取得了优势。

军委对战役采取极其慎重的态度。根据山东战场敌我力量对比，八月二十六日指出，必须预先估计三种可能情况：（一）在援敌距离尚远之时攻克济南，（二）在援敌距离已近之时攻克济南，（三）在援敌已近之时尚未攻克济南。二十八日又指示我们："最重要者是一个月左右还不能攻克济南，必须大量歼灭援敌，例如六个旅、八个旅或更多些，根本停止了援敌前进，给我以所需要的一切攻城时间，例如一个半月，两个月，或更多些（打临汾曾费去七十二天）才能克城，你们的根本出发点应放在这种情况上。我们不是要求你们集中最大兵力，不顾一切硬攻济南，这样部署是非常危险的。我们要求你们的是以一部兵力真攻济南（不是佯攻，也不是只占飞机场），而集中最大兵力于阻援和打援。"这就是军委"攻济打援"方针形成的过程。

军委着重提出集中最大兵力阻援打援和真攻济南，给我很大启示。在中国革命战争走农村包围城市的道路上，已发展到最后夺取大城市的新时期，应以新的发展的观点来认识歼灭敌人有生力量和夺取大城市的辩证关系。以往，不论"攻城阻援"还是"围城打援”，都是为了歼灭敌人有生力量；济南战役则不仅为了歼敌有生力量，而且为了将大城市永久地巩固占领之。这样，我们无后顾之忧，可以集中更大兵力去争取前所未有的更大胜利。

华野前委一致拥护这一方针。根据战场的实际情况和军委的指示，我决定将参战兵力的百分之四十四组成攻城集团，将参战兵力的百分之五十六组成打援集团。攻城集团兵力为六个半纵队及特种兵纵队大部分，附地方武装共十四万人，根据军委指示由许世友任攻城集团司令员，谭震林兼政治委员，王建安任副司令员。以山东兵团领导机关作为攻城集团的领导机关。打援集团兵力为八个半纵队及特种兵纵队一部分，附地方武装共十八万人，由华东野战军司令部直接指挥。

毛泽东同志同意了我们的方案。九月十日，许世友同志到达攻城集团指挥所，次日，毛泽东同志发电给他，对攻济打援方针作了很好的说明，指出：“此次作战部署是根据军委指示决定的、即目的与手段应当联系而又有区别。此次作战目的，主要是夺取济南，其次才是歼灭一部分援敌。但在手段上即兵力部署上，却不应以多数兵力打济南。如果以多数兵力打济南，以少数兵力打援敌，则出援敌甚多，势必阻不住，不能歼其一部，而不能取得攻济的必要时间，则攻济必不成功。”

在以往的战役中。我的指挥位置尽量向前推，以便及时了解情况，直接指挥主攻部队，这一次我的指挥位置在宁阳西北的大柏集。以便更好地关照全局。

也许有人这样提问：是否当年把敌情估计得过于严重呢？这次战役既没有打两、三个月，也没有打一个月或二十天，仅仅八天就解放济南了，敌人援兵也没有敢动手，这些岂不是说明“攻济打援”方针显得顾虑太多了吗？

我看，不能这么说，虽然，在豫东战役中，我军一度攻克当时河南省会开封，但是，济南守战的兵力和构筑的工事，都比开封为强，打这样坚固设防的省会，我们还是第一次。毛泽东同志以攻打临汾费去七十二天的事实，告诫我们谨慎从事，这是正确的、必要的。尤其是战略决战即将到来的关键时刻，攻济能否成功，与战略决战关系很大。从一定意义上来说，这次是战略决战阶段的序幕，必须谨慎从事。在以往攻城失败战例中，有些是正当守敌已经精疲力竭，再经受不住最后一击之际，可是各路援敌已蜂拥而至，我军背后受敌，以至只得被迫撤围，这种“为山九仞、功亏一篑”的事情，决不允许在战略决战即将到来的时刻重演。必须谨慎从事，以最坏情况作根本的出发点。徐州地区的敌人正是慑于我军打援集团兵力强大，才不敢贸然进犯。敌人增援部队不敢前来，正说明军委、毛泽东同志攻济打援方针的正确。

这种“攻济打援”的战法，后来用于淮海战役，在保证有足够兵力歼灭黄百韬兵团条件下，以大部兵力阻击邱清泉、李弥和孙元良兵团，其效果就更明显了。还需指出，在有些材料中把“攻济打援”

的作战方针割裂开来，认为济南战役就是“攻济”，而打援则是另一个未实现的战役计划。这种看法既不符合当年的实际情况，也缺乏对毛泽东军事思想的全面理解。

攻济打援的具体部署

济南敌人的防御阵地，由外围防御地带与基本防御地带构成。外围防御地带以齐河、长清、崮山、张夏、中宫、王合人庄等为警戒阵地，沿鹊山、中店铺、峨眉山、大庙屯、兴隆山、砚池山、茂岭山、华山线构筑主要阵地，纵深达十余公里，由一百六十余个支撑点组成。基本防御地带由三线阵地组成：商埠为第一线阵地，外城为第二线阵地，内城为核心阵地。王耀武自恃工事坚固.认为外围能守半个月，市区至少能守一个月。

面对敌人的防御情况，我着重从兵力部署上分析敌人守城的重点。济南守城之敌，在王耀武统一指挥下，以泺口、马鞍山为界，分为东、西两个守备区，守备东线的是中央军，守备西线的是杂牌军吴化文部。国民党军历来有正规军和杂牌军、中央军和地方军之分，界限是很明显的。济南守敌既然将中央军置于东线，显然以东线为其重点。西线守敌六十九军军长吴化文，在战役前曾有弃暗投明的表示，可能在战场起义，这就可使敌防线出现缺口。同时敌人的机场在城西，攻下机场，可切断敌人空中的补给线，不但断绝敌人兵力和物资的来源，而且给敌人精神上以严重打击。为此，我决定将攻城兵力重点首先用在西线。这个问题涉及集中兵力问题，毛泽东同志说，集中兵力，说起来容易，做起来难，我的体会，如何判断和选择重点是关键。

我们将攻城集团也分为东、西两个兵团，从东、西两面向济南实施钳形夹击。西兵团以第三纵队、第十纵队、两广纵队、鲁中南纵队（四个团）及冀鲁豫军区一部兵力组成，由第十纵队司令员宋时轮、政治委员刘培善统一指挥；东线兵团以第九纵队、渤海纵队（六个团）及渤海军区一部分兵力组成，由第九纵队司令员聂凤智、政委刘浩天统一指挥。此外，以第十三纵队为攻城预备队。特种兵纵队组成两个炮兵群，分别配属给东、西兵团。

至于打援集团，我们采取"夹运（河）而阵"的部署。在运河以西配置第四纵队、第八纵队和冀鲁豫军区的两个旅，依托水洼地带，构筑多道纵深的工事，坚决阻击由鲁西南北犯之敌，而将打援集团的大部配置在运河以东，由第一纵队、第二纵队、第六纵队、第七纵队、第十二纵队、中野第十一纵队及鲁中南纵队（四个团）组成，拟在邹县以南集中三十个团歼援敌三个旅，而以其余二十二个团钳制援敌的其余各部，尔后再依情况发展而定下一步作战。

济南战役定于九月十六日开始。在开始前三天（即十三日夜晚），我南线江淮军区和豫皖苏军区部队开始破击徐州至商丘、徐州至蚌埠、徐州至运河站的铁路线并威胁徐州，迫使敌人分兵以防徐州。同时，我们指示淮南部队破击蚌埠至浦口的铁路线，留在苏北的第二十三旅向运河线进袭，以配合济南战役。

以上作战计划，得到军委批准。

九月九日，我在参加西兵团作战会议中，得知济南飞机场及其外围防守兵力已达五个旅，正日夜赶筑工事，第三、第十纵队进攻均感吃力，至少要拖长时间。当天我向许世友、谭震林同志提出：“一、鲁中纵队首先沿大沙河东北攻大高山、双山头、举洞顶、马林并转向党家庄、井家沟攻击前进。二、第一步作战，十三纵最好全部，如不能全部使用时，至少望抽一个师或更多兵力协同华中纵队由南攻取飞机场。”同一天，攻城集团来电建议把西兵团的一个纵队调到铁路以东。十日我复电“攻济战役之能否成功，正如军委所示，在于时间的取得，而攻济之第一步要求似宜以迅速攻占机场断绝敌人空援为目标。……攻城第二步再以主力转向济城及商埠”，“总以能迅速攻占机场为第一步作战目标”。于是攻城仍按原定部署实施。并决定第十三纵队紧随鲁中南纵队跟进，于必要时加入攻击。

战役发起前，我军进行了充分的有针对性的准备工作。在攻城方面，担任攻城的几个纵队，对济南的地形，敌人的工事构筑，兵力分布，活动规律及政治情况等都进行了详细地了解，编写了敌情资料，并派出一些干部前去现地侦察。同时，广泛开展战前大练兵活动。各部队根据自身受领的任务，布置沙盘作业，选择近似实战的地形，模拟敌人的工事，反复进行演练。炮兵部队统一指挥、集中使用，进行抵近射击为主的训练。

担任打援和阻援的部队，一面构筑多层的防御阵地，一面组织干部勘察战场，根据各自的任务和地形特点，制定作战预案，进行演习。

在这次战役准备工作中，还增加了一项新的内容，就是接管城市和对城市实行军事管制的准备工作。为此，成立了以谭震林为主任的“济南市军事管制委员会”，颁发了“约法七章”和“十项规定”，华东局配备了大量的接管干部，华东军区指派三个团担任城市警备，并对这些部队进行了城市政策的教育和卫戍勤务训练。这次对济南市的军管，又为以后对南京、上海等大城市的军管，提供了经验。

在西兵团向济南开进之前，我特地到十纵给营以上干部讲话，鼓励他们英勇奋战，打进济南府，活捉王耀武。十三日，我给许、谭、王（并报中央军委）去电：“按原计划于饶（十六日）晚开始对济南攻击，三、十、两广纵队及特纵均已按计划开进，可如期发起战斗，尔后请你们直接指挥他们。”

攻占济南外围防御地带

十六日夜，天高气爽，月明星稀，我军在月光下向敌外围阵地展开全面攻击。我军根据敌外围防御地带支撑点虽多，但纵深长，空隙大的特点，不是正面平推，而是采用穿插迂回，大胆楔入，打开口子，突入纵深，分割围歼的战法，以肢解敌人的防御体系。激战至十七日，我西兵团攻占长清、双庙头等地，十八日，占领古城、玉皇山、党家庄等地，迫近吴化文部所据守的阵地，并以炮火控制了机场，迫使敌人停止了空运。与此同时，东兵团攻占城东屏障茂岭山、砚池山、回龙岭等要点，十七日又乘胜攻占窑头、甸柳庄，并继续向前发展。

我军的攻势如此迅猛，使敌人消耗我军主力于外围的计划，成为泡影，特别是我东兵团的攻势，进展迅速。王耀武自信可坚守半个月的济南东部屏障——茂岭山、砚池山等要点，竟被我军在一夜之间攻占，使他大为惊慌。他本来判断我军主攻方向在西线，曾将总预备队两个旅西调古城以西。这时，他错误地判断我军的主攻方向在东面，一面慌忙把预备队两个旅调到东面，一面用第十五旅及刚空运到济南的新编第七十四师一部，向茂岭山、砚池山等处进行反击，企图恢复城东屏障，又将机场以西的第二一一旅调入商埠加强城防。这更给我西线的攻击造成有利的条件。说明局部战场指挥员的主观能动作用，常能对战役全局起很有利的影响。此时，吴化文面临覆灭的命运，于十八日晚派出代表，向我军接洽起义。为防止其中途生变，我一方面命令他立即撤出阵地，一方面命令西兵团积极向吴部进逼，乘胜扩大战果。

十九日晚，吴化文率三个旅约两万余人起义，将飞机场及周围防区移交我军，使王耀武的西部防区防线出现了一个缺口。我西兵团接替了吴化文的防区，乘机疾进，至二十日拂晓，把商埠西面的外围阵地全部占领。我即电告宋时轮、刘培善同志：“应乘机向商埠及城区猛攻，以扩大战果。”与此同时，东兵团攻克了燕翅山等要点，主力迫近外城之下，积极准备攻城。

至此，王耀武宣称可防守半个月的外围防御地带只经四天就被我全部占领。

打到济南府，活捉王耀武

“打到济南府，活捉王耀武”这个口号是我和谭震林同志在战役动员令中提出的，并经总政治部复示同意。此时到了实现这个口号的时候了。

我军的神速进攻和吴化文部队的起义，引起敌人内部极大的震动，王耀武坚守济南的信心动摇了。他分别致电蒋介石和徐州“剿总”司令刘峙说：“吴化文部投共，济南腹背受敌，情况恶化，可否一举向北突围。”蒋介石回电令其“将阵地缩短，坚守待援”。刘峙也电令“固守待援”。

二十日，我电告许世友、谭震林、宋时轮、刘培善：“吴化文既已起义，且我军已完全控制商埠以西(包括机场)以南、西南及城东和东南阵地(仅千佛山、马鞍山、四里等地仍有敌固守)，则战局可能迅速发展，望令各部就现态势以三、十及十三纵并力迅速向商埠攻击，得手后，则全力攻城。”当晚六时，我西兵团使用第三、第十、第十三纵队及鲁中南纵队(四个团)，从南、西、北面对敌基本防御地带之第一线阵地——商埠，展开猛烈攻击。敌稍加抵抗后即向东后撤，据守坚固楼房，企图进行顽抗。我四个纵队并肩前进，与敌展开激烈的争夺楼房之战，战至二十二日中午，将商埠之敌两万余人全部歼灭，抵近外城西门。与此同时，东兵团已扫清了城外敌人的地堡群，准备攻城。

我占领商埠之后，王耀武判断我军至少需要三至四天的准备，才能攻城。于是又调整部署：仍以一部兵力坚守城外千佛山、马鞍山、齐鲁大学、花园庄四处要点，同时把第七十七旅、第二一三旅、保安第三旅及第六旅置于外城，把第十五旅、第十九旅、第五十七旅集中于内城，积极加修工事，准备顽抗。

为了不给敌人调整部署和加修工事的时间，我军乘敌人惊慌和调动混乱之际，对外城发起攻击。此时，攻城以西线为重点的目的已经达到。为适应这一情况，我在战役指挥上，强调充分发挥东、西兵团的钳形攻势的作用，实行东西对进。我东、西兵团二十二日十八时三十分，向外城发起总攻。经过一小时激战，从多处攻入外城，与敌展开巷战，战至二十三日，我占领外城大部，逼近内城。

此时，王耀武认为我军经过七昼夜连续作战，“伤亡重大”，“疲惫不堪”，至少进行三至五天的休整，才能进攻内城。他打算利用这一空隙，调整内城的部署，加修巷战工事，并用炮火猛轰外城，破坏我军进攻内城的准备工作。

蒋介石一面严令徐州集团加速北援，一面令空军出动大批飞机，对我占市区日夜进行轰炸，并投掷大量燃烧弹。炸毁和烧坏了大量民房。

为了乘胜迅速全歼敌人，并减轻敌人对城市的破坏，发挥我军特有的不怕伤亡、不怕疲劳、善于连续作战的特长，我们决心立即于当天我入城部队东西对进，直逼伪省政府。王耀武见失败已成定局，把指挥权交给参谋长罗辛理，自己化装潜逃。黄昏时，我军攻占伪省政府，全歼内城守敌。济南战役胜利结束。

在攻城之战中，我军始终控制着强有力的预备队，用轮番使用兵力，边打边准备，边打边补充，连续突击，猛打猛追，不给敌人喘息和整顿的机会，并使敌人判断错误，措手不及，指挥失调。

徐州北援之敌，虽经蒋介石一再严令督促，但他们察知我强大打援兵团严阵以待，又慑于豫东之战区寿年兵团被歼之命运，迟迟不敢推进与我打援集团交战，至我军攻克济南时，敌第二兵团方进至城武、曹县地区，第七、第十三兵团尚在集结中。我军担任打援的这八个纵队，便成为打下一个战役的生力军。由济南化装逃走的王耀武、绥区副司令牟中珩、国民党山东省党部主任委员庞镜塘，都被我地方武装及民兵捕获。

这次战役，共歼敌十万四千余人（包括起义二万人），活捉国民党将领二十三名，缴获各种炮八百多门，坦克和装甲车二十辆，汽车二百三十八辆。济南解放后，菏泽、临沂、烟台等地敌军便仓皇弃城而逃，山东境内除青岛及南部边沿少数据点尚为敌占领外，其余全获解放。

战役期间，华东解放区各级党政领导机关及支前委员会，共动员了五十万支前民工，一万四千副担架，一万八千辆大小车，筹粮一亿四千万斤，为战役提供了有力支援和雄厚的物资。参加支前的广大民兵和民工，在作战中表现了高度的组织性和革命热情，他们的实际行动，给我军士气以很大鼓舞，为战役胜利作出了巨大贡献。

争取更大胜利

在济南战役以前，我就考虑攻下济南后的行动方向。当时军委赋予我们的歼灭整编第五军的任务还没有完成，我预期在攻济引援中将该军歼灭，然后再遵军委指示实现渡江。我还反复思考，认为济南战役结束后，还是兵出徐蚌线以东为宜，因为：如回师与中野会合，寻战于徐州西南，则我军处于蒋军的武汉集团与徐州集团之间，战斗一开始便将和优势之敌决战；如兵出徐蚌线以东，攻占两淮（即淮阴，淮安）、高邮、宝应，则可暴露津浦线，并迫使敌人退守（至少要加强）津浦沿线与江边，以减少其机动兵力，便于我恢复江边工作，为将来渡江创造有利条件，也便于尔后华野全军进入陇海路以南作战时能得到华中人力、物力的更大支持和运输车辆供应的方便。为此，济南战役前八月二十三日我们请示军委调苏北兵团北上打援时，就提出“两个月以后，我们即可举全力沿运河及津浦南下，以一个兵团攻占两淮及高邮、宝应，则苏北局势即可大大开展”。

在济南战役过程中，敌援兵未来，歼灭整编第五军的设想未能达到，我又进一步考虑到攻取两淮及高宝时，也采用攻济打援的战法，以苏北兵团并加强一个纵队担任攻城任务，全军主力应置于宿迁至运河车站沿运河两岸，以歼灭可能自徐（州）海（州）线来援之敌，如敌不援或被阻，则第二步以三个纵队攻占海州、新浦、连云港。

九月二十四早晨，济南城内巷战正烈之际，我将上述诸考虑向军委报告请示，并将下一步举行的战役定名为“淮海战役”。次日，在济南祝捷声中，接到军委复示：“我们认为举行淮海战役，甚为必要。”刘伯承、陈毅、邓小平也来电赞同举行淮海战役。同时，军委估计济南战役胜利后敌情的变化，指出：“黄百韬兵团将回至新安镇运河车站地区。你们第一个作战，应以歼灭黄兵团于新安、运河之线为目标”，“歼灭两淮高宝地区之敌为第二个作战”，“歼灭海州、连云港、灌云地区之敌，为第三个作战”。果然，济南战役结束后的第三天，即九月二十七日，蒋介石就命令黄百韬兵团仍回新安镇阻我南下，于是，我军在济南解放后，随即挥戈南下，开始了淮海战役的准备工作。①

假如我们参照粟裕在上海战役中的策划，就可以清楚地发现，

① 粟裕：《粟裕战争回忆录》，解放军出版社 1988 年版，第 574—594 页。

济南战役就像后来的上海战役一样，在“编剧”阶段就是一个变城池攻坚战为野外运动战的“剧本”；再参照粟裕在淮海战役中的表现，就可以清楚地发现，淮海战役竟是济南战役的“续集”，因此济南战役原是济徐大决战的一部分——是大决战的前奏。

由此推断，在济南战役打响之前，粟裕脑海中的济徐大决战的确是个“四胞胎”！

那么，为什么“第一胎”就“难产”了以至于后来的“三胎”都“流产”了呢？

因为在其他人眼里，这个“四胞胎”被视为“怪胎”了，因此思想上就不能统一，结果在行动中就出了差错。

据史料记载，一九四八年九月二日，粟裕下达了《华东野战军济徐作战预备命令》。透过这份命令，我们可以发现，粟裕在开辟战场上充分利用兖州地区被我占领的有利地形，并在调兵遣将上作出如下部署：

……打援集团拟以一部钳制可能经鲁西南地区北上之杜邱兵团，主力控制于兖济邹滕地区，首先歼灭可能沿津浦线北上之黄李兵团之前梯队或右路纵队（地势条件对我有利，争取李弥兵团未北上之前，首先歼灭黄百韬兵团）于邹滕地区，迟阻援敌前进，保证争取攻下济南时间，尔后乘胜扩张战果，集中主力歼灭援敌。兹拟定第一步作战部署如下：

a. 组成北线攻城集团。以原东兵团之九纵、十三纵、渤海纵队共 24 个团为攻城之东兵团，由许、王直接指挥；原西兵团之三、十纵及鲁纵共 19 个团，归十纵宋司令、刘政委指挥，组织成为攻城之西兵团。该两攻城兵团统归许世友司令、王建安副司令统一指挥，担任围攻济南，并应首先攻占济南城西南郊飞机场、辛庄兵营及济市东南郊外围阵地，后协同向纵深发展，攻歼济南守敌，夺取济南。具体部署由许司令、王副司令决定。

b. 以原西兵团之一、六、四、八、中野十一纵，原东兵团之七纵及苏北兵团之二、十一、十二纵队（欠三三、三四两旅）并冀鲁豫军区之独立第一、第三两个旅，鲁中南之四个基干团共 76 个团，组成南线阻援打援集团，负责阻援打援，保障攻城作战之完全胜利，其部署如下：

(a) 以一、二、七、六、十一纵队及华中之十一、十二纵队并鲁中南四个基干团（56 个团）组成打援突击兵团，由本部直接指挥，以邹滕地区为战场，诱歼由津浦线北上之黄李兵团，以邹县、济宁线为最后打援阵地。具体部署尔后视情况发展另令规定。

(b) 以四、八纵队并冀鲁豫之独立第一、第三旅（20 个团）为阻援钳制兵团。由本部陈士榘参谋长统一指挥。第一步部署于嘉祥、巨野、龙崮集、城武、金乡地区，负责阻击可能由鲁西南北援之杜邱兵团，并应于万福河以南，金乡、单县、城武之内地区为前进阵地，该线以北之大义集、羊山集、谢家集、张凤集、龙崮集、太平集之线至嘉祥、巨野及袁口、梁山、郓城之线为阵地，以济宁及以北戴家庙运河线为最后阵地，坚决阻击杜邱兵团于运河以西地区。具体部署依另令执行。

(c) 广纵附本部警卫团及政治部警卫营，于战役开始时，拟以五天时间，首先扫清长清地区之土蒋，而后增加至西路阻援兵团。

(d) 特纵全部参加战役作战，以美榴全部 16 门配合三、十纵攻城，以日榴全部六门及野炮团全部配合打援突击与阻援兵团作战（野炮参加打援钳制兵团作战），具体火力配置计划另示。

(e) 本部拟进至宁阳城以东地区，具体位置另行通知。

(f) 战役拟于九月十五日前后发起，具体时间另行确定……①

当时，王耀武以黄河南岸之泺口镇至城南马鞍山为分界线，设两个守备区：

西守备区，由整编第九十六军军长吴化文负责指挥，下辖整编第二师、第八十四师、独立旅、保安第八旅、特务旅、青年教导总队，共八个旅的编制；

东守备区，由整编第七十三师师长曹振铎负责指挥，下辖整编第七十三师、保安第六旅；

机动兵力，由整编第二师师长晏子风负责指挥，下辖第十九

① 中国人民解放军历史资料丛书编审委员会：《济南战役》，解放军出版社 2004 年版，第 155—158 页。

旅、第五十七旅及由徐州空运来的整编第七十四师七个连组成，为总预备队。

由此，我们推断粟裕脑海中的济徐大决战的最佳进程大致如下：

攻城西兵团在开战两周中（九月十六日至九月三十日）的进度：九月十五日，两广纵队、本部警卫团及政治部警卫营攻击长清，这是预告王耀武做好增援西郊的心理准备，并且提醒蒋介石到了该让黄百韬兵团整装待发的时候了；九月十六日晚，第三纵队和第十纵队向飞机场方向发起进攻，这是“要求”王耀武赶紧把机动兵力调到西郊我预设战场，免得我军接下来攻城时伤亡太大；九月十七日，第三纵队和第十纵队转向飞机场两翼攻击前进，以“命令”吴化文安排整编第二师、独立旅、保安第八旅、特务旅、青年教导纵队当替死鬼；九月二十二日，在吴化文的默契配合下，宋时轮通过对整编八十四师的佯攻和对整编第二师的猛攻，迫使整编第二师师长晏子风指挥机动兵力出城驰援；九月二十四日，眼瞅着王耀武的机动兵力全部被吸引到飞机场附近后，宋时轮命令预先埋伏在侧翼的第十三纵队向敌人机动兵力身后迅速穿插并断敌退路，接下来再命令吴化文整编第八十四师两万余人撤出阵地，随即将王耀武的机动兵力和不愿意起义的敌人围困在济南西郊；九月三十日，王耀武西守备区的八个旅和总预备队覆灭，随后华野第十三纵队推进到商埠，而第三纵队和第十纵队准备南下阻击杜邱集团的大举增援。

攻城东兵团在开战两周中（九月十六日至九月三十日）的进度：从九月十七开始，聂凤智以平均每天歼灭敌人一个连的进度缓慢推进；九月三十日，第九纵队推进到济南城下，外围已经打扫干净。山东兵团在开战两周之后履行攻打济南城的任务：从十月一日开始，由于杜邱集团与华野阻援兵团在鲁西交上了火，因此为了增加打援兵力，宋时轮率第三纵队和第十纵队南下阻援，然后留下原山东兵团所辖第十三纵队和鲁中南纵队归周志坚指挥攻打济南商埠，而聂凤智指挥的第九纵队和渤海纵队开始攻打济南外城，至此，许世友正式开始履行真正的济南攻城总指挥的使命；由于城内正规部队不足三个旅的兵力，故而毛泽东同意粟裕的建议，不急于拿下济南城，为了引诱黄百韬兵团进入邹滕地区预设战场，粟裕命令许世友指挥山东兵团把握攻城节奏，务必在黄百韬兵团进入邹滕地区之前不要拿下济南城。

开战第三周（十月一日至十月七日）的进展：为迫使黄百韬前来增援，许世友奉命做好攻城前的准备；而在鲁西地区，邱清泉兵团已经被我阻援部队消耗了一周；黄百韬兵团开始出动，李弥兵团随后跟进。（十月一日丢失义县之后，蒋介石知道林彪是真攻锦州而不得不援救，但是临时又拿不出兵力，所以命令黄百韬兵团迅速出动，打垮华野并且解了济南之围以后，趁胜之威救出东北国军，于是黄百韬兵团和李弥兵团此时开始大举北上，同时调胡琏兵团向徐州进发。这是粟裕在济南战役结束前一天提出打淮海战役的另一个原因，得让林彪没有后顾之忧地夺取锦州，因为林彪一旦取得了东北战场的完胜，就意味着我军在战略上已经锁定解放战争的结果了，由此可见，粟裕不仅自己特别善于“进球得分”，而且特别善于吸引敌方的防守兵力从而帮助队友“进球得分”。）

开战第四周（十月八日至十月十四日）的进展：许世友开始发起对济南的攻击，由于敌人空军都在支援鲁西邱清泉部的进攻，所以济南城没有受到敌人空军的轰炸；黄百韬兵团进入邹滕地区，叶飞指挥突击兵团切断其后路并将其包围，恰似豫东战役中包围区寿年兵团一般。

开战第五周（十月十五日至十月二十一日）的进展：叶飞指挥突击兵团把黄百韬兵团一口口吃光，然后留下苏北兵团和第七纵队阻击李弥兵团；王必成率领第一纵队和第六纵队准备包抄邱清泉兵团身后，宋时轮率领第三纵队和第十纵队以及华野榴炮团已经进入鲁西的出击位置。

开战第六周（十月二十二日至十月二十八日）的进展：粟裕完成对邱清泉兵团的包围；济南城中的王耀武部队交给许世友指挥的鲁中南纵队和渤海纵队监视；而第十三纵队和第九纵队先后南下，参加由叶飞统一指挥的对李弥兵团和胡琏兵团的阻击；在此期间，不断趁火打劫的刘、邓大军，用夺取来的武器弹药迅速发展壮大，然后不断寻找孙元良、刘汝明和李延年的麻烦。

开战第七周（十月二十九日至十一月四日）的进展：粟裕用第一、第三、第四、第六、第八、第十共六个纵队兵力全歼邱清泉兵团，等待最后五分钟奇迹的蒋介石幻想破灭；叶飞率苏北兵团和第七纵队切断李弥兵团和胡琏兵团的退路并从津浦路东面包抄过来，兵力充足的第十三纵队和第九纵队穿插至李弥兵团和胡琏兵团的西面并从津浦路西面合围过来，在歼灭邱清泉兵团近半时奉命撤出的第四纵队和第八纵队转入邹滕方向，终将李弥兵团和胡琏兵团围在邹滕地区。

开战第八周（十一月五日至十一月十一日）的进展：见我军围而不攻，心存侥幸的蒋介石以为华野不堪再战，索性孤注一掷，命令死守济南的王耀武在等来烟台方向的援兵之后，向兖州方向攻击前进；许世友率鲁中南纵队、渤海纵队以及山东军区武装，在抢占完整的济南城之后，尾随王耀武所部至泰安外围，再与鲁西方向转来的第一、第三、第六、第十纵队抱成团，将王耀武残部围歼在野外运动的途中；在刘、邓大军的虎视眈眈之下，有了后顾之忧的徐州敌人不敢大举北进；再看李弥兵团和胡琏兵团，由于陷得太深已经无法自拔了。

因此，粟裕和毛泽东希望看到的是，各级参战将士在“演出”过程当中，能够自始至终按照这个“交响曲”的“谱子”，忠诚地、机智地完成每一个“乐章”的每一个“音符”。

但由于思想不统一，出现了严重的意外事件："九纵在下达作战任务时，把'助攻'改为'主攻'。"①一下子改变了整个战局的进程：

起初，"王耀武发现济南西郊我大军云集，判断我军主力在西，唯恐飞机场被我攻占，斩断济南内外联系的唯一通道，一面严令西守备区各部加强防守，一面连夜派总预备队第十九旅和第五十七旅向机场西南古城驰援"。②

突然，"九纵以迅雷不及掩耳之势，首战茂岭山、砚池山告捷"，"王耀武又判断我攻城主力在东，急调西援立足未稳之第十九旅和第五十七旅，投入东线作战"。③

最后，"蒋介石眼看着济南之危，迫在眉睫，一面督令徐州各部迅速北进，一面派徐州'剿总'司令官刘峙和空军副总司令王叔铭飞临济南上空，为城内守敌打气，再次自欺欺人地对王耀武说：'援军进展很快，几天就可以到济南。你们必须坚守待援。'王耀武自忖济南的命运如'风中之烛'，但又不甘心束手就歼，还想以内城这仅剩的一道防线，同我军作最后的较量。他判断我军连战疲惫，不经三至五天休整，根本组织不起来对内城的攻击，遂将整补后的第十五旅、十九旅、五十七旅及其他残部，重新部署，督令加修巷战工事，与我决一死战"。④

①②③ 许世友：《许世友回忆录》，解放军出版社 1986 年版，第 532、547、547 页。
④ 许世友：《许世友回忆录》，解放军出版社 1986 年版，第 547 页。

在九月十六日这一天，本来已经把机动兵力向西调动的王耀武，在东守备区遭受更猛烈的打击时，不仅将西援途中的两个旅缩回，而且还从西线的防守兵力中调回一个旅加强城防，就这样，一场变“城池攻坚战”为“野外运动战”的机会搞砸了，更严重的是，本来可以直接在军事上打垮蒋介石的济徐大决战变成了伤亡惨重的济南战役。当然，假如没有粟裕在接下来的淮海战役中将华野战斗力极限充分地展示出来的话，谁会相信粟裕真的可以通过济徐大决战在军事上打垮蒋介石，这就是毛泽东觉得许世友在济南战役中把第二“乐章”提前到第一“乐章”的做法不为过的原因，但济南战役中的人道主义灾难是毛泽东不愿意看到的，这应该是许世友后悔不已并且无缘淮海战役的原因。同时我们可以看出，山东兵团在济南战役中的巨大伤亡，毫无疑问，已远远超出了许世友和聂凤智的战前预算。

对于粟裕来说，计划中的济徐大决战打成了济南战役——失去了一次直接在军事上打垮蒋介石的良机，就需要再捕捉或创造另一次直接在军事上打垮蒋介石的机会，而捕捉或者创造另一次直接在军事上打垮蒋介石的机会，将由于主战场的南移而不得不付出更大的牺牲，因此战局的走向将会更加难以控制，这是粟裕极不愿意看到的一幕，却又是他不得不面临的更大的挑战。

在济徐大决战中没有发挥出来的华野战斗力极限，将在随后的淮海总决战中被粟裕充分地展示出来。——这绝对是蒋介石和斯大林都没有预见到的惊涛骇浪！

因此，济徐大决战当中的兵力部署，暗藏着粟裕既敢于展开决战又敢于赢得决战的勇气和魄力。

第五篇

大严

——最好的发展

九地十一

将帅在弱势之际做好积极防御的工作

任何一个团队的发展壮大，都要经历一个由弱小到强大的发展过程，因此对于一个弱小国家而言，想要获得最大的发展，首先必须解决弱小时期的生存问题。

比如说，阖闾三年时期的吴国还是一个贫穷落后的国家，而此时的楚国是一个拥有二十万国防军的超级大国，假如楚国选择大举入侵，想把吴国扼杀在摇篮里面，那吴国应该怎么办呢？

孙武给出的回答是：积极防御，也就是说，做好以下三个方面的工作：

第一，外线出击，这是一篇“善守者藏于九地之下”的文章。

第二，深入敌后，这是一篇“敢于挑战自我极限”的文章。

第三，攻势防御，这是一篇“进攻是最好的防守”的文章。

据此，笔者将《九地十一》分为三个小节，并推荐以下句读方式和白话演绎，此外还建议参考粟裕在淮海战役中所做的弱势下积极防御的工作等相关。

11.1. 用兵之法，有散地，有轻地，有争地，有交地，有衢地，有重地，有圮地，有围地，有死地。诸侯自战之地者，为散地；入人之地而不深者，为轻地；我得则利，彼得亦利者，为争地；我可以往，彼可以来者，为交地；诸侯之地三属，先至而得天下之众者，为衢地；入人之地深，背城邑多者，为重地；行山林、险阻、沮泽，凡难行之道者，为圮地；所由入者隘，所从归者迂，彼寡可以击吾之众者，为围地；疾战则存，不疾战则亡者，为死地。是故散地则无战；轻地则无止；争地则无攻；交地则无绝；衢地则合交；重地则掠；圮地则行；围地则谋；死地则战。所谓古之善用兵者，能使敌人前后不相及，众寡不相恃，贵贱不相救，上下不相收，卒离而不集，兵合而不齐。合于利而动，不合于利而止。敢问："敌众整而将来，待之若何？"曰："先夺其所爱，则听矣。兵之情主速，乘人之不及，由不虞之道，攻其所不戒也。"

11.2. 凡为客之道，深入则专，主人不克；掠于饶野，三军足食；谨养而勿劳，并气积力；运兵计谋，为不可测。投之无所往，死且不北，死焉不得，士人尽力。兵士甚陷则不惧，无所往则固，深入则拘，不得已则斗。是故其兵不修而戒，不求而得，不约而亲，不令而信。禁祥去疑，至死无所之。吾士无余财，非恶货也；无余命，非恶寿也。令发之日，士卒坐者涕沾襟，偃卧者涕交颐。投之无所往者，诸刿之勇也。故善用兵者，譬如率然；率然者，常山之蛇也。击其首则尾至，击其尾则首至，击其中则首尾俱至。敢问："兵可使如率然乎?”曰:“可。夫吴人与越人相恶也,当其同舟而济,遇风,其相救也如左右手。”是故方马埋轮,未足恃也;齐勇若一,政之道也;刚柔皆得,地之理也。故善用兵者,携手若使一人,不得已也。将军之事,静以幽,正以治。能愚士卒之耳目,使之无知;易其事,革其谋,使人无识;易其居,迂其途,使人不得虑;帅与之期,如登高而去其梯;帅与之深入诸侯之地,而发其机,焚舟破釜。若驱群羊,驱而往,驱而来,莫知所之。聚三军之众,投之于险,此谓将军之事也。九地之变,屈伸之利,人情之理,不可不察。

11.3. 凡为客之道,深则专,浅则散。去国越境而师者,绝地也;四达者,衢地也;入深者,重地也;入浅者,轻地也;背固前隘者,围地也;无所往者,死地也。是故散地,吾将一其志;轻地,吾将使之属;争地,吾将趋其后;交地,吾将谨其守;衢地,吾将固其结;重地,吾将继其食;圮地,吾将进其涂;围地,吾将塞其阙;死地,吾将示之以不活。故兵之情,围则御,不得已则斗,过则从。是故不知诸侯之谋者,不能预交;不知山林、险阻、沮泽之形者,不能行军;不用乡导者,不能得地利。四五者,不知一,非霸王之兵也。夫霸王之兵,伐大国,则其众不得聚;威加于敌,则其交不得合。是故不争天下之交,不养天下之权,信己之私,威加于敌。故其城可拔,其国可隳;施无法之赏,悬无政之令;犯三军之众,若使一人,犯之以事,勿告以言,犯之以利,勿告以害;投之亡地然后存,陷之死地然后生,夫众陷于害,然后能为胜败。故为兵之事,在于顺详敌之意,并敌一向，千里杀将，此谓巧能成事者也。是故政举之日，夷关折符，无通其使；厉于廊庙之上，以诛其事；敌人开阖，必亟入之；先其所爱，微与之期；践墨随敌，以决战事。是故始如处女，敌人开户；后如脱兔，敌不及拒。

（《孙子兵法·九地十一》）

第一步≫ 外线出击到位

从防守的地形分类上来讲，有散地，有轻地，有争地，有交地，有衢地，有重地，有圮地，有围地，有死地。

战争发生在诸侯自己的国土上，这种区域在防守上称为散地；

进入敌国的领土但没有深入的，这种区域在防守上称为轻地；

我方得到有利于我方，敌方得到有利于敌方，这种区域在防守上称为争地；

我方可以过去，敌方也可以过来，这种区域在防守上称为交地；

与至少三个诸侯国接壤，谁先占据就能威服天下诸侯，这种区域在防守上称为衢地；

已深入敌方的国土，且周围有很多富饶的城邑，这种区域在防守上称为重地；

行进在山林、险阻、沼泽，所有这些难以行动的路线，在防守上称为圮地；

攻击的道路很狭窄，撤退的道路很曲折，敌方人少可以袭击我方人多，这种区域在防守上称为围地；

立即抗击才能生存，不立即抗击就会灭亡，这种区域在防守上称为死地。

因此——

散地的防守诀窍是不要争战，

轻地的防守诀窍是不要停留，

争地的防守诀窍是不要攻击，

交地的防守诀窍是不要杜绝，

衢地的防守诀窍是搞好外交，

重地的防守诀窍是大肆劫掠，

圮地的防守诀窍是赶紧行动，

围地的防守诀窍是开动脑筋，

死地的防守诀窍是拼命战斗。

以往那些善于防守的人，首先能够迫使敌人处于前后不能相及、众寡不能相持、贵贱不能相救、上下不能相收、队伍分散了不能收拢、兵力汇合了不能整齐的瘫痪状态，然后一看到合算就立即出手，一发觉不合算就马上住手。

也许吴王阖闾您要问我："假如眼下楚国这个超级大国以优势兵力、完整配备大举入侵我们吴国这个中等规模的国家，当如何御敌？”

我的回答是：“用外线出击，先设法夺取敌方无法割爱的要害，若此敌方就会乖乖地听从我方的调度。用兵讲究的是眼疾手快，趁对方还来不及反应过来，就从那些没有设防的边境钻入敌国，进攻敌领土上那些没有戒备的要害。”

第二步≫ 深入敌后到位

在理论上，外线作战之所以能够生存的原理是：

我方将士一旦深入敌境就会激发出无法遏制的战斗力，这样敌方就难以消灭我远离根据地的将士；

劫掠于敌国富饶的郊野，就可以确保三军有充足的粮草供给；

注意部队的休整，减少不必要的跋涉，就可以保持士气积蓄体力；

然后调动兵力，制造舆论，就可以陷敌国于不可预测的恐慌之中。

把将士投放到没有退路的地方，于是将士宁愿战死也不会逃跑；与其死得莫名其妙，不如大家竭尽全力战斗。

因此，将士过度陷入反而不恐惧了，没有退路反而坚固不摧了，深入敌后反而亲密无间了，没有第二条路只剩拼死斗争了。

这样的军队，不用整顿就能戒备、不用要求就能得力、不用巧言就能亲密、不用令色就能服从，抛弃幻想，杜绝疑虑，至死不渝。

我们的将士没有多余的财产，不是他们不想要财产，而是一旦被俘了便沦为奴隶了；

我们的士卒没有多余的生命，不是他们不想要长寿，而是假如打败了就连命都没有了。

所以，可以想象，进攻的命令发布之日，士卒因伤而坐撑者，眼泪鼻涕沾满了衣襟；士卒重病而偃卧者，眼泪鼻涕交汇在面颐。

刻意把士卒投放到没有退路的地方，就是为了激发出专诸和曹刿那样的勇敢精神！

所以，善于用兵的人，犹如"率然"。所谓"率然"，是一种生活在常山的蛇。此蛇有个特点：

谁攻击其头部，那么其尾部马上会还击；

谁攻击其尾部，那么其头部马上会还击；

谁攻击其中部，那么其头尾马上来夹击。

于是有人要问我了："难道部队也能让它像'率然'那样吗？"

我的回答是："完全可以。你看吴国人和越国人是冤家对头吧，但是当他们同舟共济的时候，如遇大风，他们互相救助也会像左右手那样默契。"

所以，车快马壮，不足以恃；

齐勇若一，政之道也；

刚柔皆得，地之理也。

所以善于用兵者，之所以能够让士卒携起手来就像使唤一个人一样，是因为大家除此之外没有更好的选择了。

因而，对将领的要求是：

首先，务必保持冷静的头脑以察觉幽明，并且抱着公正的立场以整理治乱；

然后，能够迷惑住士卒的耳目，使大家感觉不到凶险；

接着，变换任务，改动计划，使大家意识不到危急；

继而，变换营地，选择迂回的行军路线，使大家想象不到位置所在；

至此，率领他们如期穿过边境，如同登上高楼而抽掉其梯子那样；

最后，率领他们迅速深入到敌国腹地，再披露意图，破釜沉舟。

如同驱赶羊群，赶过来，赶过去，无人知晓要去哪里。

聚合三军之众，成功地把他们投放到险地，这是将领的事情。

所以，上述所有由浅入深的九种地形的转变，以及这些地形在战斗力的遏制和反遏制上的战术利用，包括这些地形对大家的心理影响等，都是不能不弄懂的。

第三步≫ 攻势防御到位

在实践中，但凡进入敌国作战的诀窍：入深则专一，入浅则离散。

离开祖国，越过边境而出师的地区，称为绝地。在绝地中，

四通八达的地区，称为衢地；

远离边境的地区，称为重地；

靠近边境的地区，称为轻地；

背固前隘的地区，称为围地；

无所往的地区，称为死地。

所以，由内线一直到外线：

第一，身临散地，吾将一其志；

第二，身临轻地，吾将使之属；

第三，身临争地，吾将趋其后；

第四，身临交地，吾将谨其守；

第五，身临衢地，吾将固其结；

第六，身临重地，吾将继其食；

第七，身临圮地，吾将进其涂；

第八，身临围地，吾将塞其阙；

第九，身临死地，吾将示之以不活。

至于士兵的心理特点：被包围了就会防御，不得已了就决斗，没选择了就接受。

同时从降低风险的角度来说，

还没有摸透诸侯的心理期待和思想顾虑的，不能预交；

还没有摸清周围的山林、险阻、沮泽等地形的，不能行军；

还没有使用向导的，不能得地利。

上述各条，忽略了一条，就不是霸王的军队。但凡霸王之军队，

讨伐大国，则其民众不能聚集；

威加于敌，则其盟友不能合兵。

所以此前，既不应该争着去巴结大国，也不应该抢着去拉拢小国，而应该把注意力集中到培养自己的国防力量上，借此而形成对敌国的威慑力量，这样一旦出手，敌国的城池可以夺取，敌国的首都可以攻破；

于是，施行上不封顶的奖赏，颁布超越政策的惩罚；

接着，将三军之众带到敌后，如同驱使一个人那样，安排任务不必告诉原因，夺取好处不必告诉危害；

最后，投之亡地然后存，陷之死地然后生，当大家都深陷危害之地，则我方战斗力无法遏制，所以能够决定胜败。

所以，军事上的积极防御，

关键在于顺着对方的思路并摸清楚敌人的意图，

等到敌人压缩并包围过来的时候，

突然间把我方兵力转移到外线，

然后千里跃进，深入敌后，杀将慑敌，

这就叫进攻是最好的防守。

所以在面临强国入侵，决定抗战之日，

首先，闭锁关隘，拆毁路标，杜绝交通，封禁消息；

然后，国君站在廊庙之上，宣布御敌之事；

接着，看准敌人分兵合围之空隙，务必立即越过边境进入敌国；

随后，抢先控制敌人无法割爱的目标，稍微给敌人保留一些转圜的余地；

最终，逼迫敌人签订城下之盟，撤退来犯之军，以此结束战争。

总之：御敌起初未行动时要像未出嫁的姑娘那样娴静，使敌人不加防备；采取行动时就像逃脱的兔子一样敏捷，转眼间杀得敌人来不及抗拒。

淮海总决战

“丰 碑”之 一

淮海总决战是粟裕“谱曲”的第十一场歼敌过万的运动战案例，其“曲制”如下：

第一“乐章”：碾庄战役，全歼黄百韬兵团十二万大军。一九四八年十一月六日至二十二日，华东野战军十六个纵队，于徐州以东新安镇、碾庄地区歼敌十八个整师（包括何基沣、张克侠三个半师起义在内），并给予邱清泉、李弥、孙元良、刘汝明四个兵团以相当打击，占领徐州外围广大地区。在此期间，中原野战军攻占宿县，并将从河南来援之黄维兵团阻止于宿县西南南坪集地区。从而隔断徐、蚌联系，使徐敌处于孤立地位。

第二“乐章”：双堆集战役，全歼黄维兵团十万大军。一九四八年十一月二十三日至十二月十五日，中原野战军全部及华东野战军一部，将敌黄维兵团，围歼于宿县西南双堆集地区。华东野战军先后以第七、第十三、第三和鲁中南纵队以及特纵炮兵主力，归中原野战军指挥，参加歼灭黄维兵团的作战；其余大部主力，担负阻击钳制、追击包围杜聿明集团和阻击南线李延年、刘汝明两兵团的任务。

第三“乐章”：陈官庄战役，全歼杜聿明集团三十万人马。时间跨度为一九四八年十一月三十日至一九四九年一月十日。三十日，国民党徐州“剿总”副总司令杜聿明率邱清泉、李弥、孙元良三个兵团及徐州地区之行政机关，后方人员，并裹胁部分青年学生，弃城向西南方向集团滚进。华东野战军当即以十一个纵队，以多路、多层的尾追、平行追击与迂回拦击相结合的战法，至十二月四日，将杜集团全部包围于萧县、永城之间的陈官庄、青龙集、李石林地区。六日，孙元良兵团在突围中为我全歼。至十二月十日，我将敌两个兵团八个军等部约二十余万人紧紧包围于以陈官庄为中心的约五十平方公里地区内。黄维兵团被歼后，遵照军委指示，为配合平津战役，部队进行二十天战场休整，广泛开展政治攻势。一九四九年一月六日发起总攻，至十日将敌全歼，生俘杜聿明，击毙邱清泉。

在人民英雄纪念碑的须弥座上，有一幅名为“支援前线”的浮雕，其题材取自军事上打垮蒋介石的淮海总决战，浮雕中的小推车铭刻了我军外线出击后依靠广大人民支援前线的真实历史。故而称之为“丰碑”战役之一。

淮海战役于一九四八年十一月六日打响，一九四九年一月十日结束。我军以伤亡十四万人的代价，歼敌五十五万五千余人。其中：华东野战军以不足三十七万人的兵力，除了完成歼敌四十四万余人的任务之外，还完整地夺取了徐州城和合肥城，故称“全胜”。

《九地十一》指出了弱势下积极防御的三个环节：外线出击到位；深入敌后到位；攻势防御到位。

为进一步加深对此的理解，特推荐大家参考《粟裕军事文集》当中的《歼灭黄百韬兵团的作战方针和部署》、《建议抑留敌人于徐州周围歼灭之》以及《配合中原野战军围歼黄维兵团》、《追击合围全歼徐州逃敌杜聿明集团》等电文篇章。以下即是从这些电文篇章中摘录的二十三封电文（按照时间先后顺序排列），以及笔者对此所作的一些剖析。

第一封：一九四八年十月十二日子时，报军委并华东局电

为争取时间，提前作下一战役之各项充分准备，经前委两次会议提出初步意见后，又于九日晚召集各纵主要干部研究，即拟定如下方案，特报告如后：

（一）根据本日最后所得情况，敌二兵团五军、七十军、七十四军缩集商丘、朱集地区。一百军（八三师）仍位丰县，八日息图开砀山西北马良集、关庄坝地区集结，丰县防务由十三兵团派部接替（待证）。十三兵团之八军全部接防徐州，一个旅九日抵徐州西北车村。九军率一六六师仍位宿县、固镇段，其九师于灵壁交防七十二军，七日由睢宁返徐州东南蟠塘，并改归十三兵团指挥。七兵团率二十五军(欠一〇八师郯城)集结新安镇、红花埠地区。六十四军主力高潭沟、官庄,一部高流。六十三军主力瓦窑,一部任新安、赵墩间护路。菏泽敌一八一旅已撤守商丘。临沂敌王洪九部六千余,亦于九日午夜弃城南逃。十六兵团仍归“徐州剿总”指挥,有自郑州东开息,其一二四旅九日抵中牟,十日抵开封附近。如此看来,陇海以北仅郯城、峄县、枣庄、临城、丰县、鱼台、青崮集、刘口有敌前哨,主力均集结陇海沿线,似防我下一行动,并便于利用铁道运输机动。

(二) 基于上述情况,对战役曾提出三个方案来研究。第一方案,前曾提议组织淮海战役,首先以夺取两淮为目标,歼击援敌,再打下新浦、海州、连云港。此着因黄兵团已先我东调新安镇集结,堵我南下,我小部下去不能解决敌人,大部队穿过,后方补给困难,恐敌也可能先我加强两淮守备,该方案在战役第一步,似已较难实现。第二方案,先以一部攻打新浦、海州、连云港,调黄兵团东援,在新浦、新安镇间地区于运动中歼灭该敌。如此,好处是敌援我则歼击之,敌不援或迟援,则坚决攻克之,以使山东、苏北及沿海一线连成一片,控制全部盐场,增加收入,同时可利用盐河南北运输,调剂两地经济粮食等,敌坚固工事少,可求速决,战场宽,援敌远;坏处是我运动距离较远,易过早暴露。敌防护新海工事较坚固(有日军防美登陆钢骨水泥防御工事),黄百韬、邱清泉以及李弥兵团可能靠拢东援,使我不好下手,造成僵局,于我不利,同时敌发觉我主力东去后，以一部沿津浦路或运河线北犯出扰，我对付不及。第三方案，就敌黄百韬兵团现有态势：新安镇为中心及附近，集结四个旅（包括瓦窑、高潭沟、红花埠）三个师部，郯城一个旅，运河站、赵墩一个旅，便于我分割包围而全部歼灭之。此案好处是敌情已明，我可按计划实行隐蔽集结，突然动作。敌虽筑有较坚固工事，我炮火可以展开使用。后方补给便利，且以休整较久之各纵，首先打击黄兵团，较易收效；但坏处是距徐州较近，运河西我不易控制，敌可利用铁道及海郑公路增援快，运河沂河间陇梅路以北、邳县地区有水，展开大部队困难。

（三）根据上述分析，大家一致意见，认为执行第三方案为好，并拟定第三方案作战部署如下：

1. 以八、三纵袭占运河车站，歼灭守敌，控制运河、邳县、官湖地区，阻击沿铁路东援之敌。以九、十、十三纵位兰陵西南、东南地区为总预备队，威胁运河，使徐敌迟疑不敢东援。该五个纵队统归山东兵团谭震林、王建安指挥。惟九、十三两纵因攻济伤亡较大，补充之新兵，二十五日前后才能到，部队须迟至月底始能南开，约迟一周到达。

2. 苏北兵团（二、十二纵）第一步进到滨海地区，补充棉衣，于战斗发起同时南下，进至新安镇以南、宿迁东北五花顶、晓店子地区，并以一部控制宿迁，向睢宁攻势佯动，阻敌东援，并准备适时（黄兵团大部歼灭后）协同路北主力，夹击由徐沿陇海路东援之敌，或乘胜南进，进击两淮，须依黄兵团歼灭后敌援情况而定。

3. 以鲁纵截断包围郯城之敌，相机攻歼之。以一、四、六、七、十一五个纵队及特纵日式榴野炮团（必要时附坦克十辆），担任分割围歼敌七兵团主力于新安镇、瓦窑、红花埠地区。

4. 广纵接替路北防务，担任威迫与监视临城、韩庄段敌人。

5. 我们第一步移临沂以南、郯城以西指挥。

（四）如情况无大变化，拟本月二十五日前后发起战斗，并已令豫皖苏、江淮、冀鲁豫军区准备同时配合破击（不准破桥，只小破路）徐蚌段、徐运段、徐商段铁路，迟延敌军东援。

（五）估计战场情况发展的可能：

1. 情况无大变化，很快很顺利的将黄兵团解决。杜聿明、邱清泉东援，我可依河阻击，给敌以大量杀伤消耗，待正面黄兵团大部解决后，将正面放开，诱敌深入，南北夹击而歼灭之。尔后拿两淮、打新浦，一部南下攻宝应、高邮，威胁沿江地带。

2. 将黄兵团歼灭后，敌邱、李兵团不敢东援，而凭运河西岸固守，我则以一部南攻两淮、宝应、高邮，迫敌沿津浦南运，加强沿江防务，尔后我再攻占新海。

3. 只能歼灭黄兵团，敌即转为守势，而加强两淮、新海。我不能再扩大战果。

4. 敌发觉我行动企图，亦可能先调邱兵团靠近黄兵团，及海运至连云港增援，同时收缩兵力依托工事固守，不易分割，若如此，我则须另寻战机。

5. 在我主力东去后，西面空虚，我若不能迅速解决战斗，敌有可能以孙元良、刘汝明兵团北扰，配合其行动。

以上情况判断，以第一种可能性较小，我们应尽一切可能争取。第二种可能性较大，亦应尽一切可能争取。如第一、二种可能不易争取，至少应争取第三种可能，而避免第四种可能，防止并破坏第五种可能。以上估计及战役部署，中央军委有何指示，请决示。

第二封：一九四八年十月二十一日午时，报军委并华东局、中原局电

（一）敌似可能根据我苏北兵团东移淮海，修复涟水、沭阳公路及鲁南地方筹集粮草等情况，判断我有向淮海区域作战企图（但未发现我以歼黄兵团为目的）。二十五军已东开阿湖、城头地区，六十四军一部至阴平、庙头地区，六十三军一八六师已车运东返瓦窑归建，另一百军四十四师亦增防新安（该部有加入七兵团序列说）；十三兵团似由徐东开炮车、八义集（其九军三师附一六六师一个团已到该地）；二兵团已集结于砀山、黄口、丰县地区待命，七十二军任徐州守备；十六兵团似仍在兰封、民权、柳河地区（有出犯曹县东北息），商丘防务有以刘汝明部接防说。

（二）据上述情况变化，我应先以一部在鲁西南暴露佯攻，迷惑敌人，调敌回顾，以便迅速实现围歼黄兵团外，必须加强运河车站南北两侧正面阻援兵力，以保证主要突击方向成功。兹根据各纵现在位置与休补状况，预定于十一月五日发起战斗时间计算，提议修改部署如下：

1. 以苏北兵团全部(二、十二、王张十一纵)及一、六、九、鲁中南纵等七个步兵纵队(二十个旅)，附特纵主力，担任分割围歼阿湖、阴平、高流、新安、瓦窑地区敌黄兵团(八个旅)。

2. 以四纵、八纵担负袭歼炮车、运河车站之敌九军(一至二个旅)，而控制铁路两侧、运河两岸阵地，准备阻援。

3. 以十纵、七纵袭歼韩庄之敌，尔后以主力围歼贾汪之敌，后相机攻占柳泉地区。十三纵担任围歼台儿庄守敌，或仅以一部围攻清剿，以主力直攻宿丰山、汴塘地区，以便协同十纵、七纵控制贾汪、宿羊山及不老河岸阵地南伸，派小部队挺进碾庄、曹八集、大许家铁路沿线，吸调徐敌北援，策应四、八纵正面阻击作战。

4. 以三纵(因九纵尚在济南以东，不能担负提早进至鲁西南行动牵制敌人的任务)、广纵进入鲁西南地区，协同冀鲁豫两个独立旅(由三纵统一指挥)，组织对鱼台、丰县、砀山、商丘地区敌人之牵制攻击，求抑留孙兵团于商丘、兰封地区，不得东西增援，策应我主力及刘邓攻郑作战。

5. 为隐蔽主力行动企图，拟先似广纵、三纵于二十一日、二十二日分批由汶上、泰安南开，提早向商丘、砀山段佯攻。其余主力拟暂仍集结现地待机，于二十五日以后再行开进。以上部署，请即决示。

第三封：一九四八年十月二十八日戌时，报军委并刘伯承、陈毅、邓小平电

本日与谭震林、王建安共同研究，估计我各路发起攻击后，蒋军可能依现态势固守，以达成于外围消耗我军保卫徐州之目的。其次，则将李、黄兵团集结固守几点，互相声援策应。如发现我主力出击新海段，黄兵团集结固守新安镇为核心，李弥以运河、碾庄线守备，机动甚大，因此在部署上拟不作更大变动，建议如下：

（一）以三纵、广纵及冀独一、三旅出击鱼台（可能逃跑），攻占丰县、敬安镇，前锋迫近徐州西北郊，另以一部佯攻砀山，钳制邱兵团一部。以七、十纵队攻占临城、韩庄、贾汪，控制利国驿后，迫近徐州东北。以十三纵一部包围台儿庄，其主力控制于宿羊山及其以南，并以有力一部进迫曹八集线，威胁李弥之左侧背。如七、十纵得手后，即以七纵担任从贾汪钳制，迫近徐州，正面阻敌；十纵则东移，协同十三纵对运（河）西李弥部之作战。另以华中十一纵（胡炳云纵）沿运河西岸猫儿窠向运河站（河西）、赵墩线攻击。江淮军区两个旅向赵墩、碾庄线攻击，造成我南北聚歼李兵团，攻略徐州之姿态，以便我运（河）东作战。以上各部均于七日晚发起战斗。

（二）运东作战以歼灭黄百韬兵团为主。战斗第一步必须开辟战场，布置阻援阵地，分割敌人，使其不能集结，或靠近李兵团，或东窜新浦、海州，而便于第二步全歼黄兵团。因此，拟以八纵攻占炮车，四纵攻占运河站，得手后，该两纵即担负正面阻援。如运西攻击得手，已能钳制李兵团时，则依情况发展，抽出四纵或八纵，于第二步会攻新安镇。为便于打开战场，第一步仍以一纵、六纵、鲁中南纵队歼灭瓦窑之敌（六十三军）；以九纵队监视新安镇之敌；二纵暂控制于新安镇东南地区，必要时抽调该纵会攻瓦窑之敌；以十一纵（王张）、十二纵位于阿湖附近，分割二十五军与黄兵团部及六十四军、一百军之联系。第一步任务完成后，第二步即以一、二、六、九、十一（王张）、鲁中南纵共六个纵队，分割歼灭新安镇及阿湖之敌。四、八纵除以一个纵队正面阻敌，抽出一个纵队包围六十四军。特纵则依各纵任务，配属运东各纵参战。山东兵团炮兵团除以一个营配属八纵外，其余则配属七纵、十三纵参战。因为只有完成第一步作战，才可免致我兵力分散，伸长阻援距离，便于第二步之会攻新安镇，这样可撕大黄、李兵团之接合部。如我军南下，黄兵团集结新安镇近郊时，即以一、六、鲁纵及二、九纵队会攻新安镇，但还可实施战场分割包围攻击，我可力求秘匿，突然奔袭，达到使敌不能收缩逃避。后者运东各纵统于八日晚发起战斗。

（三）据近获悉，除黄、李兵团靠拢外，徐敌物资大批南运，并限两旬内修通徐海段陇海路。据云，津浦线无保证，必要时再可利用徐海段撤退，确否待证。以上是否有当，请示。

［军委一九四八年十月三十日三时复电指出：“二十八日戌时电悉。计划与部署甚好，请即照此施行。”“此役胜利建筑在两个条

件上面，即是：（一）使黄、李、邱三个兵团，及三个兵团中之各军，互相不能增援。要达到这一点，除华野全军照二十八日戌时电部署外，陈邓方面亦请于七日或八日同时动作。（二）使黄兵团各军没有收缩集结之时间。要达到这一点，就应当在同一个晚上动作，不要在两个晚上先后动作。以上请加考虑酌定。”]

第四封：一九四八年十一月七日午时，致谭王，并报陈邓，军委、华东局、中原局电

（一）据各方情况综合：

1. 徐敌正布置南撤，并企图以淮河为第一线守备，现战车营正南运中。

2. 谍息：新海敌人已撤房山街，刘峙令其西撤新安镇，本日可达该处。

3. 据冯治安部何基沣、张克侠电称（已转军委、华东局、陈邓），该军大部或全部起义均有可能，望遵军委六日寅电执行。

4. 现黄兵团部署：六十三军新安镇、红花埠，六十四军高滩沟、前后丁集，二十五军阿湖，一百军程家集、杨家集。

5. 李弥主力仍在曹八集、碾庄、赵墩线，其第九军之三师位于运河站、炮车、官湖。

依上述综计运东之敌为：二十五军、四十四军、六十三军、六十四军、一百军，计五个军十个师外，加九军三师，共十一个师（保安部队约两个师未计入）。

（二）估计此次战斗发起后，有如下变化：

1. 冯治安部如顺利起义，则徐敌东北及以北完全暴露，邱兵团为中原各部拉住，刘峙很有可能将李弥兵团靠近徐州加强守备。

2. 如黄兵团及刘汝明为我全歼（中原军歼灭刘汝明），而邱兵团又为我分割不能收缩徐州，或能退缩徐州，只要运西我军（谭王指挥之七、十、十三纵队及苏北十一纵、江淮独立旅）能包围李兵团，以便我歼黄兵团各纵队移行运西聚歼李兵团，则可孤立徐州，我有提前夺取徐州或孤立徐州，使敌不能南撤可能。

3. 如我能完成第二步（歼李兵团）作战，则徐敌可能提早南撤，固守蚌埠、淮河线，黄维兵团集结蚌埠，或退守信阳。

（三）不论如何，目前主要关键为能否全歼黄兵团，同时作下一步准备，特提出以下方案：

1. 运西部队（七、十、十三纵）应乘冯治安部起义下（或一部仍顽抗，我主力不应为其吸引），主力应依预定计划迅即直出陇海线，由谭王统一指挥七、十、十三纵，及苏北十一纵、江淮两个独立旅，分割包围李兵团，截断其徐州退路，逐次歼灭之。在运东黄兵团大部解决时，我即抽两个纵队加入运西作战，但不论如何，战斗初期运西部队（共十四个旅欠一个团）应独立负担阻击邱兵团与歼灭李兵团之一部，以便我抽出运河站、炮车线之四、八纵加入东面歼灭黄兵团与李延年部之作战。

2. 如中原军歼灭刘汝明部作战已经完成，则建议以主力直出津浦路徐蚌段(现在即请告豫皖苏对该段破击,淮南已告江淮破击)截断徐敌退路,使李、邱兵团不能南撤。我运东部队解决黄兵团后,即以一部加入运西,歼灭李兵团,主力则协同中原军攻击徐蚌段,孤立徐州。尔后,或继续歼灭黄维兵团(可能回撤)或歼灭蚌埠之孙元良兵团(可能收缩蚌埠),或者夺徐州,当依实况再定。但孤立徐州,截断徐敌陆上退路甚为必要,这样可更有利于今后之渡江作战。

以上请你们即作准备,并提出意见。

关于今后作战,请陈邓、军委予以指示。

第五封:一九四八年十一月八日辰时,报军委,陈毅、邓小平,并报华东局……

(一)由于近来全国各战场的不断胜利,尤其是东北的伟大胜利与完全解放,促成战局的急剧大变化。在此情况下,蒋介石有采取下述两种方针可能:

第一,以现在江北之部队再加上由葫芦岛撤退之部队,继续在江北与我周旋,以争取时间,加强其沿江及江南及华南防御。

第二,立即放弃徐、蚌、信阳、两淮等地,将江北部队撤守沿江,迅速巩固江防,防我南渡,并争取时间整理其部队,以图与我分江而治,俟机反攻。

(二)蒋介石如采取第一方针,使我在江北仍有大量歼敌的机会。如果能在江北大量歼敌,则造成今后渡江的更有利条件,且在我大军渡江之后，在苏、浙、皖、赣、闽各省不致有大的战斗(如在江北大量歼灭了敌人，则严重的战斗要在华南才有打的)，也不致使上述各省受战争之更大破坏，使我军于解放后容易恢复。但如此，对江北及华北各老解放区的负担仍将加重，又为不利。如果蒋介石即采取第二方针，可以大大减轻我江北及华北各解放区的负担，使这些解放区迅速得到恢复。但我今后渡江要困难一些(困难仍完全可能克服)，并于渡江之后在苏、浙、皖、赣、闽各省尚须进行一些严重的战斗和部分的拉锯战，且在江南大量歼敌的条件亦较江北差一些，这又是不利的一面。

(三) 我们不知各老解放区对战争尚能支持到如何程度。如果尚可能作较大的支持的话，则以迫使敌人采取第一方针为更有利。如果认为迫使敌人采取第一方针是对的，则我们在此次战役于歼灭黄兵团之后，不必以主力向两淮进攻(新海敌主力已西撤)，而以主力转向徐蚌线进击，抑留敌人于徐州及其周围，尔后分别削弱与逐渐歼灭之(或歼孙兵团，或歼黄维兵团)，同时以主力一部进入淮南，截断浦蚌铁道，错乱敌人部署与孤立徐、蚌各点敌人。为此，在战役第一阶段之同时，应即以一部破坏徐蚌段铁路，以阻延敌人南撤。管见是否有当，请即电示。

[军委一九四八年十一月九日亥时复电：“齐(八日)辰电悉。应极力争取在徐州附近歼灭敌人主力，勿使南窜。华东、华北、中原三方面，应用全力保证我军的供给。”]

第六封：一九四八年十一月十日巳时，致各兵团、各纵并报陈毅、邓小平，军委电

（一）截至此刻止，四纵已歼九军一个团，现正由沙口西渡中（已渡一个师）：八纵歼二十五军等部三千人，我已控制运河铁桥，但桥为敌烧毁，正于桥之南北架桥，午后可行西渡；六纵正由猫儿窝渡河中；九纵歼六十三军五个营于埝头，现正向皂河镇前进，准备渡河，一纵现正向窑湾之六十三军主力攻击中。据谍息，现黄百韬主力（二十五、一百、六十四、四十四军）仍盘踞碾庄周围地区。运西部队：十三纵已到宿羊山及其以西以南地区；七纵九日晨已到不老河，正架桥中，估计九日晚渡不老河南进至大许家地区。

（二）为全歼黄兵团，特调整部署如下：

1. 七纵应立即向南，沿北塔山向大里家、单集、岗上集及以南山地线攻击前进，坚决阻击黄敌西窜，南与十一纵（胡纵）联系，并酌派部队向徐州警戒。

2. 十三纵应立即由板桥及其以东地区，向曹八集及其以东黄兵团主力攻击前进，分割黄兵团，协同七纵、胡纵坚决抗击，截断黄敌向西及西南逃窜道路。

3. 十纵应分割李、黄兵团，乘隙迫近徐州佯动，使李兵团无法东援或南援。

4. 十一纵（胡纵）及饶子健部，应不为当面敌所牵制，立即控制单集、双沟、水口三角地带，并确实控制寺山及驴马山高地。在六纵到达前，应以一部控制驼罗山高地，坚决阻绝黄敌向西南及西逃窜道路。

5. 六纵正由猫儿窠渡河，应即沿八岔路、古城前进，控制单集、古城、双沟三角地带。

6. 四、八纵渡河后，仍由陶郭（陶勇和郭化若）统一指挥，向碾庄为中心之黄敌，自东及北攻击。十三纵由西及西北攻击。

7. 六、九、十一（王张）纵渡河后及运西之十一纵（胡纵）即归本部陈参谋长指挥，分割黄兵团，配合四、八纵及十三纵坚决歼灭该敌。

8. 一纵应坚决歼灭窑湾之敌。

9. 特纵暂在新安镇待命；鲁纵应于今晚移至埝头周围地区，准备渡河西进。

10. 韦吉率二、十二纵，应即由皂河、宿迁线渡河，即向大王集、双沟镇（睢宁西北）急进，以便加入歼灭黄兵团作战。

（三）各部应立即行动，将当面情况与位置随时告我们。战役第一步应以完成包围黄兵团，不使其西逃为主要任务。待我包围后，则分割聚歼之，如敌西逃，各部应不受战斗地境限制，坚决追歼之。

第七封：一九四八年十一月十五日十三时，报军委电

（一）我投入战斗之一般情形。当黄兵团西逃时，我即分头追击。因渡河关系，迟早不一，建制紊乱拥挤（采谁先到谁先截敌向西南退路之办法急进），直至十二日始调整就绪。而辎重炮兵均未能跟上，十三日晚始先后到达。加以地形不好，每一村庄又分成几个集团家屋，以往居民为防水原因，屋基较平地高一米，待我突入后还需连续攻击，消耗炮弹炸药甚多，至十五日已消耗三个基数，后续接济不上，影响攻击费时甚久，且增大伤亡。

（二）对攻击敌之研究部署。十四日晚召开歼黄各纵干部会议，决定十五日晚续肃清外围敌二十五军、四十四军残部，十六日晚以四、八、九纵会攻碾庄，得手后续歼六十四军。十三纵侍歼四十四军、二十五军后，即集结待命。

（三）目前最困难问题：

（1）炮弹接济不上，主要为山野、追击、六〇炮弹及炸药，请华东军区将第二线弹药，集中汽、马车，以六个纵之二个基数，运到新安镇及睢宁。并建议军委批准全军之山野炮弹、迫击与六〇炮弹、炸药三个基数，美榴炮弹两个基数，以便继续作战。依据歼六十三军、一百军之经验，步弹我能获得补充，但各种炮弹甚少（如曹八集获四十四师山炮九门，仅二十发炮弹），炸药则毫无补充。

（2）粮食问题，现已将战区群众红薯麦种吃光，后面粮食接济不上，刘瑞龙同志本晚赴宿迁，与华中支前司令部商洽中。仍请华东军区告鲁中南，分向宿羊山、运河站、窑湾追送。

（四）一纵已令其十五日晚进至单集东南地区集结，准备加入正面阻击或出击。

第八封：一九四八年十一月十五日十五时，报军委，刘陈邓，并中原局、华东局电

军委十四日二十三时电、刘陈邓十四日十时电，均于此刻收到，敬悉。

（一）至此刻为止，黄兵团之一百军已全歼（正、副军长被俘），四十四军、二十五军各歼约半，六十四军亦已歼灭五分之二。因此，该敌至此只有四个旅兵力，以碾庄为中心，占有十二个村庄。因其部队密集，并已筑好了工事，不易分割，必须逐一攻击，且因后方炮弹接济不上，致延时日。昨晚经召集各纵首长会议，布置今晚以六、十二两纵继续肃清碾庄西南敌人，明（十六日）晚以四、八、九纵续攻碾庄兵团部及其二十五、四十四军残部。预计十七日晚可以全部解决。根据各种征候，敌有突围可能。

（二）邱、李兵团连日来，除以小部出击甚烈外，其主力不敢猛进，我正面阻击及歼灭黄兵团均无问题，请钧座放心。我今日令正面之七纵、十纵坚持，苏十一（胡）纵稍向后撤，诱敌东进，但邱敌尚无动作，而李兵团之八军反向后收缩。为不让邱、李退往徐州，已令韦吉率四个纵队，于今晚即向徐州以东及东南，攻占侯集、赵南圩、六铺圩之线，尔后向东攻击，以撕开邱、李与徐州之距离。为辅韦吉来不及，未经刘陈邓许可，我们即已令三纵今晚即向徐州以东及东南攻击，请求批准。明（十六日）晚一纵即可赶到褚兰以西。因此，中原之四纵即可南调，徐州方面估计无甚问题。同时明晚六纵及十三纵亦可解除对黄兵团之作战任务，而转用于他方。

（三）十纵明晨向庙山、团山及其西南攻击，以求得迅速与韦吉联系，断敌退路。正面之七纵、苏十一纵亦可适时出击。以上部署，有何指示，盼即示复。

第九封：一九四八年十一月二十日亥时，报刘伯承、陈毅、邓小平，并报军委……

十九日电均悉。经我们研究后，有如下意见和部署：

（一）目前邱、李兵团因遭我正面严重阻击、打击和侧击威胁，及碾庄攻克后，本日除局部在榴炮、飞机、坦克疯狂乱轰乱炸下继续进攻外，大部均在调整部署，将突击点收缩至团埠、黄集、薛家湖、冈上集、鼓上、狼山、中山、尖山一线加筑工事。碾庄以东残敌，还需两晚才能全部解决。

（二）部队旬余日来均已全部参加作战，伤亡不一，大致五千余为八、九纵，四千余为四、十三纵，三千余为十、六、一纵，二千余为三、鲁、十一纵，千余为二、七、十一（王张）纵。部队因连续行动，追击、攻击，确已相当疲劳，但士气仍高。如能争取短时日休整补充继续战斗，当更好，惟须视情况允否而定。

（三）黄百韬被全歼后，估计邱、李兵团有收缩徐州附近之外围守备，和伺机配合黄维、李延年南北、西南以宿县为中心对进，以图打通津浦线联系之极大可能。我原拟在七兵团未解决，邱、李积极东援情况下，争取分割包围歼其一部，但目前已不可能。我们完全同意刘陈邓指示，抽出四至五个纵队，必要时还可增加三个纵队，协同中野歼击黄维、李延年，并有如下意见：

1. 首先求得彻底歼灭黄维兵团为主，我们除以六纵接替中野九纵任桥防务，阻击李延年任务（二十五日可到任桥），使九纵西去参加突击外，必要时拟以韦吉率二、十一（王张）两纵，准备西去参战，并归刘陈邓统一指挥。我拟以六纵、十三纵、八纵、九纵及江淮独立旅、三十四旅（现正围歼灵壁中），阻击李（延年）、刘（汝明）北进，相机歼其一部。碾庄以东将大小院上、尤家湖解决后，即留四纵继续扫清残敌，再南来休整待机。如不需我们派队参加打黄维，则我们除北面钳制邱、李、孙外，可集中二、六、八、九、十一（王张）、十三等六个纵队，歼灭李延年部。

2. 以原负责歼灭邱、李之八个纵队，转移于姚楼、孤山集、四堡、石龙桥、后刘家、二陈集、水口、倪团、黑山、邵家楼、麻谷子、吴窑线，大弧形包围徐州，继续监视钳制徐州之敌，阻其南援。我们已作如上布置，究应如何请速示。

（四）预计几种情况下的处置法：

1. 由徐、蚌、蒙之处敌人，以宿县为中点对进，打通南北联系，刘陈邓及华野之二、十一两纵，正全力歼灭黄维兵团，我们则全力保刘陈邓歼黄胜利，负责阻击蚌徐敌人增援，相机歼六兵团（李延年兵团）之一部，坚决阻击徐敌南援。

2. 黄维在发现有被围之征候，即向蚌埠收缩，与李兵团会合再北进，我则于铁路两侧分割歼灭其一部或一路。如会合后，徐蚌敌均不前进，我则争取短时间休补待机。

3. 黄维被围攻紧急时，徐敌可能倾全力南援，如此，则我争取歼其一翼或一路。

（五）韦吉率二、六、十一、十三等纵均于今晚分途南进，于二十三日至二十五日全部进至大店集地区待命，其他各纵部署另告。以上各案，当否请示。

第十封：一九四八年十一月二十一日申时，报刘陈邓，军委，并致谭王，韦吉电

（一）邱李兵团遭我正面阻击，伤亡甚大。我原拟截断敌之退路，达到歼灭其三四个师，因敌遭阻后，采取筑工推进，仅能营连分批歼灭与火力杀伤。截至今止，九军、五军伤亡均过半。当碾庄圩攻克后，我遵示决定转移部队于南线会战，以歼灭李延年兵团。二纵、王张十一纵二十日已到游集、古城地区，本晚可到大店附近；十三纵本晚可到禅堂附近；六纵本晚可到大王集地区。

（二）按照军委二十一日寅时电令，决定以七个纵队监视徐州近郊之邱、李、孙兵团，采取逐次削弱，坚决阻击其南窜，以保刘陈邓中野歼灭黄维兵团，与南线我军歼灭李延年兵团。部署如下：

1. 第一、三、十二纵，鲁纵，广纵，冀独一、独三旅，由谭王统一指挥，监视与阻击徐州之敌，截断徐敌与李、黄之联系，保障刘陈邓中野及南线我军侧背之安全。

2. 决以二、六、七、十、王张十一纵、胡张十一纵、十三纵，歼灭李延年兵团。黄百韬兵团残部全歼后，除以四纵于现地休整、监视徐敌外，八、九纵至夹沟、闵贤、阚町东西地区，布置第二线阵地（对徐敌）。具体动作如下：

王张纵应于二十二日晚进到王巷子（铁道不含）、官沟、湖沟之线，并确实控制浍河桥，有分割李延年与黄维兵团联系，由西向东攻击之任务；

二纵应于二十二日晚进至王巷子（铁道含）、花庄集及大惠以南地区，接替中野九纵防务，如敌沿铁路前进，应坚决阻击，如敌向大店前进，该纵则布置侧翼阵地，让敌前进，待命出击，但在胡张纵到达前，该纵应以一个师于嵩沟线构筑坚固工事，以便北线各纵到达后聚歼敌于嵩沟及仁义集以南地区；

六纵、十三纵则沿沱河两岸由东南向西北攻击，配合正面聚歼敌于任桥以北地区；

七纵、胡张十一纵，则待二、六、王张纵将敌分割后，依实况加入作战；

十纵为总预备队；

江淮两个旅攻占灵璧后，待命经园宅集向固蚌段攻击。

（三）韦吉指挥二纵、王张十一纵、胡张十一纵（拟二十二日晚南移），其余则归本部直接指挥。

（四）为便于配合，建议中野于南坪集、孙町集线以南歼灭黄维兵团为好。战役第一步，我为集力歼灭李延年兵团，因此以二纵接替中野九纵防务外，暂不能派队直接配合中野作战。

（五）我们拟以两晚行程，二十三日晚进到时村以西地区指挥，谭王进到古城西南张山集地区指挥北线各纵（一、三、十二、广、鲁、冀独及四、八、九纵），阻徐敌南援。

（六）为使我主力南调后，运东伤员粮食转送之安全，在渤纵到达前，建议华东军区将滨海分区武装控制运河铁桥、台儿庄、猫儿窠之线。以上步骤动作，请即依此布置并告我们。

整个部署是否适当，请刘陈邓、军委、华东军区予以指示。

第十一封：一九四八年十一月二十五日巳时，报刘陈邓，军委，并致韦吉，谭王电

二十四日十时及军委二十四日十五时电均敬悉。我们完全拥护先集中力量歼灭黄维的作战方针，并作如下布置：

（一）六纵本日除以一个师控制宿县，接替二纵六师任务外，主力进至湖沟集、观音堂之线，尽量向东推进，构筑阻击阵地，以坚决阻击李、刘兵团可能由固镇河以南向西增援，西与王张十一纵联系。二纵仍控制蔡家桥、王家大庄子、古家店、西寺坡、张家桥、高口集线以西以北及铁道一线，阻击李、刘兵团沿铁路向西北进犯，并尽量将阻击阵地向东南推进，使李、刘兵团远离黄维与宿县地区。该纵应与六纵衔接。十三纵及江淮部队，于攻歼灵壁敌人后，十三纵移至三铺、大店以南地区，加入阻击李、刘兵团，江淮两个旅进至沱河集，侧击李、刘兵团。以上各部统归韦吉指挥，并由韦吉具体部署。

（二）除王张纵已由中野指挥，参加向黄维突击外，另再调七纵、苏十一纵加入对黄维之作战。该两纵于明（二十六日）晚始可赶到宿县以南及西南地区。十纵亦可于明晚赶到宿县以东地区作预备队，稍事休整后，准备加入歼灭黄维作战。上述各纵应如何使用，盼示。

（三）一、三、四、八、九、十二、鲁纵、广纵等，留北线负全责阻击可能南援及沿徐萧路向西南增援之邱、李、孙兵团，并统归谭王指挥。

第十二封：一九四八年十一月二十七日九时，报军委，刘伯承、陈毅、邓小平电

军委二十六日二十时电奉悉。

（一）为协同中野作战，职部已令王张纵直归中野指挥，二十六日晚以七纵进至蕲县集以南之奶奶庙地区，苏北十一纵进至宿县以南之桃园集，本晚估计以七纵及六纵之一部解决大营集四十九师两个团，而以苏北十一纵控制蕲县集附近。以上苏北十一纵、七纵（不是六纵）及特纵两个美榴炮连（八门）、两个日榴炮连（六门）、一个野炮连（三门）统归中野指挥，参加歼灭黄维之作战。特纵炮兵今晚可到蕲县集，归七纵成钧、赵启民指挥。

（二）六纵已完成分开李、黄联系，已令其主力向东压缩，配合正面之二纵于花庄集、官沟集、湖沟集地区，向南向东南压缩，阻击李、刘之北援。以上为二、六两个纵队。

（三）以十、十三纵位于三铺、大店集线待机，稍事休整，以应战役意外情况。

以上是否有当，请示。

第十三封：一九四八年十一月二十九日申时，报军委，刘陈邓，华东局电

完全同意中野二十八日十七时、军委二十九日六时电示外，并补充如下意见：

（一）黄维在由蚌北援无望情况下，似只有缩集死守，待徐敌南援。刘汝明、李延年部已闻风南撤，我因河流所阻，未及截歼敌之主力。除控制固镇、新桥站间铁路及两侧地区之敌六十八军二千余，十纵正围歼中外，正以二纵、十三纵、十一纵及六纵一个师，向曹老集地区追击、合击中。但敌主力似已缩集蚌埠及以北地区，于运动中寻歼敌人时机已过。徐州之敌连日先以四十七、四十一、十二、七十二、七十四军等较弱部队，协同其主力七〇军、八军各一部，向我较弱之两广、鲁中南、十二纵阵地攻击，已进占孤山集、瓦房、梁庄、四堡、玉皇阁、韩楼、褚兰、宝光寺、水口之线，其五军、九军均集结徐州以东地区未动。另息：敌第二兵团（邱清泉兵团）在徐办事处均随军行动，声称南下，徐州"剿总"已改设指挥所，大部人员空运南京等情。据此，估计邱、李、孙兵团有倾巢南犯增援黄维，就便南撤，或乘我主力围歼黄维兵团，及李刘兵团南撤我主力南追之机，即集中二等部队向我攻击，主力乘隙向南，或向两淮突围的可能。否则，黄维被解决之后，邱、李、孙处境更坏，更利我各个击破。

（二）我即遵指示调整部署。除以江淮两个旅进入淮南协同先纵（城南庄会议前粟裕派出的先遣纵队）辗转破击浦蚌段铁路，不让敌增兵蚌埠外，另以十三纵控制固镇、曹老集地区，部署阻击蚌敌可能北援或西援黄维。南线各部除七纵、特纵配属中野参战外，其余二、六、十及苏十一纵，即集结宿县、灵壁、固镇及宿县西北地区待机，准备适时增加必要兵力，最后解决黄维。同时准备诱引邱、李、孙兵团沿铁路东侧南下至唐河北岸地区，会台北线各纵，由两翼出击，求歼敌于徐州、夹沟西侧地区。如敌向东南突围，我亦可适时机动截击。在黄维基本解决前，以阻击徐州之敌，保证围歼黄维作战为主，只有黄维大部解决后，再视机诱敌南下，以便聚歼敌主力于徐州外围地区（阻援程度，视中野对黄维作战情况发展而定），至时不仅华野主力参战，如兵力不足，中野亦可以一部参加，协力解决邱、李、孙。如能于歼灭黄维同时或以后再歼邱、李、孙，则中原战争基本解决。故我中野、华野目前阶段，均宜以全力争取实现续歼黄、邱、李、孙之方针。

（三）如黄维迅速解决，邱、李、孙主力仍缩集徐州，则我中野、华野两军短期休补后，即分兵南北，夺取徐蚌。在任务分配上，徐敌邱、李、孙全部二十一个师，约二十五万至三十万人。必须集中华野全部，或中野全力再加华野一部（五至六个纵队）才能解决。蚌埠李、刘十五个师近十万人，如以中野全部或华野一部即可完成此任务。为便于作战指挥与部队使用不分割建制，提议以华野全部负责围歼徐州之敌，中野夺取合肥及蚌浦段，开辟淮南较适当，且中野对大别山、皖江地区工作联系上亦有基础，究如何，待视尔后情况发展，由军委决定。

第十四封：一九四八年十一月三十日巳时，致周志坚等，王必成等并宋时轮等……

（一）（前略）据悉，徐州敌已开始空运撤退"剿总"机关人员，积存物资已分配各兵团携带，似有相机放弃徐州，集中邱、李、孙兵团倾巢南援黄维（就便南撤）或向两淮、武汉突窜可能。

（二）为保证中野歼灭黄维与相机截击可能南援或向东南、西南突窜之邱、李、孙兵团，除北线各部原任务、部署不变，七纵、特纵仍参加中野作战，南线各部除以一部监视阻击蚌埠可能再次北援之敌外，主力即北返宿县、大店集、朝阳集、渔沟集地区集结待机，其各部任务及集结区如下：

1. 江淮部队与先遣纵队仍跨浦蚌线两侧地区辗转破击该段铁道，阻滞敌之交通运输，配合十三纵正面阻击作战。

2. 十三纵担任阻击蚌埠之敌北犯或西援黄维之任务，应在新桥站至曹老集铁道两侧及澥河以南何集、火星庙、张店子之间地区，选择要点，构筑阻击阵地，部署阻击兵力，并以小部队追近曹老集东西地区，确实监视敌之行动，坚决歼阻沿铁路北犯或沿澥河以南西援之敌。

3. 六纵在十三纵接防前，仍应以十七、十八师控制小卢沟、大吉沟村、高家湖地区，并先行接替苏北十一纵陶庄防务，以佯攻手段迷惑监视曹老集之敌，待十三纵接防后，再移至澥河以北固镇、连城、姚集地区集结，休整待机。

4. 韦国清、吉洛率十一纵即于今晚开始经河集、瓦町集、湖沟集北移，以三日行程，于十二月三日拂晓前进至宿县东北之灰古集、塔桥集、顺河集、二铺地区(二纵)，及大店集东北之仁义集、王集地区(苏北十一纵)，集结待机。

5. 十纵亦于今晚开始经固镇、卢庄集、杨町集北移，以四日行程，于十二月四日拂晓前进至渔沟集、朝阳集、湖集、路毛徐地区，集结待机。

6. 本部今晚移嵩沟集附近指挥。

7. 各部在交接防务时，应特别注意采取小部队佯攻，以迷惑敌人，免为敌利用空隙重占我之阵地。各纵转移行动，一律于夜间隐蔽行之，免暴露企图。

第十五封：一九四八年十二月一日申时，报军委，刘伯承、陈毅、邓小平，华东局电

(一) 徐州邱、李、孙兵团昨(三十日)晚开始向西及西南突窜。

该敌十三兵团进至萧县地区，二兵团今日似进至红庙（萧县西二十里）地区，并正在破坏徐州之工厂、仓库。侦息：今午有六百辆汽车由徐西开砀山方向。听息：敌似向阜阳开进。我已进占林佟山、柳集、三集之线。

（二）现九、八、三、四、一、广、鲁中南、苏北十二、渤纵等部已向永城、萧县、夏邑及徐州、萧县间急进袭击。以渤纵由大许家进占徐州；十纵经宿县西进永城；另着苏北十二纵、十一纵即由固镇、湖沟集沿涡河北岸西进，随占涡阳；十三纵尾后跟进，部署第二线截击。已令中原豫皖苏军区控制商砀陇海线，永城、亳县、太和及沿沙河周家口、界首各渡口布防截击。中野已令郑州城防部队乘车东开，控制商丘。六纵控制曹老集地区，警戒蚌埠之敌。七纵仍参加歼击黄维兵团。

第十六封：一九四八年十二月二日，致一、四、十二、特纵并报军委……

（一）我九纵已攻入祖老楼西南地区与敌打响，并已令其继续向西北薛家湖方向截击；八纵向永城截击；三纵向瓦子口以西截击。今晚十纵可到百善集，二纵可到临焕集以西地区。

（二）你们当前情况如何？十二纵务必沿徐州敌向西的退路跟踪猛追，并防敌在无法西窜时再向徐州回窜；一、四纵应集全力由敌左侧后以勇猛动作，不怕伤亡，攻入敌纵深向敌截击，务将敌行军队形截成数段，而各个歼灭之，其动作越猛越好，不仅使敌无法站稳阵势，而且使敌无法整顿队形，则该敌易为我解决。一、四、十二各纵，仍归陶勇、郭化若指挥，如鲁中南纵队在其附近，亦归陶郭指挥，但陶郭仍归谭王指挥。望陶郭根据当前情况，机断处理。如特纵之坦克二十辆到达徐州后，亦拨归陶郭指挥，参加追击。

（三）三、八、九纵应尽最大努力，以强行军速度，绕到敌之先头，以截住敌人向西逃窜，并于截住敌人后，即迅速设法分割敌人，如将敌行军队形截成若干段，这是最便于歼灭敌人的办法。而乘敌于夜间行军中，以勇猛动作截住，又是最易达成截断敌人的办法。望各纵注意采用此手段，但八、九纵则不应丧失绕至敌人先头的机会，务必尽力赶至敌人先头，而截住其去路。为便于行动迅速，各纵重武器及机关辎重行李等，可留少数部队掩护跟进（但亦不能掉队）为要！

第十七封：一九四八年十二月六日辰时，报刘陈邓，并军委，华东局电

（一）杜聿明、邱清泉、李弥、孙元良诸部由徐逃窜，遭我追击截击后，现收缩于永城、萧县边的锦州桥、孙楼以西，孟集以东，青龙集以北，王白楼以南，纵横约二十里。两日来，我俘敌约两万人。因我由追击、截击部署调整为围攻部署，五日晚我依现态势调整，重点以不让敌向南、向东南突围，西面控制薛家湖、永城两点，无论如何不能在两点之间放松，我仅以小部队与之对峙。具体部署：

1. 一、四、九、广纵及冀鲁豫独立旅由东北、北及西北攻击，求得首先歼灭孙元良、李弥兵团，尔后会攻邱清泉兵团。归谭震林、王建安指挥。

2. 以三、十纵及十二纵于东南及正南于大回村、香山庙之线，以大部攻击，一部防御，以防敌人南窜。鲁纵于滩溪口西北、黄里以西地区为预备队。

3. 二、八纵于大回村以东及大回村西北向北、向东北攻击。十一纵于永城及其以西地区机动，如敌西逃，拟待其进至永城北实行截击或参加总攻。统归韦国清、吉洛指挥。

4. 为便于应付新的情况，已电令吴化文部于十六日赶到宿县地区集结，必要时张克侠、何基沣亦拟令其南来参战。

（二）依目前情况，杜聿明向南突破可能不大，我调整部署后，本晚即实行攻击，各个歼灭当面之敌。使我担心者，唯六纵正面太宽，有刘汝明、李延年突破该纵防线之虞，势将影响钧部对黄维之作战，因此，除中野二纵加强六纵外，建议张国华所率之五个团大部或全部南下，加入对刘李之阻击作战，如同意，请钧部直接令调。

（三）为防止邱、李、孙向西南逃窜，我追击不及，建议邓子恢、李达处所集中之部队能抽出五至十个团至商水、项城线待机，以防杜聿明、邱清泉向周口逃窜，以便主力赶到聚歼之。

（孙元良兵团部及所属四十一军、四十七军，已于十二月六日晚突围时被我歼灭，孙元良只身化装逃脱。）

第十八封：一九四八年十二月十日晨，报刘伯承、陈毅、邓小平并军委、华东局电

（上略）据密悉，杜聿明曾向蒋建议，从西安、台湾及甘肃抽调几个军空运蚌埠，组成一个兵团，与李延年、刘汝明、宋希濂合股北援，才能挽回危局等情。目前中野及华野已分成三个战场作战，兵力均感不够，不论杜之建议是否能实现，即宋希濂兵团赶到，则南线阻击李延年、刘汝明之部队即可能出乱子。为此，我们建议再由此间抽出一部分兵力，以求先解决黄维（对邱、李暂采大部守势，局部攻势），尔后中野负责阻击李、刘、宋，敌可能不敢北进，我们再集中华野解决杜、邱、李兵团。如何盼即复示。

（此前华野七纵、十三纵及特纵主力已直接参加对黄维的作战。刘伯承、陈毅、邓小平收到此电后，经与粟裕等电话商定，华野再抽调三纵、鲁中南纵及炮兵一部，由陈士榘率领，于十日晚南下，参加歼灭黄维的作战。）

第十九封：一九四八年十二月十四日亥时，报军委电

十四日十一时电敬悉。

杜邱李兵团为要求与黄维兵团靠拢，于九日向南突围，遭受大的伤亡后，于十、十一两日整编部队，对地方武装及机关杂务人员和当地所抓壮丁都强迫编组，复于十二日继续向南突击。其突击方式，是集中坦克炮火和五个团以上兵力，在飞机轰炸下，攻我一点。我虽组织多次反击，并予敌以大量杀伤，但以敌集中力量，打我一点，而我又不便集中更多兵力于该点反击。我各纵除能以炮火支持外，步兵无法展开，形成观望与被动，对我殊为不利。

本来我们拟将敌稍向南放，以便于运动中歼灭该敌，但以黄维兵团尚未解决，恐于放敌南进时出现混乱，故又不能不以主力于正面阻击敌人。为分散敌人突击力，减少我正面压力和争取主动起见，除北面仍以一纵、十二纵继续向南攻击外，今晚已调整部署，以二纵、十一纵位于正面阻敌，以四、十两纵位于青龙集以东及东南由东向西攻击，以八、九两纵位于刘集南北地区，由西向东攻击，如此即可形成对向南突击之敌的钳形攻势，以减弱其向我之突击力，争取时间达到逐渐歼灭之目的，也便于应付宋希濂部（据说二十军已到蚌埠）与李延年、刘汝明部协力北援的情况变化。

因黄维兵团据说尚须四五天才能歼灭，我各纵虽甚疲劳，但情绪仍高，并已设法以师为单位争取轮流休息，使敌人无喘息机会。

以上部署，是否有当，尚乞电示。

（十一月二十六日，蒋介石令黄维乘解放军包围不严全力突围。二十七日黄维依令突围时，廖运周率第一一〇师起义。此后黄维遵照蒋介石固守待援的指令，采用胡琏提出的刺猬战术，邓政委提出的三天时间歼灭黄维兵团的设想因此无法兑现。所以说，两手都要抓，两手都要硬。在付出了重大伤亡之后，中野改用土工作业的办法缓慢推进，至十二月六日十六时三十分，中野全线发起攻击。中野第四、第九、第十一纵队和华野特纵炮兵主力及豫皖苏军区独立旅编成的东集团，中野第一、第三纵队和华野第十三纵队及炮兵一部编成的西集团，中野第六纵队和华野第七纵队、陕南军区第十二旅编成的南集团，同时对当面之黄维兵团各军发起突击，至十三日，将黄维兵团压缩在东西不过一点五公里的狭长地域。为迅速解决战斗，总前委再次调整部署，以华野第三、第十三纵队加入南集团作战，当晚发起总攻。至十五日黄昏，黄维兵团全部被歼。）

第二十封：一九四八年十二月十七日二十二时，报军委，刘伯承、陈毅、邓小平电

十六日亥时电悉，遵令休整十天，消除疲劳，溶化俘虏，研究战术，整理组织及展开对敌政治攻势，作为十天中心工作。但据悉，敌可能突围。我准备乘敌突围中歼之。

第二十一封：一九四八年十二月二十二日辰时，致各兵团、各纵队电

（一）杜聿明、邱清泉、李弥似待粮弹充足后再行突围，估计约在二十五日前后。奉军委指示，我们应坚持休整十天（十六日至二十六日），争取整补外，在此期间内，如敌突围，坚决堵击歼灭之。判断杜集团突围时，李延年可能以一部向蚌埠西北佯动策应。我中野初则阻击该敌，待杜集团大部解决时，则诱李延年至适当地点而歼灭之，以达到全歼杜集团与李延年一部之方针。

（二）根据近日各方俘供，邱清泉、李弥似仍求向南突围，将在空军掩护下施放毒气突围，并挑选敢死队配合战车突破我防线。为此，各部应注意以下事项：

1. 加强工事，并在第二线构筑防坦克工事，各纵之间应贯通并互相检查，使战车无法外突（黄维兵团突围经验：高级干部乘战车逃跑）。

2. 第一线工事应经常加修，第一线部队应有防毒准备，并组织各种炮火支援所有阵地，务必坚守，力求将突围之敌歼灭于阵地以前或阵地以内。

3. 严密组织值班部队，尤以各兵团接合部应派联络部队，防止敌钻隙突围。

4. 指定专门对空射击部队，并以炮火封锁敌机场，使其无法空投或降低其空投效率。

5. 对当面之敌除加强政治攻势外，入夜应组织精干突击队，深入敌后，捕捉俘虏，破坏其作业，确实掌握各当面敌之动态，随时报告。

6. 各纵应依据现区分之战斗分界线，对当面之敌积极进行攻击准备。

第二十二封：一九四九年一月四日亥时，报军委，邓小平、张际春，华东局电

（一）我们决于一月六日开始对邱、李部之围歼战。首先集中一、渤、四、十、三纵由东、北、南三面挺进，分割攻击，求歼青龙集、夏庄、万庄、鲁老家地区之十三兵团，并以十二、九、八、二、十一纵分别由北、西、南三面各选数点攻击，求歼敌之一部，以达钳制夏砦、郭营、刘集、陈官庄地区之二兵团。第一阶段估计需时三至七天，俟攻歼李部得手后，即转移兵力聚歼邱部。估计于李兵团大部解决后，邱敌亦可能寻隙夺路向南突围，则战斗亦可能较快结束。

（二）十五军，七纵、六纵、冀鲁豫独立旅、鲁中南纵、十三纵、豫皖苏独立旅、广纵、特务团、冀三分区基干团等部，分别控制于蒋新楼、瓦子口，百善集、铁佛寺、永城、赞阳集、会亭集、夏色之线外围地区，部署二线堵击。

第二十三封：一九四九年一月十日九时三十分，报军委，中原前后方，华北、华东……

经佳（九日）夜激战，刻已全歼杜聿明所部，余五六个村庄正在肃清中，本日上午即可全部解决。①

一九四八年十一月六日黄昏，随着粟裕的一声令下，淮海总决战，也即淮海战役，亦称徐蚌会战，出现在了人类历史的大舞台上。顷刻间，华东野战军各纵队，如离弦之箭，向预定的目标射去……

回想八年前，在一个名叫黄桥的小地方，粟裕在陈毅的领导

① 摘自《粟裕军事文集》之《淮海战役中部队情况简报》《歼灭黄百韬兵团的作战方针和部署》《建议抑留敌人于徐州周围歼灭之》《配合中原野战军围歼黄维兵团》《追击合围全歼徐州逃敌杜聿明集团》中的部分内容，解放军出版社 1991 年版，第 399—438 页。

下，指挥新四军下属的叶飞第一纵队、王必成第二纵队、陶勇第三纵队，首先歼灭了翁达旅，接着歼灭了三十三师，最终歼灭了李守维的军部及其一一七师，从而一举奠定了苏中抗日根据地。

八年过去了，一举奠定新中国的千斤重担，落在了英雄们的肩膀之上！

为了帮助李宗仁、白崇禧进入角色，使之扮演好黄桥战役中李明杨、李长江角色，粟裕团队特意把战场选在了华东，而不是中原。

为了帮助冯玉祥旧部进入角色，使之扮演好黄桥战役中陈泰运角色，能在关键时刻让路给我方出击，粟裕团队也没少费心思。

为了帮助黄百韬兵团进入角色，使之扮演好黄桥战役中翁达旅的角色，能在第一阶段落得同翁达旅一样的下场，粟裕团队做好了部署：华野运河以东部队将扮演黄桥战役中新四军下属叶飞第一纵队的角色，主要担任围歼的任务；华野运河以西部队将扮演黄桥战役中新四军下属王必成第二纵队的角色，主要负责掩护的任务。

为了帮助黄维兵团进入角色，使之扮演好黄桥战役中三十三师的角色，能在第二阶段落得同三十三师一样的下场，粟裕团队更是绞尽脑汁：必须说服毛泽东同意，派遣陈毅和邓小平所部，扮演黄桥战役中新四军下属陶勇第三纵队的角色，想方设法缠住黄维兵团，待我华野歼灭黄百韬兵团之后，再转移兵力，与刘、邓大军一起，把黄维兵团当作下一道盘中餐。

为了帮助杜聿明司令部及其所辖邱清泉兵团和李弥兵团进入角色，使之扮演好黄桥战役中李守维军部和一一七师的角色，粟裕团队更应留有余力：为了这一天的到来，叶王陶部已经累积了八年打运动战的丰富经验了，因此早已成为令敌人闻风丧胆的“大腕”了。而从宿北战役以来，华野其他纵队大多积累了两年或一年打运动战的经验了。至于武器，要感谢蒋介石作出的巨大贡献，在宿北，在鲁南，在莱芜，在孟良崮，在豫东，在济南，蒋介石都不是空着手来的，而送上来的重礼都被粟裕团队照单全收，因此足以武装华野各纵队。

因此，淮海战役这个“剧本”，是在黄桥战役这个“剧本”的基础上，改编而成的。

也因此，接下来要做的第一件大事，就是尽快说服毛泽东，同意派遣陈邓所部担负起黄桥战役中陶勇所部的角色，但愿兵力不足的陈邓能像黄桥战役中的陶勇那样主动请缨，于是乎粟裕在继十月三十一日发出请求陈邓“统一指挥”的电文并且在十一月二日中午接到陈邓致电毛泽东并告粟谭对“统一指挥”问题表态电报的基础之上，又在淮海战役打响后的第二天和第三天，即十一月七日和八日，致电毛泽东并告刘邓，攻击徐蚌段，切断徐州敌军退路。

于是，我军的角色开始调整到位：

第一，及时赶到的刘伯承指挥中原野战军，扮演起黄桥战役中陶勇指挥新四军下属第三纵队的角色，一举夺取了宿县，而其下属陈赓等部很快纠缠住了黄维兵团；

第二，陈邓扮演起了黄桥战役中坐镇黄桥指挥的粟裕，但是正如邓小平和陈毅回电所说的那样“请军委对粟谭方面多直接指挥”，故而淮海战役的前线指挥重任大部分落在了粟裕身上；

第三，毛泽东及其军委，就相当于黄桥战役中陈毅及其司令部的角色；

第四，粟裕与运河以东部队就相当于黄桥战役中叶飞及其新四军下属第一纵队官兵，但粟裕实际上担负着淮海战役的前线总指挥任务，故由陈士榘扮演黄桥战役中叶飞的角色，在第一阶段担任围歼任务，然后根据情况，转移兵力做第二阶段以及第三阶段的工作；

第五，谭震林与运河以西部队就相当于黄桥战役中王必成及其新四军下属第二纵队，在第一阶段负责掩护任务，然后根据情况，转移兵力做第二阶段以及第三阶段的工作。

于是我们就看到了，接下来的淮海战役就像黄桥战役一样分为三个阶段，大致如下：

第一阶段，碾庄战役，将黄百韬兵团歼灭在其从新安镇撤往徐州的野外运动途中。由于种种原因，歼敌数量与我军伤亡比例远远超过了黄桥战役第一阶段的十比一的比例，因此严重影响了接下来的连续作战，只是黄百韬像八年前的翁达一样于兵败之后选择了自杀。

第二阶段，双堆集战役，将黄维兵团歼灭在其从中原驰援徐州的野外运动途中。由于中原野战军的武器装备严重匮乏，加之对手采取了刺猬战术，造成兵力也不足的刘、邓大军伤亡惨重，紧要关头，粟裕派遣陈士榘率部再次增援中野，最后将黄维兵团歼灭，而且黄维就像八年前的三十三师师长被陶勇活捉那样被刘伯承生擒。

第三阶段，陈官庄战役，将杜聿明集团歼灭在其从徐州撤往中原的野外运动途中。这一阶段的杜聿明，就像黄桥战役第三阶段中的李守维，已经孤立无援，最终选择突围。而不同的是，李守维在突围途中淹死了，杜聿明在突围途中被俘了。

由此可见，一战定乾坤的淮海战役所采用的战术就是运动战！

——这是淮海战役之所以能够以少胜多、以弱克强的原因所在。

前边说过，《九地十一》是讲外线出击的。那么，在豫东战役之前，粟裕为什么不同意外线出击——千里跃进天目山呢？

对此，我们不妨看一下粟裕在苏中战役之前是怎么考虑的。

回忆全面内战爆发以前，当我们看到这场战争已经不可避免的时候，我们在苏中面对即将进犯的敌人深感重担在肩，推动着我们对敌我双方情况进行调查研究，分析敌我双方互相对立着的许多特点；推动着我们反复思索，从中探寻战争的客观规律，特别是战争初期的规律，并努力使自己的行动适应客观存在的规律，以争取胜利。

也许今天有的同志会问：双方是老对手了，不但在十年内战中，就在八年抗战的反摩擦斗争中，也一直打交道的。不打不相识，双方都是老相识了，而且苏中的地理人情，你们又是熟悉的，为什么还要思索这个问题呢？

我们的回答是，日本投降后，蒋介石和我们都有了重要变化，我们必须着眼于战争的新的特点及其发展。蒋介石接收了日军的武器、装备和仓库物资，美国又将第二次世界大战中的大批飞机、大炮、坦克和各种武器交给了他，他的兵力发展到了他统治中国时期的最高峰——四百三十万人。同时蒋介石掌握着全国性的政权，中国的地方派系中，再没有人敢于动用武力来打蒋介石了。因此，蒋介石要用全力进攻我们。

与此同时，我方的情况也发生了重要的变化。在停战协定生效时，解放区城市已有五百零六个，超过过去中央苏区的二十四倍（中央苏区曾有过二十一个县城）。解放区人口达一亿三千万，超过过去中央苏区人口五十二倍（中央苏区最多时有人口二百五十万）。并且建立了东北、热河、察哈尔根据地，从此打破了敌人对我根据地长期四面包围的态势。除新四军第五师地区外，各解放区已连成一片。我们在战争的初期，就有一个历史上空前广阔的内线作战战场。我军已发展到一百二十七万人，其中野战军、地方军各半。

尽管仍然是敌强我弱，但是，敌我力量的重大变化，已使国内战争的主要形式——“围剿”与反“围剿”的反复永远结束了，产生着新的规律。为了迅速准确地探明并掌握新的战争的特殊规律，以指导战争并赢得胜利，运筹帷幄的最高统帅部密切注视着战争初期的作战，并且用心组织和诱导战区指挥员对初期作战中若干问题进行反复深入的讨论。在苏中战役过程中对一系列重大问题的探讨和争议，正是积极探索新的战争特殊规律的求实精神的表现，也是高度的战争责任感的体现；然而，只有作战的实践才可以把不同的意见统一起来，得到一个正确的答案。随着时间的推移，苏中战役所提供的具体经验，有的将会失去它的作用。但是，这种从敌我双方的实际情况出发，研究战争的特殊规律以指导战争的经验，对我们学习和领会毛泽东军事思想，以及研究未来战争是会长期有益的。这是苏中战役在歼敌数字以外的另一重要意义。

由此可见，早在苏中战役打响之前，粟裕就已经开始对双方的力量进行评估了。而通过评估，粟裕发现游击战的时代已经一去不复返了，于是他提出了运动战，并且通过苏中战役证明运动战恰逢其时。

因此，粟裕对千里跃进天目山有意见的原因，就是敌我双方的力量对比已经不是“敌众整而来”的悬殊状态。既然双方人力资源的对比，过了弱势下的求生存阶段，到了均势下的谋发展阶段，当然没有必要冒全军覆没的巨大风险，去执行无后方作战的行动了。

——这就是粟裕量力而行的严格之处。

淮海战役的实践充分证明，粟裕不仅拥有高瞻远瞩的大智、大刀阔斧的大信、与时俱进的大仁、因地制宜的大勇，而且还具有量力而行的大严。

火攻十二

将帅在均势之际做好韬光养晦的工作

通过积极防御的办法，在成功地躲过了一次灭顶之灾以后，接下来就应当充分利用好不容易争取到的宝贵时间，竭尽全力地壮大自己的力量。假如还是徘徊不前的话，虽然躲过了这一次的灭顶之灾，还是逃不出下一次的灭顶之灾。

因此，想要获得最大的发展，接下来就应该通过做好韬光养晦的工作谋发展，做好以下三个方面的工作：

第一，提高绩效，这是一篇“善攻者动于九天之上”的文章。

第二，抓住机遇，这是一篇“时间永远不会再来”的文章。

第三，一往无前，这是一篇“超速可持续大发展”的文章。

据此，笔者将《火攻十二》分为三个小节，并推荐以下句读方式和白话演绎，此外，还建议参考粟裕在京杭战役中所做的均势下韬光养晦的工作等相关。

12.1. 凡火攻有五：一曰火人，二曰火积，三曰火辎，四曰火库，五曰火队。行火必有因，烟火必素具。发火有时，起火有日。

时者，天之燥也；日者，月在箕、壁、翼、轸也，凡此四宿者，风起之日也。

12.2. 凡火攻，必因五火之变而应之：火发于内，则早应之于外；火发兵静者，待而勿攻，极其火力，可从而从之，不可从而止；火可发于外，无待于内，以时发之；火发上风，无攻下风；昼风久，夜风止。凡军必知有五火之变，以数守之。故以火佐攻者明，以水佐攻者强。水可以绝，不可以夺。

12.3. 夫战胜攻取，而不修其功者凶，命曰费留。故曰，明主虑之，良将修之。非利不动，非得不用，非危不战。主不可以怒而兴师，将不可以愠而致战。合于利而动，不合于利而止。怒可以复喜，愠可以复悦，亡国不可以复存，死者不可以复生。故明君慎之，良将警之，此安国全军之道也。

（《孙子兵法·火攻十二》）

第一步≫提高绩效到位

火攻有五种目标：

一是烧人马，

二是烧委积，

三是烧辎重，

四是烧库房，

五是烧运输。

放火必须具备一定的因素，起火必须具备一定的条件。

放火有时间讲究，起火有日期安排。

所谓时间，指天气干燥；

所谓日期，指月亮位于箕、壁、翼、轸，通常月亮在这四个星宿的时候，是大风刮起的日子。

第二步≫ 抓住机遇到位

通常采取火攻时，必须抓住五种火攻目标的变动而应对，比如：

在内部放火的时候，就要及时在外面接应；

放火后对方士兵没有惊动的声音时，则稍等片刻而不要马上进攻，等到大火的威力充分发挥出来的时候，若可以进攻就进攻，若不可以进攻就停止；

大火可以在外部放的时候，不要留守在内部，约定好时间再放；

大火在上风头引发的时候，不要进攻下风头；

白天长时间刮风的时候，到晚上风就会停止。

通常军队必须知道五种火攻目标的不同特点及其变化规律，

根据时数把握好尺度。所以，以火助攻的人必须善于把握时机，以水助攻的人必须善于把握地形。虽然水攻能像火攻那样具有毁灭性，但是水攻不像火攻那样具有突发性。

第三步≫ 一往无前到位

通常在军事斗争的质量管理工作中，没有完善的质量管理体系是十分凶险的，这种路线、方针、政策不明确的工作方式，不仅铺张浪费，而且滞留不前，无法满足超速可持续大发展的赶超要求。

所以，

圣明的国君必然考虑军事斗争的质量管理体系建设，

善良的将领必然完善军事斗争的质量管理体系建设。

比如：

在回报不足的时候，决不出动军队；

在把握不大的时候，决不使用武力；

在进度不快的时候，决不挑起战争。

君主绝不可以因为一时的发怒而兴师，

将领绝不可以因为一时的气愤而致战。

只有在符合利益的时候才动作，

必须在违背利益的时候就停止。

发怒了可以再欣喜，

气愤了可以再欢悦；

亡国不可以再存在，

死者不可以再生还。

所以，圣明的国君绝不允许在军事斗争的质量管理工作中弄虚作假；

同样，善良的将领绝不允许在军事斗争的质量管理工作中偷工减料。

这才是安定国家、保全军队的超速可持续发展之路！

宁杭战役

“丰 碑”之 二

宁沪杭战役是粟裕“谱曲”的第十二场歼敌过万的运动战案例,其“曲制”如下:

第一“乐章”:渡江战役。由于粟裕提出的“如果能在江北大量歼敌,则造成今后渡江的更有利条件,且在我大军渡江之后,在苏、浙、皖、赣、闽各省不至有大的战斗”的设想在淮海战役中得以实现,因此渡江战役的胜利已经毫无悬念可言。可贵的是,粟裕根据掌握的最新情报,在经过正确分析之后,果断地调整了部署,并根据敌情的变化,改变了总前委提出的“在战术上稳扎稳打,有组织、有准备进行战斗,防止轻敌乱碰”的要求,指挥所属各部“乘登陆胜利之威,迅速展开,插向敌之纵深”,造成敌人在“无暇调整部署”的时候陷入“更大混乱”,并迫使其为了避免被我“分割包围”只能选择弃守南京,于是华野随即抢占了完整的南京城。

第二“乐章”:郎广战役。此时粟裕调整部署的方案显示出了其先见之明,华东野战军下属几支擅长野外运动战的部队如离弦之箭从四面八方射向郎广地区,蒋介石原本撤往杭州方向的十余万人马纷纷就擒，谭震林指挥所部长驱直入，很快抢占了完整的杭州城。

第三“乐章”：上海战役。正当粟裕想一鼓作气拿下上海的时候，命令传来，粟裕暂停夺取上海的军事行动。于是，宁沪杭战役中途变卦为宁杭战役。

在人民英雄纪念碑的须弥座上，有一幅名为“胜利渡长江”的浮雕，其题材取自政治上打垮蒋介石的宁杭战役，浮雕左上角隐约可见的城墙就是蒋介石政权的政治中心南京。故而称之为“丰碑”战役之二。

宁杭战役于一九四九年四月二十日打响，五月三日结束。华野以伤亡六万人的代价，共歼敌十三万九千余人，完整夺取南京城和杭州城，故称“全胜”。

《火攻十二》指出了均势下韬光养晦的三个环节：提高绩效到位；抓住机遇到位；一往无前到位。

为进一步加深对此的理解，特推荐大家参考《粟裕军事文集》当中的《突破江防追歼逃敌的部署》。以下选取《突破江防追歼逃敌的部署》之中的全部电文并对此进行剖析。

第一封：一九四九年四月二十一日十九时四十分，报总前委、军委电

（一）截至现止，我七、九兵团渡江后，敌尚无全盘布置，仅由各守备部队局部反击，抵抗甚弱。其第二线部队，仅一〇六军主力集中宁国附近，一九二师集结泾县、茂林之线，其后续部队则更空虚。如皖南地方部队及保安旅起义，则该军可能被钳制，且战力甚弱。东线自我先后攻占桥头堡后，敌已于四月二十日中午前作新的调整，以一二三军一个团归二十一军指挥守备江阴，以一四六师两个团守备护漕港至江阴段，五十一军拟全部守扬中附近，原一一三师防务，今午由五十四军八师接替，该师主力似在魏村，一九八师已进至碑城，本日行动不详。如此，敌虽然加强了一线守备，但第二线则较空虚。

（二）依据上述情况，我全线渡江后，定将造成敌之紊乱，尤以南京上游敌机动兵力既少又弱。我应乘登陆胜利之威，迅速展开，插向敌之纵深。如此不仅使敌无暇调整部署，且将促成敌之更大混乱，达成分割包围。因此，遵照总前委二十一日午时电，作以下建议：

1. 九兵团渡江后，除以三十军监视芜湖之敌，待交二野四兵团接替外；主力应排除障碍，不为小敌所阻，即沿南陵、青弋江、宣城、十字铺之线及以北与高淳之间向东北挺进，控制溧阳，截断京杭国道，截断南京之敌向杭州退路，以达孤立分割敌人，有效地协同东集团作战，力求该兵团先头部队于二十六日前进至郎溪及其东北地区。

2. 七兵团攻歼当面之敌后，尾九兵团之后，沿南陵、宣城、十字铺以南地区，力求二十七日前后进至广德地区待命。如残敌顽抗，可留置一部围歼之。

3. 十兵团四个军决定本晚大部南渡，求得控制江阴，歼灭二十一军主力。不论敌之抵抗程度如何，已令二十三军、二十八军各以一个侦察营向宜兴、金坛挺进，尔后二十八军直出宜兴；二十三军策应八兵团渡江后，即出丹阳、金坛，并以一部向溧阳挺进，二十九军、三十一军则于澄、锡、常地区，依情况发展转用。并以本部教导师主力配合警八旅攻歼八圩港之一四五师主力后，控制江阴。警八旅控制无锡；警六旅主力控制武进，以一个团控制戚墅堰。

4. 八兵团以二十军及二十六军一个师，本晚攻占杨中，二十二日晚强渡夹江，尔后向镇江、丹阳间挺进，策应三十四军南渡攻占镇江，尔后待命会攻南京；三十四军本晚攻占南新洲（高资北），以炮火封锁京沪铁路；三十五军今晨已攻占江浦，并以一部控制新河口封锁江面，主力本晚向浦口外围攻击，该军尔后行动，依战况发展另定。

以上是否有当？如同意，请令七、九兵团执行。请即示。

第二封：一九四九年四月二十一日二十四时，报军委、总前委并致各兵团电

二十三军、二十八军于二十一日十八时半渡江，二十时于江阴以西王师塘、天生港线渡江五个营，至二十二时半该两军已各渡过两个师，刻正向南扩展中，预定二十三日拂晓前，该两个军可全部渡过。二十九军至二十一日二十三时半已过江三个团，并占领江阴东之石碑港、长山、香山、福江沙等地。二十军于二十一日二十三时半由永安洲西渡两个营，于扬中东南三十里之东兴港登陆，下属正渡中，该军迟缓原因主要为风浪所阻，有一个师船只不能出港。

第三封：一九四九年四月二十二日十七时，致宋郭、谭王吉，二十五军、二十七军……

（一）据总前委二十二日谍悉：南京形势万分紧张，决于二十二日晚撤离等情。似此，敌第一步尚可能集中一部力量与我争夺京沪铁路常州东地段，其余主力则可能经京杭公路（京、句、溧、宜至杭州）向杭州撤退。

（二）依上述情况，请宋郭即率二十五、二十七两军全部以各行军经青弋江、宣城向郎溪、溧阳之线挺进，不为小敌所迷惑。该兵团在七兵团到达前，可留三十军或三十三军负责肃清被分割包围之敌（繁昌之敌可交七兵团负责解决），并掩护自己之翼侧安全。

（三）请王吉兵团速将攻击箭头转向南陵以东宣城方向，在宋郭右侧后成梯次队形急进，以便让出南陵、繁昌、芜湖地区给二野四兵团。

（四）我十兵团各军本日与敌激战竟日，已将敌反击粉碎。刻二十三军已追近武进以北，二十八军正向武进以东挺进中，今晚可完全截断京沪铁路。尔后拟即以二十八军主力向宜兴挺进，截断京杭公路，刻已有两个侦察营分别向宜兴、溧阳挺进。二十九军已攻占江阴以东地区，并完全占领江阴要塞，刻江阴敌舰正向我接洽投降中。二十军本晚由扬中渡夹江南下。二十六军亦拟本日从大港附近南渡。预计今晚十兵团四个军及二十军全部可渡完，二十六军亦可大部渡江，三十四军相机由仪征地区渡江。

（五）此间各部已照上述部署进行，请七、九兵团即遵此电执行，并请总前委追认批准。

第四封：一九四九年四月二十二日二十四时，致八、十兵团各军及谭王吉，宋郭……

（一）依据各方面情况判断，南京敌已极形混乱，正向南或向东撤退中。其撤退主要方向可能是经句容、溧阳、宜兴向杭州逃窜，但亦有可能以一部沿京沪路向上海撤退，或以镇江、丹阳、武进地区之敌阻挠我军南下，以便其主力由京杭国道南撤。刻江阴以南之二十一军正拟向无锡逃窜中。

（二）如果今晚我军能完全截断京沪铁路，明日镇、丹、武地区之敌反击不力或向西向南逃窜，则各部应依如下动作：

1. 二十九军任务遵本部二十二日十三时、二十一时电执行。

2. 三十一军于肃清江阴周围之敌后，即尾二十八军之后进到太湖西岸、宜兴以北待机。

3. 二十八军应于明日午后即经由曹家桥、和桥向宜兴兼程急进，务于二十四日晨抢占宜兴城及其以南地区，以截歼沿京杭公路逃窜之敌。

4. 二十三军应于明晚进到金坛及其周围地区，并以有力一部挺进溧阳城附近查明敌情。

5. 二十军应于明晚攻占丹阳城，尔后南下或西进歼敌，须视情况明瞭再定。

6. 二十六军应于明晚进占新丰镇及其以西地区，相机攻占镇江，并接应三十四军之渡江。

7. 三十四军应积极设法从镇江龙潭地区渡江南进。

8. 如南京之敌逃窜，则三十五军应即渡江进占南京，维持秩序，保护敌人遗弃之一切公私财产，该军应特别注意遵守政策，严肃城市纪律。

9. 十兵团指挥所应随二十八军后跟进，八兵团指挥所应进到丹阳以东地区指挥。

10. 警八旅负责接管无锡，警六旅接管武进及戚墅堰，警七旅应随八兵团后跟进。

11. 江阴城及要塞由本部教导师负责接管。

12. 望宋郭即令二十五军、二十七军全力兼程向郎溪、溧阳之线挺进，与二十八军打通联系，以完全截断敌向南之退路，该兵团其余部队依本部今日十七时电令执行。

13. 七兵团各部亦应依本部今日十七时电令执行。

第五封：一九四九年四月二十四日辰时，致各兵团、各军并报总前委、军委电

（一）京镇敌均已沿京杭国道向杭州方向逃窜，我军已占南京、镇江、丹阳、武进、无锡之线。

（二）各部应分别迅速猛进，阻击、截击与尾追歼灭该敌。动作如次：

1. 二十军及二十六军应即沿丹阳、麦溪、延陵、石马桥、薛埠、黄金山、后周镇之线（含）以西，不分昼夜迅遂向南猛进，务须追上敌人主力（不要为小敌所迷），以配合二十三、二十五、二十七及二十八各军歼灭逃敌。

2. 二十三军即由金坛分路由长荡湖东西地区迅速向南猛进（其主力以经长荡湖以东为宜），务须于今晚进至溧阳、徐舍镇、戴埠、张渚地区，寻求逃窜之敌而截歼之。

3. 二十八军及三十一军应以猛烈果敢之行动，排除太湖西岸敌人抵抗，于占领宜兴后，继续沿蜀山镇、夹浦镇、小城都之线以西向南猛进，抢占长兴城、吕山镇等处有利阵地，坚决阻住由南京及广德方向向杭州逃窜之敌，以待我主力赶到围歼之。

4. 二十五、二十七军沿宣城、广德至吴兴、杭州之公路南北迅速东进，务求于二十五、二十六日赶到天平桥、梅溪镇之线以东，以与吕山镇之二十八军打通联系。如二十八军尚未到达，则该两军应继续前进，抢占吴兴，以完全封锁敌向杭州之退路，不使逃窜。

5. 三十五军已占南京，即负全责维持秩序，八兵团陈、袁、江应率兵团部之大部赶往南京主持工作(待交二野)，并即分任南京警备司令、政委，仅留一部于镇江主持工作。其三十四军即分任镇江、丹阳、金坛等处警备任务。

6. 二十军、二十六军即改归叶韦指挥。该两军如尚未与叶韦取得联络，亦应遵上电部署迅速南进。

7. 请叶韦迅速赶到二十八、三十一军方面指挥。

8. 二十九军已否找到大批汽船？能否于今晚渡太湖南进抢占吴兴？盼即告。

9. 请陈、袁令警八旅开武进待命。

10. 特纵仍以全力封锁长江，以便截击迫令并接收敌海军之投降(已有敌舰七只投降)。

第六封：一九四九年四月二十七日辰时，报总前委、军委、二野，并致谭王吉，宋郭……

(一) 截至现时止，敌二十、八十八军已大部为我歼灭，其准备撤往杭州之四、二十八、四十五、五十一、六十六军被我追击截击，已逼入太湖西岸广德东北之山区。如我二十七、二十八两军能如期于昨晚及今晨完成封锁长兴、吕山镇、环桥之退路口，则该敌可全部歼灭，仅其五十四军之一部可能退往杭州(事后查明，五十四军之大部以及五十一军之小部由常州经宜兴、长兴、吴兴，沿太湖南岸撤回上海。)。因此，敌企图以上述各军退守杭州之计划完全粉碎。其能守杭州者，仅五十四军残部及交警等地方团队而已。

（二）我九、十两兵团完成对上述各敌之包围后，并加以紧缩，可休息几天调整态势，消除疲劳，等齐炮兵辎重，加强对敌政治攻势，尔后再发起攻击。

（三）为配合二野浙赣线之行动，与乘敌混乱以迅速占领杭州计，我们意见由谭、王、吉，即指挥二十一、二十二、二十四军，由广德、安吉、武康之线及其两侧地区，分路迅速向杭州挺进而攻占之。特别注意设法（可伪装敌上述各军撤退）抢占杭州大铁桥，使不为敌破坏。俟上述任务完成后，该兵团再行休息。

上述意见是否可行？请总前委、军委决示，并请谭王吉即作具体部署，电告我们。

第七封：一九四九年四月二十九日辰时，致各兵团、各军，并报军委、总前委电

（一）逃向杭州被我逼入山区之敌，第四、二十、二十八、四十五、五十一、六十六、八十八及九十六军等部，已大部被我歼灭，仅五十四军残部（约两个团）逃跑。

（二）宋郭、叶韦所指挥各军，应遵二十八日电切实负责派队肃清残敌，免为后患，其清剿区之划分，统由宋郭规定以命令行之。在宋郭、叶韦两兵团将残敌肃清后，应即作如下之部署：

1. 叶韦兵团直及其三十一军应回至宜兴及其以北地区，稍事休息即经无锡开至无锡以东梅村、安镇之线集结待命；其二十八军主力如尚在长兴地区，亦以经宜兴转至无锡为宜，以免吴兴地区部队过于拥挤，否则该军即在吴兴以东、双林以北地区集结。

2. 宋郭兵团直及其二十七、三十、三十三军应即在长兴、吴兴（均含）至泗安、广德之线（含）以北地区分别集结（不要过于集中，免发生粮食困难），待命经由嘉兴进至上海；其所属二十军自即日起即行归建，但该军应暂在原地休息，待七兵团全部通过广德、吴兴之线以南地区后，再行东移，以免拥挤。

3. 谭王吉兵团直及其所指挥之二十一军、二十二军应经广德、吴兴之线以南向杭州进击而占领之，务选用军事、政治、经济等办法夺取占领杭州大铁桥，不使为敌所破坏；其所属二十二军自即日起归建，该军应经何道路逼近与攻占杭州，请谭王吉决定行之。

4. 二十四、二十五军自即日起归还八兵团建制；二十五军取直径开镇江、丹阳之线，担任该区军管；二十四军径开南京，并接替三十五军之警备任务，三十五军交防后沿京杭公路开杭州归建。

5. 二十六军现在金坛休息待命，暂归本部指挥，尔后准备沿武进、无锡、常熟之线向上海前进，以配合九、十兵团攻占上海，俟占领上海后，该军即归九兵团指挥，担任淞沪区之警备任务。

（三）奉军委电令谓，为使汤恩伯在上海稳住一时期，以利我先取杭州，然后有准备地夺取上海，我军暂时不要去占苏州、昆山、太仓、吴江、嘉兴诸点，让上述各点由汤军守起来，使他在上海尚不感觉到直接威胁等语。因此，九兵团各部在七兵团占领杭州前后，我们对上海接收工作准备充分之前，只宜在吴兴及其东南区集结；十兵团除二十九军已占苏州，即在苏州停止，暂不东进外，其余两军及兵团直亦不宜超过苏州以东集结。各兵团、各军应利用此战斗间隙，严格检查南渡后对政策纪律之执行，并切实教育部队遵守城市政策和外交政策（中央指示已另转），对一切外侨和各国大使、公使、领事馆等外交人员，首先是英美外交人员，应予以保护，应以三十五军士兵闯入司徒雷登住宅引起极坏影响（甚至可能出大乱子）事件，抓紧教育部队，以为鉴戒。同时对各领导机关及其干部，应按前次所示战后部署，研究接收城市之各项工作，并作充分准备，以利接收。并将准备情况报告我们。①

根据一九五〇年七月三十日解放军总部发布的《解放战争四年综合战绩》公报，解放军五大野战军四年（一九四六年七月一日至一九五〇年六月三十日）当中的战绩如下：

第一名：第三野战军（华东野战军）歼敌二百四十五万人，主将粟裕；

第二名：第二野战军（晋冀鲁豫野战军及中原野战军）歼敌二百二十二万人，主将刘伯承；

第三名：第四野战军（东北民主联军及东北野战军）歼敌一百

① 粟裕：《粟裕军事文集》，解放军出版社 1991 年版，第 469—477 页。

八十万人，主将林彪；

第四名：华北军区野战军（晋察冀军区野战军）歼敌一百零一万人，主将徐向前；

第五名：第一野战军（西北野战兵团、西北野战军）歼敌五十一万人，主将彭德怀。

由此我们可以想象，从苏中战役开始，粟裕所部在解放战争中的战绩就一路领先，并且这种领先状态一直保持到了最后。

分析粟裕团队战绩最好的原因，我们可以发现，这与粟裕团队善于提高绩效有关。

粟裕是热兵器时代的运动战宗师。

黄百韬兵团被歼灭在野外运动的途中，黄维兵团被歼灭在野外运动的途中，杜聿明集团还是被歼灭在野外运动的途中。尽管淮海战役最终变成为三场阵地攻坚战，但是由于其中都有一个创造战机的“孕育”过程，因此其战术性质属于野外运动战。

夺取南京城避免了城池攻坚战，夺取杭州城避免了城池攻坚战，夺取上海城避免了城池攻坚战。为什么？因为敌人都被华野歼灭在了野外！因此，这三大城市完整地回到了人民的怀抱，这就进一步证明野外运动战的确是一种“微创手术”性质的“微创战术”。

下面就让我们透过宁杭战役，去探讨一下粟裕怎样通过运动战这一“微创战术”来提高宁杭战役之绩效的。

先来看一下三野的编制情况：

一九四九年二月，遵照中央军委的统一命令，华东野战军正式改编为中国人民解放军第三野战军，陈毅为司令员兼政治委员，粟裕为副司令员兼第二副政治委员，谭震林为第一副政治委员，张震为参谋长，唐亮为政治部主任。

第三野战军辖四个兵团和一个特种兵纵队。

第七兵团，司令员王建安，政治委员谭启龙，副政治委员兼政治部主任姬鹏飞，参谋长李迎希，下辖四个军：

第二十一军，含第六十一、第六十二、第六十三师，即华野二纵，军长滕海清，政治委员康志强；

第二十二军，含第六十四、第六十五、第六十六师，即华野三纵，军长孙继先，政治委员丁秋生；

第二十三军，含第六十七、第六十八、第六十九师，即华野四纵，军长陶勇，政治委员卢胜；

第三十五军，含第一〇三、第一〇四、第一〇五师，由济南战役中吴化文的起义部队和地方武装混编而成，军长吴化文，政治委员何克希。

第八兵团，司令员陈士榘，政治委员袁仲贤，副政治委员兼政治部主任江渭清，参谋长何以祥，下辖四个军：

第二十四军，含第七十、第七十一、第七十二师，即华野六纵，军长王必成，政治委员廖海光；

第二十五军，含第七十三、第七十四、第七十五师，即华野七纵，军长成钧，政治委员黄火星；

第二十六军，含第七十六、第七十七、第七十八师，即华野八纵，军长张仁初，政治委员王一平；

第三十四军，含第一〇〇、第一〇一、第一〇二师，由淮海战役中何基沣的起义部队和地方武装混编而成，军长何基沣，政治委员赵启民。

第九兵团，司令员宋时轮，政治委员郭化若，参谋长覃健任，政治部主任谢有法，下辖四个军：

第二十军，含第五十八、第五十九、第六十师，即华野一纵，军长刘飞，政治委员陈时夫；

第二十七军，含第七十九、第八十、第八十一师，即华野九纵，军长聂凤智，政治委员刘浩天；

第三十军，含第八十八、第八十九、第九十师，即华野十二纵，军长谢振华，政治委员李干辉；

第三十三军，含第九十七、第九十八、第九十九师，由淮海战役中张克侠的起义部队和地方武装混编而成，军长张克侠，政治委员韩念龙。

第十兵团，司令员叶飞，政治委员韦国清，参谋长陈庆先，政治部主任刘培善，下辖三个军：

第二十八军，含第八十二、第八十三、第八十四师，即华野十纵，军长朱绍清，政治委员陈美藻；

第二十九军，含第八十五、第八十六、第八十七师，即华野十一纵，军长胡炳云，政治委员张藩；

第三十一军，含第九十一、第九十二、第九十三师，即华野十三纵，军长周志坚，政治委员陈华堂。

特种兵纵队番号不变，陈锐霆任司令员，张凯任政治委员。

以胶东军区武装编为第三十二军，含第九十四、第九十五师，军长谭希林，政治委员彭林，暂归山东军区指挥。两广纵队拨归第四野战军建制，司令员曾生，政治委员雷经天。

这时，华东军区约四十二万人，第三野战军约五十五万余人。

二月上旬，渡江战役总前委初步确定渡江作战的部署：

以第三野战军的四个兵团和第二野战军的一个兵团为渡江第一梯队；

第十兵团（只有三个军）在江阴、扬州段，处于第三野战军最东面；

第八兵团（共有四个军，内有华野六纵和八纵）在南京东西段，位于第十兵团西侧；

第九兵团（共有四个军，内有华野一纵和九纵）在芜湖东西段，位于第八兵团西侧；

第七兵团（共有四个军，内有华野四纵和三纵）在铜陵、贵池段，处于三野最西面；

第二野战军第三兵团在安庆东西段，位于第七兵团西侧；

以第二野战军第四、第五兵团的五个军为总预备队。

同时，建议第四野战军派三个军十余万人迅速南下，进至武汉地区牵制白崇禧集团。

为了创造完整夺取南京城的有利条件，前委充分发挥兵力优势的有利因素，战前在长江北岸摆了一条巨龙阵，迫使蒋介石把原本不足的兵力分散到长江南岸组成一条蜈蚣阵，造成南京城内兵力空虚，这样就可以发挥我华野一纵、四纵、六纵的穿插分割优势，确保在渡江之后不久便能把这条蜈蚣截成数段使之无法缩回南京城中。

宁杭战役有第一个亮点：提高了绩效，粟裕把宁杭两城都完整地拿了下来。

宁杭战役有第二个亮点：抓住了机遇，粟裕把主要战场选择在了朗广地区。

由于粟裕正确认识了敌情、我情和民情，及时调整了部署，抓住了机遇，最终提高了绩效，既避免了人道主义灾难，又把伤亡减少到了极小程度。在宁杭战役中，三野歼敌将近十四万人，更重要的是，夺取的两座城市，对于蒋介石政权的打击之大，是空前绝后的。

用间十三

将帅在强势之际做好安邦定国的工作

通过一段时间的韬光养晦之后，国家终于强盛了！这就像当初成汤的殷商和姬发的西周那样，已经发展到了“天下三分有其二”的状态，就得履行除残去暴的神圣使命。

没有和平的环境，哪有发展的捷径？因此，想要获得最大的发展，最终就应该通过做好安邦定国的工作保和平，也就是说，做好以下三个方面的工作：

第一，尊重知识，这是一篇“先知先觉”的文章，是捍卫“君主最大利益”的表现。

第二，尊重人才，这是一篇“耳聪目明”的文章，是捍卫“社稷最大利益”的表现。

第三，尊重圣贤，这是一篇“龙凤呈祥”的文章，是捍卫“人民最大利益”的表现。

据此，笔者将《用间十三》分为三个小节，并推荐以下句读方式和白话演绎，此外，还建议参考粟裕在上海战役中所做的强势下安邦定国的工作等相关。

13.1. 凡兴师十万，出征千里，百姓之费，公家之奉，日费千金；内外骚动，怠于道路，不得操事者，七十万家。相守数年，以争一日之胜，而爱爵禄百金，不知敌之情者，不仁之至也，非人之将也，非主之佐也，非胜之主也。故明君贤将，所以动而胜人，成功出于众者，先知也。

13.2. 先知者，不可取于鬼神，不可象于事，不可验于度，必取于人，知敌之情者也。故用间有五：有因间，有内间，有反间，有死间，有生间。五间俱起，莫知其道，是谓神纪，人君之宝也。因间者，因其乡人而用之。内间者，因其官人而用之。反间者，因其敌间而用之。死间者，为诳事于外，令吾间知之，而传于敌间也。生间者，反报也。故三军之亲，莫亲于间，赏莫厚于间，事莫密于间。非圣智不能用间，非仁义不能使间，非微妙不能得间之实。微哉！微哉！无所不用间也。间事未发，而先闻者，间与所告者皆死。凡军之所欲击，城之所欲攻，人之所欲杀，必先知其守将、左右、谒者、门者、舍人之姓名，令吾间必索知之。必索敌人之间来间我者，因而利之，导而舍之，故反间可得而用也；因是而知之，故乡间、内间可得而使也；因是而知之，故死间为诳事，可使告敌；因是而知之，故生间可使如期；五间之事，主必知之，知之必在于反间，故反间不可不厚也。

13.3. 昔殷之兴也，伊挚在夏；周之兴也，吕牙在殷。故惟明君贤将，能以上智为间者，必成大功。此兵之要，三军之所恃而动也。

（《孙子兵法・用间十三》）

第一步≫ 尊重知识到位

通常兴师十万,出征千里之外,百姓之费用,公家之奉给,达到了日费千金的规模;内外骚动,怠于道路,不得操事者,到达了七十万家的规模;接着,双方相守数年,只是为了争一日之胜。

假如还舍不得付出爵禄百金,不掌握敌人情况的人,实在是不仁慈到了极点!

这哪里是士卒们的将领?君主的辅佐?胜利的主宰?

因此,明君贤将之所以能够行动正确而且战胜他人,并且成就的功绩总是超凡脱俗的内在原因,就在于他们能够早于他人掌握情况。

第二步≫ 尊重人才到位

能够早于他人掌握情况的渠道,不可以来自鬼神,不可以假象于他事,不可以验证于推测,必须取自特殊人才,这里所说的特殊人才就是指掌握敌人情况的人。

所以特殊人才有五种类型:因间,内间,反间,死间,生间。这五种类型的间谍一起使用,没有人知道其网络,这才叫“神纪”,人君的宝贝啊!

所谓因间，是指因此人乃敌之乡亲，有亲近条件而聘用的间谍。

所谓内间，是指因此人乃敌之官员，有知情条件而聘用的间谍。

所谓反间，是指因此人乃敌之间谍，有取信条件而聘用的间谍。

所谓死间，是指豁出生命提供欺诳情报给对方，并让我方间谍知道此事，进而传给敌之间谍使敌信以为真的间谍。

所谓生间，是指必须活着回来传递情报的间谍。

因此，论亲信没有亲信过间谍的，论奖赏没有丰厚过间谍的，论行事没有秘密过间谍的。眼光不圣智的人不能用间，心胸不仁义的人不能使间，做事不微妙的人不能获得间谍之实效。

微哉！微哉！无所不用间也。

间谍的工作还没有展开，间谍的身份就已经被人发现，间谍同所告者皆是死罪。

通常所要攻击的军队、所要攻击的城池、所要杀死的人，一定要先掌握其守将、左右、谒者、门者和舍人之姓名，因此要命令我方的间谍索取掌握这些情报。

一定要索取敌方间谍网络派来索取我情报的人，针对敌间的这种身份想方设法加以笼络，不断说服进而加以感化，这样反间就可以组织并利用；

利用这种关系，乡间、内间也可以组织并使用；

再利用这种关系，死间可以作欺诳事，可使告敌；

进而利用这种关系，生间可以如期完成任务。

这五种间谍的组织关系，主事者必须心知肚明。

而要心知肚明必然在于反间，所以对于反间不可不优待啊。

第三步≫ 尊重圣贤到位

当初，殷朝之所以兴起，是源于有伊尹这样的圣人得不到夏桀的尊重，结果成汤派出其间谍人员把伊尹挖走了；

同样，周朝之所以兴起，是因为有吕尚这样的圣人得不到商纣的尊重，姬昌派出其间谍人员把吕尚挖走了。

所以，只有像明君贤将那样，能够把找到圣人作为情报工作的首要任务来抓的国家，是必定能够成就丰功伟绩的。

这才是战争的紧要问题，

这才是确保三军将士能够统一思想，端正行动，团结起来，去争取最伟大胜利的核心所在。

上海战役

“丰 碑”之 三

上海战役是粟裕“谱曲”的第十三场歼敌过万的运动战案例，其“曲制”如下：

第一“乐段”：钳击吴淞口。一九四九年五月十二日，上海战役正式打响。为了把这场城池攻坚战变为野外运动战，粟裕下令攻打月浦和高桥，这相当于在对汤恩伯说，你在市区部署的兵力实在是太多了，这样可不行啊！你至少要从市区抽调三个军到吴淞口去。汤总司令就像服从粟裕命令一样，果然从市区抽走了三个军又一个师，陆续送到粟裕指定的位置。这大大避免了市区作战的人道主义灾难。

第二“乐段”：夺取上海城。五月二十三日，粟裕侦悉汤恩伯已率其一部兵力逃到吴淞口外的军舰上，苏州河以南仅剩下五个交警总队，由此判断敌人将撤离上海，便决定当晚发起总攻，抢占苏州河以南市区：第二十军主力从高昌庙西渡黄浦江攻入市区，第二十三军由龙华附近攻入市区，第二十七军由徐家汇攻入市区。五月二十五日早晨，我军抢占了苏州河以南的市区。稍后，攻占高桥、吴淞等地。五月二十六日，在淞沪警备司令部副司令刘昌义的率领下，残留在杨树浦等地之敌人向我投降。五月二十七日，三野肃清市区残敌，标志着上海战役的结束。

在人民英雄纪念碑的须弥座上，有一幅名为“欢迎人民解放军”的浮雕，其题材取自经济上打垮蒋介石的上海战役，穿着初夏服装的男女老幼浮雕时刻提醒着人们铭记上海战役结束于初夏时节。故而称之为“丰碑”战役之三。

上海战役于一九四九年五月十二日打响，五月二十七日结束。华东野战军以三万一千人的伤亡代价，歼敌十五万人，完整夺取上海城区，故称“全胜”。

《用间十三》指出了强势下安邦定国的三个环节：尊重知识到位；尊重人才到位；尊重圣贤到位。

为了进一步加深对此的理解，特推荐大家参考《粟裕军事文集》当中的《钳击吴淞围攻上海的部署》一篇。以下选取《钳击吴淞围攻上海的部署》之中的全部电文并对此进行剖析。

第一封：一九四九年五月七日巳时，报军委、总前委电

军委五月六日电奉悉。为达成冻结上海物资，截敌逃路，进而迫敌和平解决上海问题，但又不致过早被动接收上海，我们研究意见：

（一）遵照五月六日电示，如夺取吴淞，为使部队便于展开（尤以炮兵运动需控制公路)，嘉定城仍必须占领。故拟以二十九军主力(两个师，另一个师已调吴兴地区分散工作)附两个炮兵团(一个美榴)攻占吴淞、宝山；而以二十八军主力控制太仓、嘉定，掩护其侧背安全，适时加入二十九军方向作战。该地区攻占后，即以三十三军担任太仓、嘉定、宝山、吴淞之警备，以便二十九军、二十八军必要时参加会攻上海(或开赴吴兴、嘉兴开展工作)。二十六军则控制昆山、安亭线。以上统归叶飞指挥之。另以三十军攻占嘉兴、嘉善、平湖、乍浦、金山卫线，以三十一军为第二梯队，以便适时加入作战，而二十、二十七军则仍于嘉兴、桐乡及其西北地区集结待命会攻上海。

(二) 我实行(一)项时，尤以攻占吴淞后，我警戒部队势将迫近江湾，即安亭、莱花浜镇已形突出，且沪外围仅为顾锡九部，均有收缩可能。如此，实质已进入沪市近郊战，在海路为我截断后，敌可能经南汇、川沙撤退。敌我在实行(一)项时，尽力避免此着，求得控制殷行镇、杨行、嘉定、昆山(含)以北地区，以免迫近上海，造成紊乱。而敌实行向南汇、川沙撤退时，我则以三十、三十一军进入浦东截敌退路，而以二十七军进至青浦，二十军进至松江，待命进占沪市。

(三) 在我开进时，或攻占(一)项所示地区，敌已溃乱或和平解决时，我们即待命以二十军、二十六军、二十七军进入市区警备。其余部队均不进入市区。上述各军现已进行政策与警备教育，统归宋时轮、郭化若指挥之。

（四）以上各军拟于五月十二日晚及十三日晚（再早则来不及进行部队教育）分别出动，十四日晚达成攻占上述各地之任务。以上是否有当？请示。

第二封：一九四九年五月十五日七时，致宋郭覃，叶刘，并报总前委、军委电

据叶刘十四日二十时电，吴淞、月浦、刘行均为敌主阵地，钢骨水泥碉堡群多至七道，且附近村庄均为敌拆除，难于一下插入吴淞。必须以二十九军集中兵力解决月浦（该军两次攻月浦未奏效），以二十八军主力解决刘行，一部包围杨行。得手后，再择敌弱点割断吴淞、江湾联系，攻取吴淞或割断宝山与吴淞之联系，攻占宝山，开辟炮兵运动道路，以达成封锁江口地区。据我们研究，该线实为淞沪主阵地，必须有准备之攻击，方易奏效。为全歼据点之敌与迅即完成封锁江口，阻敌逃跑，部署如下：

（一）九兵团应以最先头军（原定三十军，如二十军或三十一军在先头，即用该军），力求迅速攻占川沙、高桥，并确实控制东沟镇以北与全国轮船检查处（吴淞右岸）之间，以炮火封锁江面。但必须有负责干部掌握，不得轰击外国兵舰。如有外舰扰乱，应将舰名号码即告我们，以便转军委听候处理。依现在敌人分布情况，敌人较弱，只要你们大胆迅速是可以成功的。

（二）十兵团除依叶刘十四日二十时电外，应以二十九军全力解决月浦之五十二军二师主力，尔后楔入宝山、吴淞之间江岸，向吴淞迫进，首先解决宝山之敌，速即将炮兵开入封锁江口。二十八军主力应先解决杨行之敌，对刘行之敌则以一部包围，待交三十三军接替，并由该军负责歼灭之，尔后该军应对大场、江湾警戒，以保障二十八军侧背安全。二十八军解决杨行之敌后，即楔入吴淞与江湾之间，进逼黄浦江岸，封锁江面；尔后协同二十九军会攻吴淞，完成淞沪作战第一阶段之任务。二十六军则保持与当面之敌接触，如南翔敌已撤走，即占领之，但正面不应攻击，佯动钳制当面之敌，使其不能他调。

第三封：一九四九年五月十六日巳时，致各兵团、各军，并报军委、总前委电

（一）我现已进入上海市郊作战，综合现有情况与各军战况研究，敌现已完成收缩。而以市区为核心之守备计划，浦西重于浦东，苏州河北重于苏州河南。其企图则求控制吴淞与大场、江湾机场核心阵地，保持海上退路。在苏州河北敌守备特点：

1. 吴淞、月浦、杨行、刘行、大场线，均为既设阵地，碉堡林立之永久筑城地带。

2. 部队为沪敌守备之精华（五十二军、五十四军、九十九师与一四六师），战斗力现为蒋军中最强者。

3. 炮兵多，兵舰炮可直接支援，敌图以地堡群为核心配以炮兵火力网，实行阵地前面积射击。故在我攻击前与突入后伤亡大，两天来，我歼敌一个营要付出一千人代价。

4. 配合战车、装甲车连续反攻，有的阵地争夺五次之多。

（二）根据上述情况，目前我们作战已不同于野战，亦不同于一般攻坚战，已为我济南战役后再次之攻坚战。因此，对永久设防阵地攻击，应慎重、周密组织。特提出如下问题供你们研究：

1. 肃清敌外围之后，对主阵地攻击应周密侦察，选择敌突出部或接合部与较弱之敌攻击，楔入敌之纵深；尔后由敌侧背或由内向外打来，撕破敌之防御体系。太原战役，此种方法收效很大。

2. 集中兵力（而应是小群动作，群群攻击），尤应集中火力（实行压制射击与破坏射击）与发射筒轰击一点，以炸药来软化敌钢骨水泥工事，轮番不停的攻击。这样使敌不易重新组织防御，更可避免敌已测量好之火力封锁。

3. 交通壕作业，迫近敌人，可采用淮海战役歼灭杜聿明集团时钳形作业交替攻击，力求歼敌于阵地内。

4. 发挥孤胆攻击与守备精神，发挥爆破威力，以炸药开辟冲锋道路，歼灭敌之反击部队，进行打战车、装甲车之教育。纠正集团攻击与集团守备方式，减少不必要之伤亡。

5. 指定对空射击部队。

第四封：一九四九年五月十八日辰时，报总前委、军委电

十七日亥时电奉悉。

（一）目前敌重点守备苏州河北，正面较窄，部队不易展开，同时又受其他各方需待命攻击之限制，故敌炮兵能集中使用，致使我大场、江湾线需沿地堡群各个攻击，费时较久，得手后，每遭敌炮轰击与反击，故争夺一处消耗颇大。

（二）三十军在川沙以东白龙港全歼敌五十一军后，昨晚已向高桥及其以西攻击；三十一军同时由周浦向东沟镇之线，以控制黄浦江东岸，封锁黄浦江，因该方敌兵力工事均弱，易于攻占；二十、二十六、二十七军正继续学习政策中。

（三）如对沪攻击，不受时间地区限制（即不限于吴淞，因我对攻击市区需另待命令），我们意见：如四面八方向市区发起攻击，北线力求楔入吴淞，而以九兵团主力先解决苏州河南与南市之敌（该处仅为敌七十五军与九十五师），尔后会攻苏州河北。如此实施，则我楔入敌之纵深不致被动。以我现有兵力歼灭淞沪之敌，似已够用。惟二十九、三十、三十三军攻坚经验较少，必要时可调二十五军加入作战。这样不致使担任市区警备三个军的建制过分打乱。

（四）弹药补给所已进至嘉定；伤员截至今日，十兵团收容约七千，九兵团尚未得报（数目不会大）；粮食正用船前运中，油已至苏州十余万斤。刘瑞龙与苏支正会商进一步部署，据汇报攻沪部队粮食似无问题，惟柴草困难，有伐公路树木烧者，现正与苏支商讨由宜兴线用船运木柴来。

（五）我们完全同意总前委十七日亥时电示，对淞沪实行全面攻击，惟不知接管准备与其他方面是否已准备完毕，请考虑示遵。

第五封：一九四九年五月二十一日午时，报军委电

遵照军委二十日电示，攻击上海的部署如下：

（一）第一阶段全歼浦东地区之敌，控制黄浦江右岸阵地，封锁敌人的海上逃路。内定：以三十军、三十一军全部，并二十军主力割歼黄浦江右岸之敌，控制江岸阵地，组织炮火切实封锁黄浦江面，截阻沪敌水上退路；以二十三军、二十七军及二十军之一部，完成对苏州河南市区之攻击准备，并以炮火冻结机场，积极钳制浦西之敌，策应浦东作战。以上五个军归第九兵团宋时轮、郭化若指挥。以二十五军、二十九军完成攻击吴淞、宝山之准备；二十八军、三十三军、二十六军完成攻击江湾、大场、真如地区敌之准备。以上五个军归第十兵团叶飞指挥。第一阶段任务限于五月二十五日前完成。但第十兵团所指挥各军，应尽量迫近街区，进行交通壕作业，选敌弱点攻击，创造第二阶段作战的有利条件。

（二）第二阶段夺取吴淞、宝山地区之外围碉堡，完成对苏州河北地区敌军之包围。内定：以二十五军、二十九军全力攻占宝山、吴淞，并控制江岸要塞阵地，组织炮火封锁吴淞口，截断沪敌水面交通逃路，并与黄浦江右岸之三十军、三十一军阵地构成火力联系，同时严防敌海军进扰；以二十八军由杨行楔入吴淞、江湾之间地区，保障二十五军、二十九军攻占吴淞、宝山之侧背安全；以三十三军由刘行楔入大场、江湾地区；以二十六军由南翔沿铁路向东楔入大场、真如地区，力求与苏州河南之二十七军打通联系。各部均应积极割歼当面之敌，并向纵深扩张战果。以上五个军归第十兵团指挥。以二十军、二十七军、二十三军全部攻占苏州河以南、淞沪西区及南街区全部，力求楔入纵深，分割歼灭敌人，尔后组织警备部队（以不超过一个师兵力为限）控制街区，主力完成渡苏州河配合十兵团围歼苏州河北敌之攻击准备，或尾敌进击，抢占北岸桥头堡阵地；以三十军、三十一军于黄浦江右岸组织炮火，除严密封锁黄浦江面敌之交通外，并以必要炮火压制黄浦江左岸之敌，直接配合攻击吴淞、宝山及苏州河南市区之各部作战，并加强白龙港、苏州码头线之警戒，防止海上敌舰扰乱。以上五个军归九兵团指挥。第二阶段任务内定于五月二十七日发起攻击。

（三）第三阶段聚歼可能溃缩苏州河以北、吴淞宝山以南、黄浦江左岸，以江湾为中心地区之敌，达成全部攻略淞沪全区之目的。内定十兵团除以一部兵力控制宝山、吴淞阵地，组织炮火封锁黄浦江口，防敌东逃外，主力由北向南及由西向东攻歼大场、江湾地区之敌。九兵团除以一部控制浦东及苏州河南市区，并组织炮火从黄浦江右岸协同十兵团封锁黄浦江外，集中主力由南向北及由西南向东北攻击。

（四）炮兵配属：以炮一团二个营、炮三团二个营（另一个营担任江阴要塞守备）、炮四团全部，配属九兵团作战；以炮一团一个营、炮六团全部、炮二团全部、炮五团全部，配属十兵团作战。战车团先以轻型坦克、装甲车出动参战,其余视机出动。以上归特纵陈锐霆司令统一部署之(炮一团、炮六团为美榴,余为野日榴)。①

假如上海战役也像济南战役那样采用"牛刀子战术"的话,则上海城内沿街房屋的墙壁,也会像济南城内沿街房屋的墙壁那样,一间接一间地被破墙而入、穿墙而过。因为敌人已经在大街小巷布满了重机枪守候的街垒,根本过不去,突击队员只能从沿街房屋的墙壁上找突破口。而自来水厂和粮食仓库,就会像那锦州战役中的配水池和四平战役中的粮食仓库那样,成为双方激战的主战场。至于邮政大楼和发电厂,肯定会像济南战役中的情况一样,成为敌人居高临下的火力制高点。这样一来,电话打不通,电报发不出,这个影响还不大;停了电,城中六百万上海民众晚上就得摸瞎子,当然还可以点油灯或蜡烛,也可晚上干脆不出门;但是电厂遭破坏,那就不单是照明用电没了,而是工业用电也没了,所以水泵当然也就不能运转了,因此即使水厂没有遭破坏,城中六百万上海民众的生活用水也将没有着落了;假如水厂和电厂同时遭到破坏的话,那就不是战后几天里面就能修复的!

——若此,我第三野战军还能获得六百万上海市民的欢迎吗?!

---

① 粟裕:《粟裕军事文集》,解放军出版社 1991 年版,第 480—486 页。

粟裕用钳击吴淞断敌退路的办法，调动敌主力于上海外围歼灭，空虚了敌人市区的兵力。所以在上海外围，特别是吴淞口地区，打得十分激烈，用的时间也较长；但在市区打得并不激烈，用的时间也较短，这样既歼灭了大量的敌人，而市区也没有遭受大的破坏。

为了不打烂城市，粟裕命令：进入上海市区作战，一不准爆破，二不准开炮。上海战役期间，在上海这座号称“远东第一大都市”的城市里面，既没有停过水，也没有停过电，连电话也是照用，因此成为战争史上的奇迹。热兵器时代的运动战宗师粟裕因此成为上海市当之无愧的保护神。

所以，当聂凤智部以不超过一千一百人的伤亡代价完成其战上海任务之后，再回过头来琢磨其八个月前付出了一万一千人伤亡代价所完成的战济南任务，才彻彻底底领略到了粟裕的“微创”战术才是符合“人民解放军”这个光荣称号的伟大战术！对此，聂凤智部的那些曾参加过济南战役的幸存者更有发言权：三百年未经战火的济南古城，在济南战役结束之时，真的几乎找不到一间完整的房屋。

前面提到，“五月二十三日，粟裕侦悉汤恩伯已率其一部兵力逃到吴淞口外的军舰上，苏州河以南仅剩下五个交警总队，由此判断敌人将撤离上海，便决定当晚发起总攻，抢占苏州河以南市区”。

那么粟裕是如何“侦悉”这一重要敌情的呢？

这与情报工作有关。站在情报工作的角度来看，战争的伤亡情况以及俘获情况，不仅与情报战的胜负直接相关，而且往往存在着因果关系。

比如在莱芜战役中，粟裕采取了一系列的欺骗动作，导致陈诚和蒋介石信以为真，葬送了李仙洲兵团。正因为如此，在“运动战的战术方针”中，孙武十四招的前四招，都是通过积极主动的情报战而展开的欺骗动作，也就是说：“能而示之不能，用而示之不用，近而示之远，远而示之近。”

又比如在淮海战役中，蒋介石为了实现其“总退却”的计划，也展开了欺骗动作，因此，我们可以看到，一九四八年十一月八日亥时，毛泽东在他发给“陈邓，并粟陈张”的电文中通报：“刘汝明开蚌埠守备，九十九军开宿县向西扫荡，孙元良率两军开宿县守备，邱清泉派有力一部收复永城。以上是刘峙六日部署，现正执行，并非总退却。”[①]这份电文清楚地说明了在十一月八日二十一时之前，军委还没有收到敌人“总退却”的真情报，而是收到了敌人制造的并非“总退却”的假情报。假如粟裕没识破敌人“以进为退”的伎俩，他就不会在十一月六日提前两天发起淮海战役。正是由于敌人“总退却”的真情报能被华野的情报团队及时得到，因此粟裕不仅做出了提前四十八小时行动的决定，而且在做出这个决定之后

① 《毛泽东军事文集》（第五卷），军事科学出版社 1993 年版，第 180 页。

的第二天和第三天，先后两次致电军委，提出了破坏敌人“总退却”计划的设想。及至毛泽东发现粟裕团队已经把敌情摸得一清二楚，而且提出的破坏敌人“总退却”的计划完全合理，于是毫不犹豫地在十一月九日十六时连发两电，作出了“齐电悉……你们按照敌要总退却的估计，迅速部署截断敌退路以利围歼是正确的……刘邓直接指挥各部……直出宿县，截断宿蚌路……破坏敌人总退却的计划”以及“应极力争取在徐州附近歼灭敌人主力，勿使南串。华东、华北、中原三方面应用全力保证我军的供应”的英明决策。由此可见，由于华野的情报及时而正确，也就是取得了情报战的全胜，因此才能最终取得淮海战役的全胜；反过来看，蒋介石军队缩回“乌龟壳”里的计划最终陷入完败，源自他们在淮海战役时期的情报战完败。

回过头来再看上海战役，在夺取市区的过程中，粟裕先是侦悉了“汤恩伯已率其一部兵力逃到吴淞口外的军舰上”以及“苏州河以南仅剩下五个交警总队”的情报，随即通过分析这两个情报之后正确判断出“敌人将撤离上海”的意图，接着“便决定当晚发起总攻，抢占苏州河以南市区”，于是我军攻城部队沿着孙武的“攻其无备、出其不意”的运动战方针的指引，在很短的时间里，以很少的伤亡代价，完整地抢占了“苏州河以南市区”，进而迫使苏州河以北之敌放下武器，这样就收获了上海战役的“全胜”。

也许有人要说了，难道粟裕团队真的有一双随时洞察敌人一举一动的“火眼金睛”？

一九八四年二月五日，粟裕与世长辞。噩耗传来，原粟裕团队的情报处主任朱诚基作了这样一番回忆：

粟裕同志不幸逝世，使我党我军失去了一位优秀的领导人，我失去了一位敬爱的老首长，悲痛之情，难以言表。解放战争时期，因工作关系，使我曾有机会在首长的直接领导下工作，经常亲聆首长的指示与教诲，成为我一生中最愉快、幸福的回忆。粟司令作为我军高级指挥员，有着许多优秀的品质，给我教育与印象最深的，是他重视对敌情的了解和研究，重视情报部门的建设，以及对下级工作的信任与支持，对干部战士深厚的阶级感情。

一九四二年冬，粟司令担任新四军一师师长兼苏中军区司令员时，苏中地区对敌斗争形势极其紧张复杂，为了准确掌握情况，粟司令亲自决定，在司令部组建了情报分队。一九四四年冬，粟司令率领一师主力渡江南下，创建苏浙军区，又在他亲自指导下，组建了苏浙军区的情报分队。粟司令对情报分队工作，精心培育，关怀备至，使这项工作迅速发展起来，在配合对敌斗争中发挥了积极的作用。

抗战胜利后，粟司令担任华中军区副司令员兼华中野战军司令员。为了适应形势发展的需要，组建了华中军区司令部情报处，上级指定由我负责，这样与粟司令接触的机会就多起来了。我第一次接触首长，是在一九四五年十月。此后不久，为了适应形势发展需要，利用战争间隙，做好战争准备，我在向粟司令汇报请示工作时，提出了干部调训计划，粟司令当即完全同意，还亲自给苏中区党委书记陈丕显同志写了信。他语重心长地对我说：希望你大胆工作，快点做出成绩来。有了粟司令的亲笔信，我们很快就选调了一批学员，开办了训练队。开训那天，粟司令亲自到会讲话，鼓励大家刻苦学习，早日投入战斗。以后，一九四六年至一九四八年，又陆续培训了几批学员，这对于我们顺利地完成解放战争时期的繁重任务，起到了积极的作用。粟司令具有战略家眼光，不失时机地抓了情报部门的建设，为赢得战争的胜利打下了一个良好的基础。华东野战军各兵团及大多数纵队也都建立了类似的情报分队，他们都为华东战场的作战胜利作出了贡献。

粟司令是我党我军杰出的军事家，他精通韬略，用兵灵活，知彼知己，谙熟敌我双方情况。他对下级干部的工作是那样信任、支持，指导工作又是那样明确、及时，环环扣紧，使你感到决心大，方向明，办法对，从而信心百倍地去完成任务。

在我的记忆中，解放战争时期的每一次战役或重大军事行动前，粟司令都要把我找去或者亲笔写信给我，说明意图，交代任务。有时他还亲自来到我们单位对全体同志进行动员，如苏中战役前夕，在江苏海安城北景家庄，粟司令就曾给我们分析敌我形势，明确工作任务。淮海战役前，粟司令在赴前线的当天上午，还赶来向大家进行动员，阐述毛主席伟大战略思想及战争胜利前景。任务布置后，经常及时地查询情况，提出新的要求，使你了解最新情况和明确下一步行动。他还要我参加重要的军事会议，让我们了解全面情况。总之，粟司令总是尽可能地使我们了解更多的情况与意图，以便在工作中更好地发挥主观能动性。我们也知道首长需要什么情况，就努力提供这方面的情况。这样，就使我们获得的情报，在历次战役中能发挥很好的作用，反过来又更加鼓舞我们的斗志，提高我们为战争服务、为指挥员服务的自觉性，努力使我们的成果更加符合指挥员的需要。

一九四六年夏，七战七捷的苏中战役，就是在粟司令利用准确的情报，抓住敌人的弱点，充分发挥主观能动性，屡出奇兵，取得了以少胜多、歼敌六个半旅的辉煌战果。一九四七年二月的莱芜战役也是这样，战役发起前，大的敌情变化就有四次，正如粟司令在莱芜战役总结中说的：莱芜战役情况变化之多，为前所未有。特别是最后敌李仙洲集团被围在莱芜城中，是企图固守还是突围？后来从敌人内部得知王耀武命令守敌向北突围的可靠情报，我们就待敌后卫部队撤离该城后，不失时机地加以围歼。敌人在莱芜惨败后，对我华东战场发动重点进攻。一九四七年五月，敌三个兵团、十七个整编师（军）共数十万之众，从临沂、泰安一线，分三路采取密集队形、步步为营的战术向前推进，妄图把我军压到胶东狭窄地区。为粉碎敌的企图，华野首长决心先歼敌右翼桂系第七军和整编第四十八师，以调动敌人。五月十一日中午，我们从敌人内部获悉：敌第一兵团司令汤恩伯命令整编第七十四师于十二日攻占我华野指挥部所在地坦埠。我立即赶往野战军司令部，当面向陈毅、粟裕首长报告。当我到达野司驻地时，谭震林同志已率前梯队东去，部队已向东开进，陈、粟等首长也正准备启程。他们听完我报告后，沉思良久。我回到驻地不久，陈、粟首长又要我去核实这个情况。同时，一纵队叶飞司令员报告：该部已同整编第七十四师（笔者注：应该是整编第十一师）前锋接触。在此情况下，陈、粟首长当机立断，决定改变打敌右翼的原定部署，集中主力首先歼灭中路强敌整编第七十四师。当即一面向中央军委、毛主席报告，一面按照新的决心，调整部署，集中优势兵力，采用虎腹挖心的战法，将整编第七十四师从敌重兵集团中割裂出来，予以围歼。在各路援敌相距仅一至二日行程，两翼敌军相距仅约五公里的情况下，于孟良崮地区一举全歼该敌，击毙中将师长张灵甫。孟良崮战役的胜利，震惊了蒋介石集团，严重地打击了敌重点进攻的嚣张气焰，蒋介石为此"痛哭流涕"，王耀武为此"寝食全废"，并为我外线出击创造了有利条件。

粟司令对重要情报都亲自查询，细心研究。淮海战役歼灭黄百韬兵团后，一九四八年十二月一日凌晨，我们从敌人内部获悉：杜聿明率三个兵团共数十万之众，仓皇从徐州撤逃。我们当即报告了粟司令。但对敌究竟逃向那个方向摸不准，粟司令指示我们迅速查明敌人的去向。当天中午，敌先头部队出现在肖县、永城地区，粟司令亲自到我们单位查询情况，并立即命令位于津浦线以西的部队，迅速对敌实施平行追击，骑兵团全速西进阻击敌军，从而赢得了时间，对逃敌形成了合围。

粟司令深知情报工作的作用和艰辛，所以他不但重视情报部门的组织建设，巧妙地运用工作成果，而且非常关心工作进行情况。他曾多次听取我们的汇报，提出解决困难与问题的办法，并多方设法保证工作条件。一九四八年春，解放战争进入第三年前夕，粟司令在听取我们的汇报后，主动提出要我带领有关人员到西柏坡向中央军委汇报并请示工作，争取解决工作中存在的问题，迎接解放战争新阶段的到来。由于粟司令的亲自关怀，我们受到了李涛部长和其他首长的亲切接待，周恩来同志在繁忙中两次听取我们的汇报，指示在座的总后部长杨立三帮助我们解决问题，邓大姐还写信对参加情报工作的女同志表示关怀和慰问。我们汇报在孟良崮战役中，前线部队报告已全歼敌军，而我们从敌人内部得知还有一小撮敌人隐蔽待援，后经清点俘虏，确实数字不足，陈、粟首长立即命令部队搜索，结果搜出足有三、四千敌人（笔者注：实际上搜出七千人）。听到这一情况时，周恩来同志很感兴趣，并表扬我们的工作是“青出于蓝而胜于蓝”。

为了保证我们的工作与安全，每次行军，粟裕同志都优先安排我们用车。一次，在如（皋）黄（桥）公路上行军，我们的一辆车坏了，粟司令就要我们挤上他的车同走。每到宿营地，他总是要查问我们到了没有，如还未到，就派人查找，并交代先给我们安排房子，而且尽量安排在靠近指挥所的地方。海安战斗时，我们有几个同志离敌太近，差点被敌人发现，造成损失。这次险情发生后，粟司令交代华中野战军参谋长刘先胜同志一定要保证我们的安全。

粟司令对我们工作要求非常严格，但对我们的思想与生活又十分关心。在紧张激烈的战斗生活中，他曾多次来到我们单位参加各种会议并讲话。每次战役结束总要来看望大家或在电话里表示慰问。当我们工作中遇到困难时，他总是给予鼓励和支持，要我们用顽强的毅力去战胜困难。我们工作有点成绩时，又及时给予表扬与奖励，孟良崮战役结束后，我向粟、谭首长汇报工作中讲到周中昭同志在战争中成绩突出，在孟良崮战役中又发挥了重要作用时，首长当场决定给周中昭同志记一等功。这是对他个人的嘉奖，也是对全体同志的鼓励与教育。

粟司令对待干部、战士平易近人，态度和蔼，关心部属，从来不摆首长的架子。在个别相遇时，总要问暖问寒，使人感到亲切、温暖。苏中战役时值盛夏，一天中午天气炎热，我们有几个同志赤着膊，正在紧张工作，粟司令忽然进来了，他亲切地向同志们慰问，事后，他指示后勤部门给每人发了一件汗衫，大家十分感动。遇到有物资缴获，也总是忘不了分给我们一份。他知道我家中生活比较贫困，部队进驻上海时，还专门拨了两袋米和几十元钱，给我回家安慰老母亲。粟司令生前遗愿：把骨灰撒在曾经频繁战斗过的土地上，与长眠在那里的战友们在一起。这一遗愿，正是体现了他与广大干部战士亲密无间的关系和深厚的阶级情感。在我过去同首长的接触中，就深切地感受到这一点。[①]

一九八六年，上述这番经朱安庆和李启予整理的朱诚基的回忆，采用《粟裕同志关心军事情报部门的建设》篇名，被收录进《一代名将——回忆粟裕同志》一书中。

那么朱诚基是如何"从敌人内部"获得情报的呢？看看汤聿文的回忆你就明白了：

抗战胜利后，成立华中野战军，粟裕任司令员，谭震林任政委。随即，粟裕同志任命朱诚基为华中野战军司令部情报处主任，情报处代号为四中队。当时我们技术侦察人员只有四十多名，主要是侦察正面蒋军电台。一九四六年六、七月间，蒋介石悍然发动内战，大举向我苏中解放区进犯。在此紧急情况下，朱主任按粟裕司令指示，立即组建前梯队，跟随粟司令开赴苏中前线。当时形势十分紧迫，战事越紧张，粟司令对四中队的工作就越加关注。他不断向我们提出具体要求，其中特别强调：要战胜敌人，必须及时掌握

① 《一代名将——回忆粟裕同志》，上海人民出版社1986年版，第214—219页。

敌人的动向。战争不仅靠能打和吃苦耐劳的精神，还要用科学手段了解敌人的意图。你们的技术必须与敌人同步，跟上敌人超过敌人，方能战胜敌人。粟裕司令对四中队的要求是严格的，给四中队的任务是十分艰巨的，对四中队全体“技侦”人员是非常信任的。同志们不辜负首长的厚望，夜以继日地刻苦钻研，及时侦察和掌握了来犯敌人电台的联络情况和归属。苏中战役打响半个多月，敌整编六十五师、八十三师起用美制 V101 报话机，这在当时可称为新式通信装备。这给我们的侦听造成很大的困难。针对这一情况，同志们反复试验获得成功，虽然声音小一点，但还是可以听清敌人所讲内容。我们用智慧战胜了敌人的新式装备，从而牢牢地守住敌台，及时为粟司令提供来犯之敌的动向情报。

七月三十日至八月三日的海安战役，我七纵部队英勇顽强，阻击敌人五昼夜，歼敌三千。随即粟裕同志命令部队撤出海安。此后，敌六十五师一六〇旅、一八七旅，八十三师的六十三旅，先后占领海安，敌人误以为将我军击溃了，各部队纷纷用报话机向其主子李默庵（国民党第一绥靖区司令）“报捷”说：“我们不仅占领海安，还消灭共军二、三万人，共军已溃不成军，向北逃窜。”敌台报话员也在机上狂叫道：“我们胜利了，我们正在海安开祝捷大会！”报话机里一片喧闹。就在这个时候，粟司令下令驻海安东北地区的一、六师和七纵连夜奔袭李堡，歼敌九千。李堡战役胜利结束后，粟裕司令健步来到我们驻地，亲切地向我们四中队全体同志问好。司令员说:“打完仗后,我其他单位暂且不去,就是先来看望你们。你们有功劳啊!及时提供了很多准确的情报,帮我们下决心。”他接着说:“你们的事迹不能登报,也不能传播,党是知道的,你们是无名英雄!”最后,粟裕司令面带笑容谈起:“我们主动撤出海安之前,就在海安以北公路两侧和稻田内扔下不少破枪、饭锅、米袋、背包、破鞋等,造成一个假象,敌人误认为我们溃逃,这样助长他们骄傲松懈情绪,战线拉长,兵力分散。当他们庆祝胜利的时候,我们趁敌人换防混乱之际,由一、六师和七纵奔袭李堡,仅用了十六个小时歼敌九千!”博得同志们一阵阵掌声和笑声。

苏中七次战役胜利结束后,我们转移到淮安以西苏家嘴村休整待命。一天,粟裕司令来到我们驻地,亲切地看望并表扬我们四中队在苏中七次战役中出色地完成了任务。粟司令说:“从今以后我们要做好打大仗打恶仗的准备工作,同志们要发扬艰苦奋斗的精神,迎接更繁重的侦察任务。”粟司令讲完后,朱主任说:“我们一定要按照粟司令的指示,做好思想物质和技术等方面的准备工作,刻苦钻研,努力提高技术,为首长不间断地提供及时准确的情报,做到粟司令指到那里,我们就钻到那里……”

几天后的一个下午,朱主任找到我个别谈话,下达首长任命我为股长的决定。还说:“苏中多次战役你表现出色。”接着取出一支美制铅笔,说:“这支笔是前线战士在苏中战役中缴获的,送给受广大指战员爱戴的粟司令。首长又将这支笔交给我,今天我按粟司令的旨意赠送给你。”我心情十分激动，连连感谢，深感这是粟司令对我的最高奖赏，对我工作的肯定，对朱主任说：“我决不辜负粟司令的关怀和鼓励，决不辜负组织对我的培养和信任。”

一九四七年的七月，陈毅、粟裕同志率领精锐部队转向外线作战。之前，决定将四中队分成前后梯队，朱诚基主任带领后方大部分人员驻黄河以北聊城、朝城地区，所获取的情报及时用电台发往“前指”。杨明达同志组建前梯队，跟随陈、粟首长行动。这是一个英明的决定。在这之前，四中队自苏中七战七捷起，一直是跟随首长行动，由于部队来回集结调动，几乎每天要走八十至一百三十多里路。在行军途中无法架设机器，漏掉很多重要情报，不能做到粟裕司令要求的“提供情报必须做到连贯性”。粟司令决定四中队建立前梯队，很好地解决了这个问题。于是，朱诚基主任将我叫到他的住地指示说：“汤聿文同志，你尽快组建一座通报台，以最快的速度，最高的质量，向粟司令传送情报。”还说：“后面二百多人所获取的情报，全由你负责发往前方，你一定要争分夺秒啊！”我深感担子重，要求急，随即表示：一定要做好各项准备工作，圆满完成任务。

九月上旬，沙土集战役打响了，发往前方的密悉情报一份接一份，都是“十万火急”。我连续工作三昼夜，不误分秒圆满完成任务。朱主任不时拿来老林枣、馒头看望我，向我传达粟司令来电，我军已全歼国民党整编五十七师的胜利消息，鼓励我迎接更艰巨的任务。

一九四八年六月，豫东战役期间，四中队报给粟裕司令的情报更多更急，为了不误战机，全台同志积极行动起来，一面提高技术，一面架设通往机要组的专线电话。当机要人员收到重要情报时就用电话发出预告，我们得知后，立即电告前指电台，要他们牢牢守住我们的频率。这样电报一到就立即开机发出，真正做到争分夺秒。豫东战役胜利结束后，朱诚基主任高兴地对我说：“粟司令一再指示我们，提供情报必须掌握两个要素，一是快，二是准，快而不准不行，准而不快不行。”接着又说：“我们发给前指的情报是又快又准。敌人还没有收到情报，部队还没有调动呢，你已将情报发到前方。粟司令很满意，给你口头嘉奖。”杨明达同志在一次座谈会上回忆起前后梯队工作时说：“前方小分队电台王谟同志和后方汤聿文同志配合默契，非常辛苦。我们每次收到汤聿文同志发来的电报，就立即译出来，火速报粟司令，当首长看到情报时，敌台还在那儿来回校对呢！汤聿文发报的速度很快，每分钟一百五十个字，王谟等同志都能不间断地一口气抄下来。至今谈起通联中体现的战斗友谊，仍是深深地怀念和啧啧称道。”

二〇〇四年二月二十三日，我去看望楚青（笔者注：粟裕夫人，是帮助晚年重病在身的粟裕整理《粟裕战争回忆录》的关键人员。没有楚青的执着，我们今天就看不到《粟裕战争回忆录》这部军事巨著）同志，当提到四中队分成前后梯队，确保粟司令所指示的“提供情报必须做到连贯性”，楚青同志高兴地说：“粟总的决定固然是为了不漏每一份情报，保证连贯性。但粟总看到你们还年轻，有的还是不满二十岁的小伙子、小姑娘，常年跟随部队行动，每到一地就架机通宵工作，非常辛苦。粟总既为了工作，也为了爱护你们！”可见粟裕同志在艰苦的战争年代对部属怀着多么深厚的感情！

在艰苦的战争年代里，我们的侦察设备非常简陋，用的都是抗战初期用过的三灯收讯机或者是机务维修部门突击组装起来的设备。技侦人员全凭着这样的装备，日日夜夜在国内外电波中“沙里淘金”，寻找并严密控制每一个敌台。有时碰上雷电干扰，敌台音量小，甚至鸡鸭猪狗的叫声，小孩打闹嬉笑声和蚊虫叮咬，都会对我们侦察工作造成影响。可是，同志们却牢牢地控制住来犯敌人的每一个军、师、旅、团电台。全体技侦人员主要靠的是党中央毛主席的正确领导，靠的是粟裕司令的英明决策和对技侦工作的关怀，靠的是超人的辛劳所磨练出来的技术和全心全意为人民服务、无私无畏的精神。在烽火连天的战争年代，同志们团结一致，密切配合，通宵轮流值班，一天没有终止。不少同志带病坚持工作，直至建立新中国。回顾过去，可以这样说，三年解放战争中，司令部四中队是特别能吃苦、特别能钻研的英雄集体。原军事科学院副政委彭富九同志，在一九九六年十月接见华野四中队第二期训练队的战友集会上说：“粟裕司令员一提到你们的工作就赞不绝口，曾说，华野打了那么多胜仗，一半的功劳归你们。”彭富九同志还说：“你们单位无论业务水平还是政治素质都是第一流的，是个出情报、出人才的地方。你们是无名英雄，有功之臣。为苏中七战七捷、孟良崮战役和世界闻名的淮海战役做了惊天动地的工作。你们值得骄傲，值得称赞，是问心无愧的。”

粟裕同志是中国革命战争中的一代名将，他的军事理论和战争思想是我党我军的宝贵财富。而他的过人之处还在于，能够在我军以落后的武器和装备进行大兵团作战的同时，洞察到高科技在战争中的重要作用，并亲自开创和发展了我军华东战场的技术侦察事业，亲自培养了一支业务精、作风硬的技侦队伍，指挥打赢了以技术侦察为手段的一个又一个情报战，从而保证了战争的胜利。这是粟裕同志对我军发展的又一个无人知晓的伟大贡献，这一历史功绩将永载史册。①

朱诚基在中华人民共和国成立后，任华东军区司令部二局政委，总参三部五局政委、十局政委。一九七三年六月至一九七五年六月，任浙江生产建设兵团副政委。后任浙江省军区顾问。一九八二年八月离职休养。一九九七年八月十四日在杭州逝世，享年八十岁。当年在四中队工作的汤聿文、杨明达、王谟后来都在总参三部工作。任希文后来曾任防空军技侦处和军委空军情报处技侦负责人。

---

① 北京新四军研究会一师分会编：《宏愿付青山——粟裕大将百年诞辰纪念文集》，北京新四军研究会一师分会 2007 年版，第 103—108 页。

所以说,"故明君贤将,所以动而胜人,成功出于众者,先知也"。

那么粟裕究竟是一个怎样的人物,下面摘录一段当年华野司令部侦察营副教导员范豫康的回忆:

侦察营的老兵到了淮海战役的时候,他们当了近十年战士,他们的军阶稍高一点,每月三块钱。和别人不同的是,每人有两支枪,一支长枪、一支短枪。每人一套军装、一套便装,就这点和别人不一样,因为侦察工作的需要。这些老兵出生入死,吃了很多苦,他们没有什么思想问题,因为那个时候,今天十个战友在一起吃饭,也许下一仗打下来,不知道还能剩下谁。所以,大家从来不去想自己该是什么级别、应该享受什么待遇。

因为,我们先遣纵队是无后方作战,所以生活非常艰苦。到了冬天我们没有棉衣穿,部队又都是在野外宿营,同志们冻得实在没办法,只能披着被子在山里的草丛中休息。打完仗有了伤员都不好安置。那时同志们宁肯战死,就怕负伤,因为负伤后得不到救治更受罪,还要同志们抬着行军。当时在淮海战役的战场上,我主力部队有后勤部门负责供应粮食,有医院救治,有解放区的老百姓帮助运输物资和伤员。而我们先遣纵队什么都没有。因此,我们深刻地体会到"兵马未动,粮草先行"的重要性。先遣纵队第一次战斗,我们侦察营就伤亡了近八十人。那次战斗没能把四十多名重伤员抬出来,太可惜了!我们出发的时候,每个连有一百八十余人。经过半年多的战斗，等我们完成任务归建时，一个连有一百二十余人，另一个连只剩下八、九十人了。那个时候中央让粟裕同志带华野三个纵队渡江南下，粟裕一面向中央建议华野三个纵队暂缓渡江南下，集中兵力在中原黄淮地区打几个大规模的歼灭战。但是，为了执行中央的指示，粟裕还是派先遣纵队南渡淮河，为大军南下和渡江作战做准备。小燕，你知道吗？你父亲是粟司令的四大台柱子之一，粟司令一直把严振衡当台柱子用，对侦察营非常重视。可是在淮海战役的关键时刻，粟裕同志为了执行中央的指示，把华野侦查科和侦察营一分为二，侦察营的主力在你父亲的带领下跟随先遣纵队南下。当中央接受粟裕同志的建议改变部署时，先遣纵队已经出发了。

南京解放后，我和侦察营长章宏同志去看望分别已久的粟司令（笔者注：上海战役结束之后，粟裕接任南京市市长和南京市市委书记等职，并且华东军区的司令部设在南京，因此粟裕在南京办公。）。粟司令当时身体非常不好，人很瘦，头发大把大把地脱落，掉得都露了头皮。我们知道粟裕同志为了全国的解放，付出了太多的心血。粟裕同志在三野威望很高，他可是个大功臣啊！我和章宏同志与粟司令告别后，心里非常难受。一出门，我们两个人都哭了。原来还打算去中山陵看看，也没心思了，直接回到了部队。现在有人问我还想要什么，我说什么都不想要，只要国家繁荣富强，只要老百姓生活幸福！我对我的孩子们说，你们现在有吃的、有穿的、也有房子住，你们什么都不缺，你们应该为国效劳。①

决淮海、夺京杭、战上海，已经过去几十年了，战争的硝烟早已消失。但是这三场战役的胜利，结束了旧中国的命运，迎来了新中国的诞生，已永远载入史册，供后人研究和思考。

在吴楚之战中，孙武用三万野战军在旬日之内，五战五胜，把楚国的二十万国防军悉数歼灭在野外运动的途中，而后占领楚国都城，留下了人类历史上绝无仅有的一个"五胞胎式"的野外运动战案例。

在淮海战役中，粟裕用六十万野战军在两个月中，三战三胜，把敌人的五十五万精锐歼灭在野外运动的途中，为接下来夺取宁沪杭创造了十分有利的条件，留下了人类历史上规模空前的一个"三胞胎式"的野外运动战案例。

这就是笔者认为孙武是冷兵器时代的运动战祖师并相信粟裕是热兵器时代的运动战宗师的主要理由。

从情报工作的角度来讲，蒋介石在败退台湾之前，一直以为华野的主将是陈毅，而根本不知道华野的主将是粟裕，更加不知道在三年解放战争时期，陈毅在最关键的后两年时间里几乎不在华野司令部。蒋介石方面的情报工作如此糟糕，能不丢盔弃甲吗？

---

① 严晓燕编著：《在粟裕身边的战斗岁月——老侦察科长严振衡的回忆》，中央文献出版社 2009 年版，第 440—441 页。

参考文献

1. 孙武：《孙子兵法》，郭化若 今译，上海古籍出版社 2006 年版。
2. 司马迁：《史记》，凤凰出版社，2012 年版。
3. 军事科学院组织编：《粟裕文选》，军事科学出版社 2004 年版。
4. 粟裕：《粟裕军事文集》，解放军出版社 1991 年版。
5. 粟裕：《粟裕战争回忆录》，解放军出版社 1988 年版。
6. 浙江省新四军历史研究会等编：《粟裕百年诞辰文集》，浙江人民出版社 2007 年版。
7. 山东省委党史资料研究委、临沂党史资料征集委编：《全国解放战争时期山东重要战役资料丛书——孟良崮战役》，山东人民出版社 1987 年版。
8. 临沂行署出版办公室编：《孟良崮战役资料选编》，山东人民出版社 1980 年版。
9. 《彭德怀自述》编辑组编：《彭德怀自述》，人民出版社 1981 年版。

10. 聂荣臻:《聂荣臻回忆录》,解放军出版社 1984 年版。
11. 中共中央文献研究室、中国人民解放军军事科学院编:《毛泽东军事文集》(一至六卷),中央文献出版社 1993 年版。
12. 叶飞:《叶飞回忆录》,解放军出版社 2007 年版。
13. 陈士榘:《天翻地覆三年间——解放战争回忆录》,中共中央党校出版社 1995 年版。
14. 张震:《张震回忆录》,解放军出版社 2003 年版。
15. 钟期光:《钟期光回忆录》,解放军出版社 1995 年版。
16. 许世友:《许世友回忆录》,解放军出版社 1986 年版。
17. 黄克诚:《黄克诚自述》,人民出版社 2004 年版。
18. 北京新四军暨华中抗日根据地研究会军部分会编:《回顾新四军军部》,2007 年 4 月。
19. 斯简编著:《新四军通信简史》,人民出版社 2005 年版。
20. 中国人民解放军历史资料丛书编审委员会编:《新四军·文献》,解放军出版社 1994 年版。
21.《新四军战史》(内部资料),北京工业大学出版社 1979 年版。
22. 中国人民解放军历史资料丛书编审委员会:《济南战役》,解放军出版社 2004 年版。

图书在版编目(CIP)数据

孙武与粟裕 / 钮生编著 .— 上海 ：上海社会科学院出版社，2019
ISBN 978-7-5520-2791-4

Ⅰ.①孙… Ⅱ.①钮… Ⅲ.①《孙子兵法》—研究②粟裕(1907—1984)—军事思想—研究 Ⅳ.①E892.25 ②E20

中国版本图书馆 CIP 数据核字(2019)第 140775 号

孙武与粟裕

编　　著：钮　生
责任编辑：熊　艳
封面设计：夏艺堂艺术设计
出版发行：上海社会科学院出版社
上海顺昌路 622 号　邮编 200025
电话总机 021-63315947　销售热线 021-53063735
http://www.sassp.cn　E-mail:sassp@sassp.cn
排　　版：南京展望文化发展有限公司
印　　刷：上海文艺大一印刷有限公司
开　　本：890 毫米×1240 毫米　1/32
印　　张：14
字　　数：260 千字
版　　次：2019 年 8 月第 1 版　2020 年 11 月第 2 次印刷

ISBN 978-7-5520-2791-4/E·027　　定价：68.00 元